珍藏本
纪念版

汉译世界学术名著丛书

善恶的彼岸

〔德〕尼采 著

赵千帆 译

孙周兴 校

商务印书馆
SINCE 1897 The Commercial Press

2017年·北京

Friedrich Nietzsche

JENSEITS VON GUT UND BÖSE

Sämtliche Werke, Kritische Studienausgabe in 15 Bänden

KSA5: Jenseits von Gut und Böse

Zur Genealogie der Moral

Herausgegeben von Giorgio Colli und Mazzino Montinari

2. durchgesehene Auflage 1988

© Walter de Gruyter GmbH & Co. KG, Berlin · New York

本书根据科利/蒙提那里考订研究版《尼采著作全集》

第五卷 9-243 页译出，并根据第十四卷补译了相应的编者注释。

汉译世界学术名著丛书
（120年纪念版·珍藏本）
出版说明

2017年2月11日，商务印书馆迎来120岁的生日。120年前，商务印书馆前贤怀揣文化救国的理想，抱持"昌明教育，开启民智"的使命，立足本土，放眼寰宇，以出版为津梁，沟通中西，为中国、为世界提供最富智慧的思想文化成果。无论世事白云苍狗，潮流左右激荡，甚至战火硝烟弥漫，始终践行学术报国之志，无改初心。

逐译世界各国学术名著，即其一端。早在20世纪初年便出版《原富》《天演论》等影响至今的代表性著作，1950年代后更致力于外国哲学和社会科学经典的译介，及至1980年代，辑为"汉译世界学术名著丛书"，汇涓为流，蔚为大观。丛书自1981年开始出版，历时三十余年，迄今已推出七百种，是我国现代出版史上规模最大、最为重要的学术翻译工程。

丛书所选之书，立场观点不囿于一派，学科领域不限于一门，皆为文明开启以来，各时代、各国家、各民族的思想与文化精粹，代表着人类已经到达过的精神境界。丛书系统译介世界学术经典，引领时代思想，为本土原创学术的发展提供丰富的文化滋养，为推动中国现代学术和现代化进程做出了突出的贡献。

为纪念商务印书馆成立120周年，我们整体推出“汉译世界学术名著丛书”120年纪念版的珍藏本，寄望既利于文化积累，又便于研读查考，同时向长期支持丛书出版的译者、编者和读者致以敬意。

两甲子后的今天，商务印书馆又站在了一个新的历史时间节点上。我们不仅要铭记先辈的身影和足迹，更须让我们的步伐充满新的时代精神。这是商务人代代相传的事业，更是与国家和民族的命运始终紧密相连的事业。我们责无旁贷，必须做好我们这代人的传承与创造，让我们的努力和成果不仅凝聚成民族文化的记忆，还能成为后来人可以接续的事业。唯此，才能不负前贤，无愧来者。

商务印书馆编辑部

2017年10月

中文版凡例

一、本书根据科利/蒙提那里编辑的15卷本考订研究版《尼采著作全集》(Sämtliche Werke, Kritische Studienausgabe in 15 Bänden,简称“科利版”)第5卷9-243页(KSA5:Jenseits von Gut und Böse/Zur Genealogie der Moral)译出。

二、中文版力求严格对应于原著。凡文中出现的各式符号亦尽量予以原样保留。唯在标点符号上,如引号的使用,稍有变动,以合乎现代汉语的习惯用法。原版疏排体在中文版中以重点号标示。译文中保留的原版符号,需要特别说明的有:

/:表示分行。

[ ]:表示作者所删去者。

〈 〉:表示编者对文字遗缺部分的补全。

:表示作者所加者。

[—]:表示一个无法释读的词。

[— —]:表示两个无法释读的词。

[— — —]:表示三个或三个以上无法释读的词。

— — — :表示不完整的句子。

[+]:表示残缺。

三、文中注释分为“编注”和“译注”两种。“编注”是译者根据科利版《尼采著作全集》第 14 卷第 345—382 页(对科利版第 5 卷的注解)译出的,作为当页注补入正文相应文字中,以方便读者阅读和研究。

四、科利版原版页码在中文版相应位置中被标为边码。“编注”中出现的对本书内容的文献指引,中文版以原版页码标示。由于中文版把原版单独成卷(第 14 卷)的“编注”改为当页脚注,故已没有必要标出原版为方便注释而作的行号。相应地,“编注”中出现的行号说明也予以放弃,而改为如下形式:×××××……],表明该“编注”涵盖的范围从×××××到该“编注”号码所标记之处。

五、中译者主张最大汉化的翻译原则,在译文中尽量不采用原版编注中使用的缩写和简写形式,而是把它们还原为相应的中文全称。原版编注中对尼采本人著作的文献指引(包括不同版本的文集、单行本)均以缩写形式标示,如以“JGB”表示《善恶的彼岸》,在中文版中一概还原为著作名;原版编注中对科利版《尼采著作全集》诸卷的文献指引,中文版均以中文简写形式“科利版第××卷”的方式标示;唯原版编注中对尼采不同时期手稿和笔记的文献指引,因内容解说过于烦琐,中文版也只好采用原版的简写法,并在书后附上“尼采手稿和笔记简写表”。

目　录

善恶的彼岸。

一种未来哲学的序曲。[1] 9

① 在1886年夏天到秋天为尚未完成的《善恶的彼岸》第二卷所写的一篇前言(后来被用于《人性的、太人性的》第二卷的前言)中,尼采对《善恶的彼岸》在其写作中所占的位置做了一次明确的描述:"它的基础,诸种想法,第一次以种种方式写下或草创的东西,乃属于我的过去:即那段诞生了'**查拉图斯特拉**'的谜一样的时期:它们是同时发生的,从这一点上或许便可以得到一些有用的指点,去理解刚才提到的这部困难的作品。尤其是去理解它的产生过程:那可是颇有意思的事。当时,此类想法对我起到休养的作用,仿佛是在一次承担了无限风险和责任的唐突行动当中所做的自我审问和自我辩护:愿人们是出于一个类似目的而使用这本从这些想法中生长起来的书!或者把它当作一条重重盘匝的小径,它总是一再悄悄引向那片火山活动的危险地带,刚才提到的查拉图斯特拉福音的发源地。这部'未来哲学的序曲'当然不是、也不应该是对查拉图斯特拉谈话的评论,也许倒是一个暂时性的术语汇编,在其中,那部书——一部在任何文献中都没有榜样、没有先例、无与伦比的书——所做的概念上和价值上的最重要更新,总算一度出现并且得命名了。"

从时间顺序看,《善恶的彼岸》中最早的部分可追溯到《快乐的科学》出版前夕,因为有一些格言是尼采从编号 M III 1 和 M III 4a 的笔记本(1881年春/秋)中补上的。"箴言和间奏"则出自编号 Z I 1 和 Z I 2 的手稿汇编,即就在查拉图斯特拉第一部(1882年秋到1882—1883年的冬季)即将写成之际,其他的格言则出自编号 M III 4b(1883年春/夏,撰写查拉图斯特拉第二部前不久)。编号 WI1 和 WI2 的笔记本(1884年春到秋季)中的某些笔记亦被用于《善恶的彼岸》。1885年(《查拉图斯特拉》第四部面世后)除了多项计划之外,筹划中的《人性的、太人性的》新版具有特殊的意义(尼采本想收回并销毁当时尚存书册;见1886年1月24日致加斯特的信)。这一尝试的受挫促使尼采动笔写一部新作品,即《善恶的彼岸》,1885—1886年的冬季完成了打字稿,其中所利用的除了上述的早先笔记本之外,还有1885年的笔记:编号 W I 3、W I 4、W I 5、W I 6、W I 7 以及编号 N VII 1、N VII 2、N VII 3(少部分)和编号 Mp XVI 1 的散页。这段成书历史表明,《善恶的彼岸》**不是**从所谓的《权力意志》的素材中剥离出来的。它其实是一个准备工作,某部本该出现却并没有——至少没有作为《权力意志》——出现的书的序曲(参见第六卷注释开始部分的相关叙述)。该书于1886年5月底到8月间印出,尼采和彼得·加斯特一起读了校样(今不存)。《善恶的彼岸,一种未来哲学的序曲》,莱比锡1886年,卡·古·瑙曼印刷和出版社(简写作 JGB),尼采自费出版。在前述手稿之外,还有他亲自打出的打字稿以及一个有他的记录的自用样书保存了下来。

关于题目,参看科利版第11卷,25[238,490,500];26[426];34[1];35[84];36[1,66];40[45,48];41[1]。——编注

序　言[1] 11

假如真理是一个女人——，那又怎样？这个猜疑没有根据么：所有哲学家，只要他们是教条论者[2]，难道不是全都不善于对付女人么？迄今为止，他们扑向真理时惯有的那种吓人的严肃和别扭的纠缠，对于占有一个娘们儿来说，难道不正是既不机灵又不得体的手段吗？当然，真理没有让自己被占有：——如今任何一种教条论都灰心丧气地站在一旁。**如果**它们还站得住的话！因为有人嘲笑说，它们已经倒掉了，所有教条论都倒塌在地了，甚至，所有教条论都快断气了。严肃地说，人们蛮有理由指望，哲学中的一切教条学说，尽管都曾经做出一切均已成笃定之论的庄严姿态，很可能却不过是一种高贵的幼稚和粗浅；这样的时代也许很近了，届时人们将一次又一次明白过来，要给教条论者们迄今所建造的这些崇高

---

① 《序言》参看科利版第11卷，35[35]；38[3]。——编注

② “教条论者”(Dogmatiker)又可译为“教义学者”；所谓“教条论”(Dogmatik)本指神学之一科，对宗教信条的系统总结，通译当为“教义学”，在这个意义上又可用于一般科学，如法律教义学(Rechtsdogmatik)是对法条法典的系统整理。在哲学中，康德曾用来指从先天原则出发下论断的做法(或译为“独断论的”)，将之与“教条主义”(Dogmatismus，即未经批判的独断论)区分开来(《纯粹理性批判》B xxxv)。尼采讥讽“教义学者”，但又不是在“教条主义者”或“独断论者”的意义上，姑且译为“教条论者”。——译注

的、绝对的哲学家大厦打上基石，所需者其实无非是**什么**——只要随便哪一种从远古时代传下来的民众迷信（如对灵魂的迷信，至今它仍然以对主体的迷信和对自我的迷信的形式为害不止），也许是
12 随便哪一种言语游戏，一种语法上的诱导，或者是对那些非常狭隘、非常人性且太人性的事实所做的某种鲁莽的普遍概括。但愿，教条论哲学只是一个绵延千载的许诺，就像更早些时候的占星术，花费在这项术业上的劳动、金钱、锐识和耐心，可能比迄今花费在任何一门实际科学上的都要多：——亚洲和埃及的建筑艺术的伟大风格可归功于占星术及其“超出大地之上”①的希求。看来，一切伟大事物，为了将自己载入人类心灵以求永恒，首先必须化身为庞大而令人惊怖的怪相以超出大地之上：此类怪相之一就是教条论哲学，例如亚洲的吠檀多②学说，欧洲的柏拉图主义。即使我们对教条论哲学不无感激，也确实必须承认，迄今为止，一切谬误中最恶劣、最乏味和最危险者，乃是一个教条论的谬误，即柏拉图对纯粹精神和自在之善③的发明④。不过，从今而后，当这个谬误被克服，当欧洲从这场梦魇下缓过气来，得以享受一次至少更加健康的——睡眠之际，我们（**保持清醒本身即是我们的使命**）将是反对

① “超出大地之上”（überirdisch）：此为直译，通译为“超凡的、非尘世的”。——译注

② “吠檀多”（Vedanta）：或译“吠檀多”，由《奥义书》而来的婆罗门教学说。——译注

③ “自在之善”，又可译为“善自身”，与“自在之书”（第 52 节）、“自在之道德”（第 202 节）、“自在之女人”（第 231 节）一样，系对康德“自在之物”的戏仿。——译注

④ 此处“Erfindung”（发明）的动词为 erfinden，又有“杜撰、虚构”的义项，亦此处尼采之意。下文有时尼采会将之与“发现”（finden）对举，故译为“发明”。——译注

这一谬误的斗争所培育壮大的全部力量的后裔。确实，像柏拉图
那样去谈论精神和善，就意味着颠倒真相，意味着自己拒绝*所透视*
到的东西，这一切生命的基本条件；人们甚至大可以像医生那样问
道："柏拉图，这个古代所生的最好的材质，是怎么患上这种病的？
他确是被邪恶的苏格拉底败坏的吗？莫非苏格拉底确是败坏青年
的人？莫非他该吞那杯毒酒？"——而这场反对柏拉图的斗争，或
者说得更好理解一些，让"民众"[①]听得懂——因为基督教就是民
众的柏拉图主义[②]——这场反对基督教义及教会的千年压迫的斗 13
争，已经在欧洲造成了一场壮观的精神紧张，大地上似乎还从来没
有出现过的紧张：从今以后，用这样一张拉紧的弓，人们可以射向
最远的目标了。诚然，欧洲的人类将这个紧张感受为窘境[③]；而且
人们已经两次大规模地尝试过放松这张弓了，一次是通过耶稣会，
第二次是通过民主启蒙：——后者实际上是借着出版自由和报刊
阅读的帮助，让精神不再容易把自己感受为"窘迫"！（德意志人还
是有些发明天分的——向他们致敬！可是他们又把它抵消掉

① "民众"(Volk)通译为"人民"或"民族"。起源当与 viel(众)相关，指不处于领导地位的大多数人(或近于先秦所谓"国人"、"万民")，此亦尼采的主要用法；"人民"或"民族"含义经浪漫派提倡至尼采作此书时已大为通行，尼采显然是在赋予它以不合时宜的贬义。且民族观念之兴起在欧洲意味着贵胄与民众区别的消失，这一过程恰恰表现在 Volk 一词的转义中，此亦尼采所究心者。为译文一致起见，一律译作"民众"。该词与"民族"(Nation)、"种族"(Rasse)的区别可参看第 251 节尼采的用法，其近一般所谓"民族"的用法，可参看第 268 节。——译注

② 民众的柏拉图主义］据付印稿："群氓化了的柏拉图主义"。——编注

③ "窘境"(Nothstand)亦有"紧急状态"之义。与下文的"窘迫"(Noth)和后面常出现的"nötig"(在此语境下译为"迫切需要"，通译"亟需""必需")和"Nötwendigkeit"(必然性)同根。——译注

了——他们发明了印刷机。）但是我们，我们既不是耶稣会士，也不是民主派，甚至做德意志人也还不满足，我们这些好欧洲人，这些自由的、非常自由的精神，——我们还拥有它，拥有精神的十足窘迫和精神之弓的十足紧张！可能也还拥有箭，拥有使命，谁知道呢？拥有那个目标[①]……

塞尔斯-马利亚，上恩加丁山谷

1885 年 6 月

① 但是我们……］付印稿：例如帕斯卡尔就将之感受为一种“窘迫”：这个现代最深刻的人从他可怕的紧张中发明了那种杀人的笑，他以此对当时的耶稣会士笑得要死。也许他只要有个健康的身体并再多活个十年——或者，说得道德些，只要有一片南方的天空，而非皇港上空的乌云——便可以对自己的基督教信仰笑得要死了。——。——编注［译按：“皇港”（Port-Royal）指“德·尚普皇港修道院”（Port-Royal des Chamns Abbey），又译为“波罗雅尔修道院”，“卜尔·胡瓦亚勒修道院”，创建于 13 世纪，17 世纪帕斯卡尔主持讲坛时臻于极盛，为启蒙早期思想重镇，颇为教廷所忌，18 世纪遂被当局关闭。］

第一章　论哲学家的成见 15

1[①]

求真理的意志，这个还在诱使我们做些冒险的意志，这个著名的、迄今所有哲学家都恭敬地谈到过的真诚：就是这个求真理的意志，已经给我们摆出了怎样一些问题啊！多么奇妙、严重而值得一问的问题！这已经有一段很长的历史了，——可又真像是才刚刚
开始？如果最终我们突然变得不信任，没耐心，不耐烦地掉头而 7
去，从斯芬克斯那里，**我们**学着也在我们这方面去提问，这有什么

① 准备稿（笔记本 W I 7 中的第一稿）：对真理的热望没有将我引向那些不加思索的道路，它时时向我提醒那个在所有问题中最值得一问的问题：在对这一热切想望的隐蔽原因的追问面前，我曾逗留得最久，最终我却停留在对那个热望的价值的追问上。**真诚问题**出现在我面前：人们可曾相信，据我看来，它仿佛是第一次被提出来、被看到、被冒险一问的？另一处准备稿（笔记本 W I 5）：Alea jacta est[骰子已经掷下]。——这个将要诱使我做些冒险的“求真理的意志”——它向我摆出了多么少见的问题啊[，多么严重的、值得一问的问题！最终我不信任地转过身去，在这个斯芬克斯面前学习从自己这里发问，这有什么好奇怪的呢？这里究竟是**谁**在向我提问呢？]！多么**严重**的、值得一问的问题！这已有一段很长的历史了：我最终变得对它不信任，没耐心，不耐烦地转过身去；我在这个斯芬克斯面前学习从自己这里也提个问题：这有什么好奇怪的呢？究竟是**谁**在这里向我提问呢？在我这里究竟是什么“对真理”有“意愿”呢？。——编注

好奇怪的呢？究竟是谁在这里向我们提问呢？在我们内部，究竟是什么在意愿“真理”呢？——事实上，我们在意志的原因问题上逗留了许久，——直到最后在一个更彻底的问题面前完全止步不前。我们问这个问题的价值。假定我们意愿真理：为什么不宁愿要非真理？不宁愿要未知状态？甚至无知①？真理的价值问题来到我们面前，——或者，是我们来到这个问题面前？在这里，我们当中谁是俄狄浦斯？谁是斯芬克斯？看起来，这仿佛是问题和问号的一次幽会。——而人们可曾相信：据我们的总结，这个问题竟似乎从来没有被提起过，——它似乎是第一次在我们这里被看见、被亲眼目睹并且被冒险一问的？因为这就是冒险，而且可能没有比这更大的冒险了。

16

2

“某种东西如何可能产生于它的反面？比如，真理出自谬误？或者求真理的意志出自求欺骗的意志？或者无我的行为出于自私自利？或者智者纯洁的、阳光般的观照出自贪婪？诸如此类的产生是不可能的；谁对此存有梦想，就是傻子，甚至比傻子更糟；最高价值物必定有一个另外的、自己特有的起源，——从这个速朽的、诱惑人的、欺骗人的渺小世界里，从这团妄想和欲望的乱麻里，是推导不出它们的！而毋宁是在存在的怀抱里，在不朽之物中，在隐

① “未知状态”原文为Ungewissenheit，通译为“不确定性”。此译意在体现它与“无知”(Unwissenheit)的同根关系。——译注

蔽的上帝那里，在‘自在之物’里——它们的根据必定在**这些地方**，此外别无他处。”①——上面这类判断方式，造成了那种典型的成见，从中可以反复识别出一切时代的形而上学家；这类价值评估处于他们所有逻辑步骤的后台；他们就是从他们的这种“相信”出发，努力追求他们的“知识”，追求某个最终将堂皇地受洗赐名为“真理”的东西。形而上学家的基本信念就是**相信价值的相互对立**。即令他们中最谨慎者，甚至在他们自许“de omnibus dubitandum”[“怀疑一切”]的时候，也未曾想到：这里在源头处已有待怀疑，才最迫切需要怀疑。即人们尽可怀疑，首先，到底是否存在对立；其次，形而上学家们盖章核准了的那些民众喜欢的价值评估和价值对立，也许莫非只是一种前台评估②，只是暂时采取的透视方法，而且也许还是从一个角度出发，也许是从下往上，就像——借用画家常用的说法——仰角透视③那样？有可能，虽然真实者、真诚者和无私者④理应有其价值，但对所有生命来说更高等、更基本的价 17

① 此外别无他处!”]准备稿(笔记本 W I 7)：此外别无他处！说得更坚决些：“最高等级的事物和状态决不能是产生出来的，——‘生成’(Werden)或许配不上它们，唯有它们存在[存在者]，唯有上帝存在——他们是上帝。”。——编注

② “前台评估”(Vordergrunds-Schätzungen)：其中 Vodergrund(通译“前景”)和“透视法”(Perspektive)、“幽微变化”(Nuance)、“仰角透视”(Froschperspektive)、“色度”(valeurs)一样，属于尼采从绘画术语中借用的一套概念；故该短语亦可译为“位于前景的评估”。为统一译文起见，本书中 Vordergrund 译为“前台”；相同语境下的 Hintergrund(通译“后景”、“背景”)则相应地译为“后台”。——译注

③ “仰角透视”(Froschperspektive)：德文字面义为“按青蛙的视角”，亦有“拘泥于个人狭隘眼界”的贬义；在绘画中，仰角透视多用于教堂中的穹顶壁画，以使人物场景看来如同高悬于天空一般。——译注

④ 真实者……无私者]准备稿(笔记本 W I 5)：真理、真诚、被称为无私的行为，艺术直观中“大海的寂静”(Meersstille)。——编注

值，却必当归于求欺骗的意志、自私和欲望。甚至还有可能，决定那些受崇拜的好事物的价值的东西，恰恰在于它们以棘手的方式跟那些恶劣的、表面上与之相对立的事物相亲附、相关联和相勾结，也许甚至本质上相同。也许！——然而，谁愿去操心这样一些危险的也许呢！为此人们必须等候一个新种类哲学家的到来，这个种类的哲学家必定具有某种跟迄今为止的哲学家不同和相反的趣味和偏好，——从一切方面操心那些危险的也许的哲学家。——十分严肃地说：我看见这样的新哲学家出现了。[①]

① 十分严肃地说：……］准备稿（笔记本 W I 5）：(1)最终或竟有这样的可能——而我［我也相信这一点］竟也愿意信奉它！——即，那些第一受赞扬的事物之所以有价值，恰恰是凭着这一点：从根本上且无所回避地来看，它们不是什么别的，恰恰就是那些表面上跟它们相对立的事物［其名誉迄今为止被形而上学家们败坏得如此糟糕，——其荣誉且尚未有谁来“拯救”］和状态。但谁有勇气毫无遮拦地看这个“真理”呢？也许，在这样的问题和可能性面前也有一种得到许可的守贞。——(2)这是我的信念！也许［还要糟糕得多］必须把怀疑再向前推一步——我已经这样做过了——：也就是说，甚至有这样的可能，那些好的、可敬的事物之所以有其价值，恰恰在于，它们自己是以某种险恶的方式跟那些恶劣的、表面上与之相对立的事物有亲缘关系、紧密的亲缘关系，甚至还不止这样？(a)但是，谁［有兴趣］愿意去关心这样的也许啊！如果真理开始变得这般不体面，如果真理就这样撕下她的面纱、罔顾一切善意的羞耻的话，那可是有悖于好趣味、首先有悖于美德呢：在这样一个娘儿们面前，不是该忠告人们要谨慎么？(b)也许！但谁会愿意关心这个危险的“也许”呢！这有悖于好趣味，你们会对我说，有悖于［美德本身］［贞洁］美德。如果真理开始变得这般不体面，如果这个毫不顾虑的娘儿们竟到了这样的地步，丢了她的面纱，开始不顾一切［善意的］羞耻的话：滚，滚开，这个迷人精！让她今后走自己的路去吧！对着这样一个娘儿们，人们不可能有多谨慎！“宁可，你们眨吧着眼对我说，陪着一个温和的、会害羞的谬误，一个乖巧的小谎言一起溜达呢。——”。——编注

3

我从字里行间揣摩和审视哲学家们够久了，之后我对自己说：必须把绝大部分有意识的思考算作本能活动，甚至对于哲学思考也是；这里人们必须学会变通，就像在关于遗传和“天生”的问题上已经学到的那样。如果说，出生这个环节在遗传的整个前后相继的过程中，是很少受关注的：那么同样地，“意识”也很少会在什么决定性的意义上与本能*相对立*。——一位哲学家大部分的有意识思考，已暗中受到他本能的引导了，已受它强制而循于特定的轨道了。在这个运动的所有逻辑和它表面上的独断专行的背后，仍然是诸种价值评估，更确切地说，是旨在保存某个特定种类的生命的诸种生理学要求。比如说，已确定之物比未确定之物更有价值，假象(Schein)不如“真理”有价值：诸如此类的评估，尽管对于*我们*有其范导性[1]的意义，却可能确实只是前台评估，是一种特殊的、为了照我们之所是去保存我们的本质而可能恰恰是必需的愚昧[2]。18
也就是说，假定“万物的尺度”并不就是人类……[3]

① “范导性”(regulativen)：通译为“规则性的”，此译意在体现该词在康德哲学中的渊源。亦参见第 14 节“范导性假说”译注。——译注

② “愚昧”原文为法语，niaiserie，考夫曼云其为尼采最爱用的法语词之一。——译注

③ 是一种特殊的、……]准备稿：因为这个，权力意志贯彻了某个特定种类的造物(这些造物必须对一切东西做容易的、就近的、确定的、可计算的看，即根本上在逻辑的*透视法*下去看—)。——编注

4

对我们来说，一个判断[1]之为假，还不是反对它的借口；在这里，我们的新语言听起来也许最陌生。问题在于，这个判断在何种程度上是推进生命和保存生命的，是保存物种，甚至是培养物种的；我们从根本上倾向于声称，最虚假的[2]判断[3]（先天综合判断即属此类）对于我们来说是最不可或缺的判断，而且，如果不经由某些逻辑假说的批准生效，不以一个由绝对之物、自身相等之物构成的纯粹是发明出来的世界来衡量现实，不用数（Zahl）去持续地伪造世界，人类便将不能生存，——放弃假判断乃是放弃生命，否定生命。坦承不真之理是生命条件：当然，这会以一种危险的方式反对那些已习以为常的价值感觉；而一种敢于如此的哲学单凭其如此，便已超然自立于善恶的彼岸。

5[4]

所有哲学家都招来半是疑虑、半是嘲讽的目光，这并非因为人们一而再、再而三地发觉哲学家们多么无辜——他们多么经常而

---

① 判断]据誊清稿：概念。——编注

② 最虚假的]誊清稿：最虚假的亦即最古老的。——编注

③ 判断]据誊清稿：概念。——编注

④ 准备稿（笔记本 N VII 2）第一稿：让我不信任哲学家的，不是因为我看出，他们多么经常而又轻易地错解和迷失，而是因为我从来没在他们身上发现足够坦诚：他们全都假装已经通过辩证法揭示和达到某件事情了，归根结底却是，某条事先拟定的命题被他们用某种证据加以捍卫：他们是自己的成见的说客，且没有足够坦诚地承认和事先亮明这一点。老康德在寻找通向"范〈畴〉律令"的秘径时那种伪善令人发笑。要么便是数学式的外观，斯宾诺莎即由此〈赋予〉他那些心愿以一种堡垒式的特征，某种应该以似乎不容反抗的方式吓跑侵犯者的东西。——编注

又轻易地错解和迷失，简而言之，不是因为他们的幼稚和孩子气——而是因为他们不够正直：在刚要触及真诚问题的时候，便全体立即发出颇见美德的喧哗。他们全都在装模作样，仿佛他们是经过某种冷静、纯粹、神一般无忧无虑的辩证法揭示和达到自己的 19
观点的（这区别于任何级别的神秘主义者，后者更实诚、更蠢，——他们还在谈论“灵感”——）：归根结底却是，某条事先拟定的命题，某个念头，某次“灵光一闪”，大多数时候是某个被抽象地拟定和筛选出来的心愿，被他们用事后找到的根据加以辩护：——他们全是不肯被叫作律师的律师，而且大多数甚至是在为自己的成见（他们将之施洗赐名为真理）狡辩，——这离那种良心的勇敢差得**相当**远，良心会向自己坦白，是什么就是什么；这离那种勇敢的好趣味差得相当远，勇敢也会让人知道这一点，要么为了警告某个敌人或者朋友，要么出于得意，借以自嘲。老康德那种又是生硬又是端庄的伪善（他就是用这个把我们诱上那条辩证法的秘径，将我们引导、准确地说是误导入他的“绝对命令”），那种表演，让我们这些挑剔者发笑，在审查老道德主义者和道德布道者们的巧妙算计方面，我们了无乐趣。或者干脆是那种数学形式的戏法，用那种形式，斯宾诺莎把他的哲学——准确方便地解释这个词的话，到最后便是“对他的智慧的爱”——包裹装扮起来，如同裹上铁甲一般，为的是事先吓破侵犯者的胆，倘若他们胆敢正眼看看这位不可征服的女郎、这位雅典娜的话：——一个遁世的病人这样打扮，正泄露出他自己是多么胆怯、多么易于侵犯呵！

6[1]

我逐渐明白，迄今种种伟大哲学为何物：是其缔造者的自我表白，一种无意为之和未加注意的回忆；同样逐渐明白的是，每一种哲学中是道德（或不道德）的观点构成了真正的生长胚芽，每次都会从中长出整株植物。事实上，人们做得很好（而且很聪明），为了解释某派哲学中那些最冷僻的形而上学论题到底是如何形成的，他们总是首先问自己：它意愿（他意愿——）从哪一种道德出发？与此明白相应，我并不相信，某种“认识冲动[2]”会是哲学的父亲，而是认为，和往常一样，乃是另一种冲动不过像利用工具那样利用了认识（以及错误认识！）。如果有谁从这方面去看人类的基本冲动，看到这些冲动多么喜欢在此作为赐予灵

① 参看科利版第10卷，3[1]79；尼采致露·封·莎乐美，附语，1882年9月16日。笔记本M III 4中的第一稿：我已经习惯把那些伟大的哲学看作它的缔造者无意中的自我表白：反过来说，把道德部分看作整个哲学中具有生殖能力的胚芽，从而带着特定的意图在道德领域中寻找那些最乖僻的形而上学命题的出处。我不相信认识冲动，而相信那些把认识当一件工具来运用的冲动。把这些冲动一一数来便会发现，它们全都曾经搞过哲学，且深愿声称自己就是此在的最终目标。——在“学者”们那里情况则不同：那里思想真的像一架机器一样，跟人〈类〉的全部冲动系统毫不相关地运转着——：真正的兴趣因而大多数是在于其他地方，就像所有的职业人士一样：或是在于家庭，在于国家，诸如此类，或者在于赚钱。偶然因素将决定这样的机器们被搁在科学的哪个位置上：以后会当一个不错的文献学家呢还是当个化学家——这个人身上没有标志。哲学家则与此相反，他没有一样不是非个人的东西，道德尤其便是个人，即一个证明，证明这位哲学家内部的诸种冲动处在怎样一个等级顺序上。——编注

② “冲动”（Trieb）：本义为“本能的、身体性的欲望或渴望”。——译注

感的守护神（或者恶魔和妖精）搞它们的游戏，他就会发现，它们都曾经一度搞[①]过哲学，——而且它们中的每一个都太想表现出自己就是此在[②]的最终目标，是其他所有冲动理所当然的主人。因为每种冲动都有统治欲：它就是这样去试着做哲学的。——诚然：在那些学者，那些其实是从事科学的人们那里，情况可能有所不同——如果愿意，可以说是“更好”——，因为可能真的有某种像是知识冲动的东西，像一架独立的小时钟，上足了发条，扑到知识上猛干，而这个学者的其他所有冲动在这里并未起到本质性作用。于是，这个学者的真正兴趣照例完全在别的地方，比如家庭，或赚钱，或政治；他这架小机器是放在科学的这个还是那个位置，这个“很有希望”的青年劳动者会成为一个优秀的语文学家、菌类专家还是化学家，倒是没什么区别的：——他身上没有要成为这个还是那个的标志。相反，在哲学家这里，完全不存在非个人的东西；特别是他的道德会给出一个决定了的和决定性的证据，说明他是谁——即是说，他本性中那些最内在的冲动彼此处在怎样一个等级顺序上。

① 此句中的“搞”原文为 treiben，可视为 Trieb（“冲动”）的动词形式，本义为“驱赶、推动”。——译注

② “此在”（Dasein）：现代德语中是个并不抽象的常用词，表示“存在”“生存”“生活”等，此照哲学界通常译法译之。——译注

21

7

哲学家可以坏到什么地步啊！我还没见过比伊壁鸠鲁[①]对柏拉图和柏拉图主义者妄加讥讽更为恶毒的东西：他称他们为 Dionysiokolax，这个词在字面上最显眼的意思是“狄奥尼索斯的谄媚者”，即僭主的嬖人、佞臣；而除此之外，这个词还可能表示“无非是些**戏子**，没什么实在东西”（因为 Dionysokolax［酒神谄媚者］曾是戏子的流行标志）。[②] 后面这个意思，其实是伊壁鸠鲁给柏拉图泼的脏水：惹恼他的是那副大模大样的、把自己置于舞台之上的姿态，柏拉图和他的所有学生皆擅长此道，——伊壁鸠鲁却不擅长！他这个来自萨摩斯岛的学园老师，坐在雅典的小花园[③]里静悄悄地写了三百本书，谁知道呢？也许是出于怒气和功名之心而反对柏拉图？——伊壁鸠鲁这尊花园里的神祇是谁，希腊弄明白这一点要花几百年的时间。——弄明白了吗？——

---

① 伊壁鸠鲁］阿里盖蒂编《残篇》第 93 条，第 18—19 行。——编注

② “Dionysiokolax［狄奥尼索斯谄媚者］”与“Dyonysokolax［酒神谄媚者］”皆希腊语的拉丁拼法，共同的后缀 Kolax（或写作 Colax，“谄媚者”），系希腊喜剧中一种固定角色，以讨好、奉承为业。后者字面义指专事讨好酒神狄奥尼索斯者；前者则为伊壁鸠鲁生造的双关语，将酒神之名 Dionysos 衍作 Dionysios，即柏拉图曾结交过的叙拉古僭主狄奥尼索斯父子之姓（朗佩特：《施特劳斯与尼采》，田立年、贺志刚等译，上海三联书店 2005 年版，第 52—53 页）。——译注

③ 伊壁鸠鲁在雅典时授课于花园中，故有称其学派为“花园学派”者。——译注

8[①]

每一种哲学中都有一个点，哲学家的"信念"即在这个点上登台亮相：或者，用一出古老的神秘剧的话来说：

adventavit asinus［那只驴子来了］

pulcher et fortissimus.［又漂亮又强壮。］[②]

9[③]

你们愿意"适应自然"[④]而生活吗？哦，你们这些高贵的斯多亚主义者，要这种言辞的花招！你们设想自然如一个造物，无限漫

① 参看科利版第11卷，26［466］。——编注

② 引自格·克·利希滕贝格(G. Chr. Lichtenberg)：《杂编》(*Vermischte Schriften*)，哥廷根，1867年，第五卷，第327页，尼采图书遗藏。——编注［译按：该歌词出于12世纪的拉丁语歌曲《从东边来了》(*Orientis Partibus*)，属于半世俗化的孔杜克图斯(Conductus)音乐，歌颂驮载圣母圣婴逃难埃及的驴子，后亦在愚人节和狂欢节等节庆上演唱。参见［佚名］《古代与近代关于丑角的礼俗》，柏林1806年，第224页以下；另，据《新约》(《马太福音》第21章第1—11行；《马可福音》第11章第1—11行；《路加福音》第19章第28—40行；《约翰福音》第12章第12—19行)，耶稣亦骑驴进入耶路撒冷，今人考证其路线为自东门入，正与其时谓犹太人救世主将从东门入的预言相合。］

③ 笔记本N VII 1中的第一稿："适应自然"而生？哦，你们这些斯多亚主义者，多么高贵的撒谎者！你们设想一种造物，充沛，淡漠，没有意图，没有怜悯，可怕而荒芜，你们设想无差别本身——你们怎么可能适应这种无差别而生活呢！生命不就是，要与这种自然有所不同的一种意愿吗？适应生命而生？你们又怎么可能不这样呢？从这里造出个原则来，图的是什么呢！事实上，你们首先是照着你们的智者的图像为自己塑造出那个自然！然后，你们想照着这幅你们的图像的图像塑造出自己来！此亦适用于歌德、丹纳及诸如此类者。——编注

④ 德语中"自然"(Natur)同时指外在的自然和内在的"本性"，故此处亦可解作"适应本性而生"。——译注

汗，无限淡漠，没有目标和顾虑，没有怜悯和公正，可怕、荒芜而又不确定，你们将这种无差别本身设想为权力——你们怎么**能够**适
22 应这种无差别而生活？生命——它难道不就是一种要与此自然有所不同的意愿吗？生命，难道不就是评判、优选、不公平、有界限，不就是对差别的意愿吗？假如你们“适应自然而生活”的律令与“适应生命而生活”根本上是同等的意思——那么，你们怎么可能**不**这样呢？从你们自己所是和必须是的东西那里造出一个原则，图的是什么呀？——其实别有内情：你们兴高采烈地假装从自然中读出你们假定的法典，由此，你们想要的是某种相反的东西，你们这些了不起的戏子和自欺者哟！你们的自负要将你们的道德、你们的理想指定给自然（竟然是给自然），使之合为一体，你们要求它是“适应斯多亚”的自然，并想让一切此在只按照你们自己的形象存在——使之成为对斯多亚主义宏大而永恒的称颂和普遍化！你们带着全部对智慧的爱，**虚假地**，也就是以斯多亚的方式看待自然，如此长久，如此坚持不懈，受到催眠一样地如此坚定，直到你们再也不能以其他方式来看待它，——不知哪来一种极端的傲慢在最后还给你们以精神病人般的希望，希望**因为**你们擅长做自己的霸主——斯多亚主义乃是对自身的霸道——，**所以**也让自然对自己施以霸道：斯多亚主义者不就是自然的一个**片段**吗？……这是一个古老永恒的故事：一旦某种哲学开始信仰自己，则当年在斯多亚主义者身上发生的，今天还会发生。哲学总是按它的形象来创造世界，不会别的；哲学就是这个行霸道的冲动本身，是求权力、求“创造世界”、求 causa prima[第一原因]的最精神性的意志。

10

今日的欧洲到处都在缠着那个“关于现实世界和假象世界”的问题不放，追问时的那份热切和精细，我甚至想说，那种狡狯，颇值得思考和聆听；谁在这里只听出背后有个“求真理的意志”而别无 23
所闻，他的耳朵肯定不是最敏锐的。在个别罕见的例子里，倒可能真的有这样一种求真意志在此起了作用，某种越轨和冒险的气势，某种收回失地的形而上学家的功名心，这种求真意志最终总是偏爱手里的一撮“已知”甚于一大车漂亮的可能；甚至还可能有清教徒般狂热信仰良心的人们，与其为一个未知的什么东西，他们更愿意为一个可靠的无赴死。但，这是虚无主义，是疲乏欲死的绝望灵魂的标记：无论这样一种美德能够做出多么英勇的姿态。[①] 在更为强大、生命力更饱满、还渴待生活的思想家那里，事情似乎是另一个样子：他们采取**反对**假象的立场，早已高傲地说出“透视”[②]这个词，并且贬低自己身体的可信度，以为它跟那种以为“地球是静止的”视觉假象[③]一样不可信，由此，他们似乎高高兴兴任由这些最可靠（因为现在的人们还会把什么东西看得比他的身体更可靠呢）的所有物从手里溜掉。谁知道呢，他们是否根本就不曾想要收

① 无论这样……］据付印稿：因为凡是其美德以此方式越出常轨之处，皆涉及死亡和毁灭。——编注

② “透视”，原文为 perspektivisch，是 Perspektive（“透视法”）的副词形式，直译为“以透视法（去看）”，在德语中也有“从未来出发、着眼未来远景”之意，或暗指与后面“收复”旧理念相反的前瞻姿态。——译注

③ “视觉假象”（Augenschein）为直译，通译为“亲眼所见”。——译注

复人们曾经**更可靠地**拥有过的某种东西？是否不想从**从前**的信仰那里收复一块老根据地，要么是“不死的灵魂”，要么是“古老的神”，简而言之，他们是否根本不想收复那些理念，比起“现代理念”来，那些理念曾经支持过更好的，也就是更有力和更明朗的生活。在他们那里，既有对这些现代理念的**疑虑**，有对所有昨天和今天所建立的东西的不相信；或许还混合着一种淡淡的厌倦和嘲弄，再也无法忍受那个所谓的实证主义向市场推出的来源迥异的概念小玩意儿，也有挑剔的趣味在所有这些冒牌现实哲学家们[①]年终集市般的斑斓和杂碎面前生出的一种恶心，除了这种斑斓，后者再没有
24 什么新颖和实在的东西了。在此，鄙意以为，人们应该承认当今那些心存怀疑的反现实者和认识的微观者[②]是对的[③]：他们的本能，那种把他们推出**现代**之现实的本能，并没有被驳倒，——至于他们从哪条密道折回现实，于我们又有什么相干呢！对他们来说本质性的问题**不是**他们意愿“回去”：而是他们——意愿**离开**。意愿**更多一些**的力量、飞跃、气势、艺术：他们或许是意愿**出去**，——而不是回去！——

---

① 冒牌现实哲学家们]影射欧根·杜林。——编注[译按：杜林于1865年发表《生命的价值》；1875年《哲学教程》，1895年改名为《现实哲学》。恩格斯在《反杜林论》(1878年)中亦曾讽称之为“我们的现实哲学家”。]

② “认识的微观者”(Erkenntniss-Mikroskopiker)：按字面可直译为“用显微镜来看认识的人”。弗雷格在1879年发表的《概念文字》中正把他要创建的逻辑语言与日常语言的差别比作显微镜与眼睛的差别。——译注

③ ：]付印稿中此冒号前还有：“[：所有这些康德、谢林、黑格尔和叔本华以及从他们中重新长出来的货色]”。——编注

11[①]

在我看来，人们现在正到处努力不去注意康德对德意志哲学施加的真正影响，尤其聪明地把视线从他自己所承认的那种价值上滑开。康德首先最为自负的就是他的范畴表，他手持这张表说：“这是为了形而上学之故而能够被承担之事中之最困难者。”[②]——但愿人们理解了这个“能够被”！他自负的是，揭示了人身上一个新的能力[③]，先天综合判断的能力。假定在这里他是在欺骗自己：但德意志哲学的发展和腾飞依赖于这种自负，依赖于所有年轻一辈为了尽可能揭示让人再自负一些的东西——每一次都是“新的能力”！——而展开的竞争。然则我们且来考虑一下：

① 参看科利版第11卷，25[303]；26[412]；30[10]；34[62.79.82.185]；38[7]笔记本N VII1中的第一稿作：“先天综〈合〉判断何以可能？”——因为某个能力，即回答如下：它是可能的，它就在那里，我们能够做出它。但是这个问题问的是“何以”(Wie)？即康德确认的是“如此”(daß)，却没有就此给出解释。最终这个“能力”是一种假说性力量，一种跟认为在鸦片里有催眠成分属同一种类的假设。我的见解是：“因果关系”，绝对之物，灵魂，存在，质料，精神，所有这些理念— — —这些概念是出于一种在逻辑上很糟糕的方式，即，正如词源学让人认识到的，同一种特征被用来标记多种相像的事物。随着感官和注意力越来越敏锐，这种相像性会逐渐越来越不受认可：精神便为了对某件事物作内在标志而围绕着由一系列认识记号组成的再认识记号兜圈子：它以此来抓住事物，把握(begriff)它，这里是一种握(Greifen)和抓(Fassen)。（参看科利版第11卷，38[14]）。——编注

② 引文见《未来形而上学导论》的导言(《康德全集》第四卷，普鲁士皇家科学院编，1911年，第260页)；康德原文中的“这”，指的是对“源于纯粹知性”的诸概念的演绎过程(Deduktion)，非范畴表本身。——译注

③ “能力”(Vermögen)或译为“机能”。康德视“理性”、“知性”、“感性”均为人的先天机能。——译注

到时候了。先天综合判断是如何**可能的**？康德问，——他到底是如何回答的？**因能力而可能**：不过可惜的是，他不是用三个词回答，而是用那样烦琐而可敬的方式，耗费如许多德意志式深刻而曲折的思索，以至于人们没有发觉，在这样一个回答中藏着的有趣的日耳曼式愚钝[1]。人们甚至在这个新能力面前情不自禁，高声欢
25 呼，仿佛康德在人类身上又补充揭示出了一种道德能力：——因为，当时德意志人还是道德的人，还完全不是“现实政治”[2]的人。——德意志哲学的蜜月到来了；图宾根神学院[3]所有的青年神学生一下就钻进了灌木丛里，——都在寻找“能力”。有什么是人们找不到的啊——在德意志精神那个无辜、丰富而尚且年轻的时代，浪漫主义这个邪恶女妖，趁人们还不知道如何区别“发现”和“发明”的时候，往这个时代里吹着气，哼着歌！首先找到的是一种“超感性”的能力：谢林将它命名为知性直观[4]，以此迎合了根本上渴望虔诚的德意志同胞们最真心的渴望。对于这场运动，这一场

① “日耳曼式愚钝”原文为法语 niaiserie allemande，尼采提到过法国人对德国人素有的误解，参见第 209 节。——译注

② “现实政治”(real-politisch)，名词为“Realpolitik”，指不拘泥于纯粹理想或理念，而着眼于现实局势因势利导地推行政治的做法。德语中这个概念最早盖见于罗肖反思 1848 年革命的《现实政治原则》(Ludwig August von Rochau，*Grundsätze der Realpolitk*，1853—1868 年)，后被用于描述俾斯麦的政治实践。——译注

③ 图宾根神学院(Tübinger Stift)，是一个由教会为学生提供资助的教学机构，直译当为“图宾根寄宿学校”。从 16 世纪到 19 世纪末，该学院人才辈出，包括黑格尔和谢林。——译注

④ 知性直观(die intellektuelle Anschauung)，或译“理智直观”，此概念实本费希特克服康德直观-理智二分法，指精神直接在行动中把握和创造自己的对象的直观活动，亦等同于自我；参见谢林：《先验唯心论体系》，梁志学等译，商务印书馆，1983 年，第 34 页。——译注

得意之极、如痴如醉、当时如此莽撞地把自己伪装进那些白发苍苍的老概念中去却还是年轻的运动，人们最不公正的做法莫过于严肃地看待它，以道德的愤激对待它；够了，人们老了，——梦境消失了。一个要拍拍脑门儿想想的时代到来了：人们今天还在拍着。梦是已经做过了，头一个做的是——老康德。“因为能力而可能”——他这样说过了，至少这样想过了。但是这竟然是——一个答案吗？一个澄清？或者充其量只是一次对问题的重复？这剂鸦片是怎么帮助睡眠的呀？“因为能力而可能”，即因为 virtus dormitiva[催眠功能]，——莫里哀笔下的那个医生回答说，

> quia est in eo virtus dormitiva，[因为它具有催眠功能，]
> cujus est natura sensus assoupire.［所以它的药性会让感官安睡。］①

但是像这样的答案应该出现在喜剧里，现在终于到时候了，该把康德“先天综合判断何以可能”的问题换成另一个问题：“为什么相信这样的判断是**必需的**？”——也就是这样来理解这个问题：为了保存我们这个物种的本质，这些判断必须被**信**以为真；因此这些
判断当然也可能是**虚假的**！或者，用更清楚的、粗暴而彻底的话 26
说：“先天综合判断”根本不应该“是可能的”：我们没有权利下这种

① 出自莫里哀《无病呻吟》，参见《莫里哀喜剧选》下卷，人民文学出版社，1959年，第404页。剧中一位医学学士以此问答通过考试成为一名医师。孔德曾引用这个细节说明科学中存在的形而上学习气：以实体或人格化的抽象物来解释自然的倾向（孔德：《论实证精神》(1844年)，黄建华译，商务印书馆，2001年，第6—7页）。——译注

判断，这个判断从我们的口中说出完全是假判断。倒不如说，对此判断的真实信念，作为一种前台-信念和视觉假象（它们属于生命的透视法），才是必需的。——且最后再怀念一下“德意志哲学”——人们会如我所希望的那样理解这个吗：它有资格用引号——在全欧洲产生的巨大影响，人们该不怀疑这一点了：这里有一种特定的催眠功能在起作用。那些高贵的懒人、颇具美德的人、神秘主义者、艺术家、四分之三的基督徒和所有国家的政治黑手们，个个欢欣鼓舞，多亏德意志哲学，才有了跟那股从上个世纪一直漫流到这个世纪来的声势浩大的感官主义相对抗的解毒剂，简单地说——才能“sensus assoupire”[“让感官安睡”]……

12[①]

关于唯物主义原子论：这可以算现存的争议最大的问题了；今日的欧洲学者中可能再也没有人会那样不学无术，会在除了随手和私下用起来方便（也就是说当作一种便捷的表达手段）之外还严肃地重视它——首先感谢那个波兰人博什科维奇[②]，他和波兰人

① 参看科利版第 10 卷，15[21]；第 11 卷，26[302. 410. 432]。——编注

② 路哥罗·居塞普·博什科维奇（Ruggiero Giuseppe Boscovich）不是波兰人，而是达尔马提亚人；尼采在巴塞尔读到他（1873 年，参看科利版第 7 卷）的《导出关于自然中实存的诸种力量的单一法则的自然哲学理论》，维也纳，1769 年。——编注[译按：博什科维奇现应算克罗地亚人，18 世纪的耶稣会士和学者，属于最后一批行迹遍欧洲、用拉丁语写作的百科全书式学者。在上引书中，他试图在牛顿的万有引力模式和莱布尼茨的单子模式之外，不是从质料而是从相互作用的角度来理解原子，并最早设想宏观和微观世界中事物的作用力是一致的。]

哥白尼皆是视觉假象迄今最伟大、最成功的对手。哥白尼说服我们相信，与一切感官感受相反，地球**不是**稳定不动的，而博什科维奇则教人弃绝对地球上最后的“稳定不动”之物的信念，即对“材料”、“物质”、作为地球零余物[①]的颗粒状原子的信念：这是大地上迄今取得的对于感官的最大胜利。——不过人们还必须再前进，再对那总会引起后人危险效仿的“原子论需求”宣战，同时也对那个更著名的“形而上学需求”，在无人知晓的战场上，发动一场毫不 27
留情的白刃战：——人们首先还要除掉另外一种影响深远的原子论，基督教最成功和最长久地教授过的**灵魂原子论**。用这个术语或许可以表示那种信念，它把灵魂当作某种抹杀不掉的东西、永恒之物、不可分之物，当作单子和 Atomon[原子]：**这种**信念，人们应该从科学中清除出去！在这里，我们私底下说说，完全没有必要把“灵魂”本身丢开，没有必要放弃一个最古老、最值得尊敬的假说：自然主义者之呆板即经常落到这个地步，他们连碰都几乎还没碰到“灵魂”就失去了它。关于灵魂假说仍然有重新论述和精雕细琢的余地：如“会死的灵魂”、“作为主体多样性的灵魂”和“作为诸冲动和诸情绪的社会建筑(Gesellschaftsbau)的灵魂”之类的概念，均有意在今后的科学中获得公民权。**新**心理学家，因为打算要了结这种迄今如热带丛林般围绕着灵魂想象繁茂地蔓生开来的迷信，当然就像是自行放逐到一片新的荒芜、一种新的疑虑里去——很有可能，那些旧心理学家过得更加惬意，更加有趣——：但他最终知道，

① “地球零余物”(Erdenrest)：其中“零余物”(rest)源出商人用语，指与整数相对而言的“零料”或“余数”。——译注

正是因此他才注定要去**发明**——谁知道呢，也许是去**发现**呢。——

13

生理学家可能曾经考虑过，把保存自身的冲动设定为有机生物的核心冲动。某种生命体首先意愿的是**释放**它的力量——生命本身是求权力的意志——：自身保存只是它间接的和最经常的**后果**之一。简言之，在这里和在其他所有地方一样，要警惕**多余的**目 28 的论原理！——自身保存冲动就是这样一种目的论原则（这要归功于斯宾诺莎的前后不一致——）。这样也就要求采用那种在本质上必定吝于使用原理的方法。

14

现在也许有五六个头脑朦胧意识到这一点了：物理学也只不过是一种对世界的解释与编排[①]（在我们看来！且允许这样说），而**不是**对世界的说明[②]：不过，只要物理学还立足于对感官的信

① 此处“对世界的解释与编排”原文为 Welt-Auslegung und -Zurechtlegung。Auslegung（解释）在后来的解释学中成为与“理解”（Verstehen）相关的术语。Zurechtlegung（编排）在德语多以动词形式“zurechtlegen”出现，既有“安排停当、准备好”，又有“虚构、捏造”的意思。——译注

② “对世界的说明”原文为 Welt-Erklärung。“Erklärung”（说明）与下文的“klar”（清楚）、“klären”（弄清楚）以及“启蒙”（Aufklärung）同根，在解释学传统中更多地指科学的因果说明。与解释学相关，在 20 世纪人文科学中发生了持续的“说明-理解之争”。——译注

念，它就会被当作更有效者，并且必然在长时期内还会越发有效，也就是说，会被当作说明。物理学有自己的眼和手，有自己的视觉假象和把捉手感[①]：在一个有着平民的初级趣味的时代，这是令人迷惑、口服且心服的，——永远投合民众口味的感官主义所奉持的真实性圭臬，其最自然的后果正是如此。什么是清楚的，什么是"弄清楚"？首先是那种看得见、摸得着的东西，——必须把每个问题都推到这样一个程度。柏拉图式思维的魔力恰恰在于针对这种感官明觉[②]的抗拒，这是一种高尚的思维，——也许它就存在于那些人当中，他们比我们当代人拥有更为强大和更加苛求的感官，却知道在保持对这些感官的统治中找到一种更高明的胜利喜悦：而做到这一点，凭借的是那些撒在五彩斑斓的感官旋涡——感官群氓，如柏拉图所说[③]——之上的苍白、冰冷、灰暗的概念之网。以柏拉图的手法制服世界和安排世界，曾经带来一种别样的享受，不同于今日之物理学家（及类似的生理学劳动者们中的达尔文主义者和反目的论者）以他们的"最省力"原理和最傻瓜原理[④]提供给

① "把捉手感"原文 Handgreiflichkeit 有两义："明白可见"；"动手、动武"。字面义是"用手把捉到的状态"。"视觉假象"（字面义是"亲眼所见之像"）与"把捉手感"即下所云"看得见、摸得着"。——译注

② 此处"感官明觉"原文为 Sinnenfälligkeit，或为尼采所生造。德语中一般只说"sinnfällig"，意为"很明显的"、"一望而知的"。——译注

③ 如柏拉图所说］见《法律篇》689a-b。——编注［译按：柏拉图提到"……灵魂中最广泛的要素（这一要素感受着快乐和痛苦，与一个国家的最广泛部分即一般人民相对应）"，参见柏拉图：《法律篇》（689a-b），张智仁等译，上海人民出版社，2001 年，第 88 页。］

④ "'最省力'原理和最傻瓜原理"，原文为 Princip der " kleinstmöglichen Kraft" und der grössmöglichen Dummheit，直译为"'用最小的力量'和最大的愚蠢的原理"；或影射物理学界在 18 世纪中期总结的"最小作用量原理"，即物理世界中一切变化过程中，作用量（质量、速度与距离之乘积）皆趋于最小值。——译注

我们的那种享受。“在没什么可看和没什么可摸的地方，人类是再也没有什么可寻找的了”——这诚然是一个与柏拉图式律令不同
29 的律令，但对于由机械师和桥梁建筑师（他们不得不揽下十足的粗活）组成的粗壮而勤劳的未来族群来说，或许恰恰是合适的律令。

15[1]

为了心安理得地从事生理学，人们必须记住一点，感觉器官不是唯心主义哲学所讲的现象（Erscheinung）：作为现象它们便不可能是原因了！因此，感官主义如果不是启发性原理的话，至少也是范导性假说[2]。——怎么？有人要说了，外部世界是我们的器官所加工的作品。那么，这样一来，我们的身体作为外部世界的一个片段，岂不是我们器官的作品吗！而这样一来，我们的器官本身岂不也是——我们的器官的作品！在我看来，这是一个严密的归谬论证：假定causa sui［自因］概念是某种彻底的谬论。由此可知，外部世界不是我们的器官的作品——？

---

① 准备稿：要从事心理学，人们必须相信，感觉器官不仅仅是现象：作为现象它们便不是原因了。于是：感官主义是范导式假说：我们在生活中如何拥有它们。没有人会把一块牛排当作一个现象。——编注

② “启发性原理”（heuristisches Princip）指从对象A上得出一套原理，以此原理去理解对象B，而知其未必为对象B本身所实有；“范导性假说”（regulative Hypothese）则指尚不构成关于客体之知识的假说，它只是作为主体为自身所定的规则以调节认识者的认识方式或实践者的行为方式。“启发性的”与“范导性的”在康德那里有时并用，以表明理性的界限。——译注

16

总是还有一些无邪的自我观察者，他们相信确有"当下已
知"[①]，比如"我思"，或者如叔本华曾迷信的，"我意愿"：仿佛认识
在此得以纯粹而赤裸地将其对象（作为"自在之物"）抓住，且无论
在主体还是客体方面都不会有假。然而"当下已知"，正如"绝对认
识"和"自在之物"一样，其本身包含一种 contradictio in adjecto
［形容词矛盾］[②]，这一点我会重复一百次：人们最终应该摆脱这种
词语的诱导！且让民众去相信，认识是一种最终之识（zu Ende-
Kennen），哲学家则必须对自己说："如果我把'我思'这个命题所
表达的那个过程拆散的话，便会得到一系列鲁莽的推断，对它们的 30
论证是困难的，也许是不可能的，——比方说如下推断：*我*是那个
在思考的东西；说到底必然存在某种在思考的东西；思可归于某个
造物的某种活动和作用，该造物则可看作原因；是有一个'自我'
在；最后得出结论，用思所标指的那个东西已经是确定的了；——
我*知道*，何为思。可假如我没有在自己这里已经做出决定，那我应
该拿什么尺度去确定，所发生的事就不可能是'意愿'或者'感觉'
呢？"算了吧，那个"我思"的前提是，我把自己的瞬时状态和从自己

① "当下已知"（unmittelbare Gewissheit）通译为"直接确定性"。此译一来意在体现该词与 Gewissen（良心，字面义为"已知者"）、wissen（知道）以及第 1 节出现的"Ungewissenheit"（未知状态，不确定性）等概念的同根关系，二在体现下文所说的"形容词矛盾"：既为"当下"，何来"已知"。——译注

② 拉丁修辞学术语，指一个名词被加上一个与它的含义相悖的形容词，如"黑的光"。——译注

这里辨认出来的其他状态相**比较**，从而确定这个状态是什么：由于有这种指向其他状态的“知道”的回涉[①]，我对这个状态就无论如何没有直接的“确知”。——以此方式，哲学家没有得到民众在这种情况下所可能相信的那种“直接确知”，却得到一系列关于形而上学的问题，这些问题才是知性所提的真正的良心问题[②]，它们问道：“我从哪里得到思这个概念的？为什么我会相信原因和作用？是什么让我有权利谈论一个自我，竟去谈论一个作为原因的自我，最后还去谈论一个作为思之原因的自我？”谁如果敢诉诸某种认识**直觉**而对这些形而上学问题做出即刻的答复，像某人那样，说“我在思考，我知道，至少这一点是真实的、确实的、肯定的”——则他今日在一位哲学家那里可要碰上一声嗤笑和两个问号。“这位先生，”哲学家也许会提示他，“您几乎不可能没弄错：不过，为什么非要真理不可呢[③]？”

17

关于逻辑学家的迷信：在此我不愿费劲去一再强调一个微小
31 的事实，这些迷信的人所不乐意承认的事实，——即，一种思想之

① “回涉”，原文为 Rückbeziehung，字面义为“向回关涉”，盖借自法学（今《德国民法典》159 条，法学界通译为“溯及既往”），其义为：条件成就后发生的（法律）效果，本应仅对将来发生效力，却（因为某种约定）被适用于条件成就之前，就如条件于此前成立时那样。——译注

② “良心问题”（Gewissensfragen）字面意思为“关于已知的东西的问题”。——译注

③ 不过，……］这段是在付印稿中添上的。——编注

出现，乃是在“它意愿”之时，而非在“我意愿”之时；[①]因而，说主语“我”是谓语“思”的条件，是在伪造事实要件[②]。它思[③]：不过，要说它就是那个古老和著名的“自我”，这只是——说得客气点——一个假想，一个推断，至少不是“当下已知”。这个“它思”后来已被做了太多手脚：这个“它”已经包括了对于思之过程的编排，而其本身并不属于这个过程。[④] 在这里人们是按照语法习惯推定，“思乃是一项活动，每一项活动都可归于一个活动者，由此可知——”。大致按照同一图式，老式的原子论曾经给作用“力”寻找那种团粒状的物质，力就在那里面向外面起作用，那就是原子；更严格的头脑

---

① 一种思想……］参看叔本华：《附录和补遗》(Parerga)第2卷，第54页；以及让·雅克·卢梭：《忏悔录》，第四章：“理念是在它们高兴时到来的，而非在我高兴的时候来的。”(Les idées viennent quand il leur plaît, non quand il me plaît)。——编注［译按：叔本华所记盖为：“也就是说，思想就和客人一样：我们并不可以随时随心所欲传唤他们，而只能静候他们的光临。”参见《叔本华美学随笔》，韦启昌译，上海人民出版社，2004年，第7页，以及卢梭：《忏悔录》第一部，黎星译，人民文学出版社，1980年，第200页。］

② 此处“事实要件”原文 Thatbestand，或译“实际情况”；该词作为对拉丁词 Corpus delicti［犯罪实情］的翻译，在18世纪末开始首用于刑法学，表示确定某行为之为罪行的关键事实构成，法学界译为“构成要件”，其本身即包括对“行为、因果关系、责任判定”等主观认识，故此处可云“伪造”。——译注

③ “它思”，原文为 es denkt，其中“es”(它)是占位主语，没有实际意思，此为直译，故颇显别扭，符合汉语习惯的译法是：“想来……”、“据认为……”。——译注

④ 此说亦本利希滕贝格：“人们应该说，想来(es denkt)，正如他们说：‘来闪电了’(es blitzt)。一说 cogito［我思］，人们一用我想(Ich denke)来翻译它，便已太多。假设和设定这个我，是出于实践需要。”亦见利希滕贝格《杂编》。尼采曾在此段话上画线，见马丁·斯廷格林：《尼采和利希滕贝格》，载于马丁·斯廷格林：《尼采对利希滕贝格的阅读，在语言批判与历史批判之间的张力场中》，慕尼黑1996年。后来海涅在评论费希特时也用过类似的比喻，把“来闪电了”、“想来”与“我思”的比较，与尼采此处说法几乎相同。参见亨利希·海涅：《论德国宗教和哲学的历史》，海安译，商务印书馆，2000年，第119页。——译注

最终将学会，不用这种“大地零余物”也行，有朝一日人们也许还将习惯，即使对于逻辑学家，不用那个小小的“它”(那个实诚的老自我已经悄悄化身为它了)也行。

18[①]

对一门理论来说这可真是不小的魅力：它是可以驳倒的：它正是靠这个吸引着更为精细的头脑。看来，已经驳倒一百次的“自由意志”理论之所以延续下来，得归功于这种魅力——：总是不断会有人出来，觉得自己强大得足以驳倒它了。

19

哲学家们习惯这样谈论意志，仿佛它是世界上最为人所知的事情，叔本华曾经提示说，唯有意志是我们真正、完全、不多不少地
32 认识了的东西。而鄙意向来以为，叔本华在这件事上并未脱去哲学家们的习气：他继承并且夸大了**民众成见**。在我看来，意志首先是某种**复合物**，某种只是作为词语才是一个单一体的东西，——而即使在**单个词语**中也包含着民众成见，这成见压倒了哲学家们向来稀缺的谨慎。那么且让我们再谨慎一些，且让我们“不哲学”——，我们要说：在每个意志中首先是一种感觉的杂多，也就是说，对离某处而**去**的状态的感觉，对自某处而**来**的状态的感觉，对

① 参看科利版第10卷，4[72]；5[1]24；12[1]156。——编注

这种“去”和“来”本身的感觉，然后还有一种相伴随的肌肉感觉，一旦我们有所“意愿”，还不用我们将“胳膊和腿”推入运动，那种肌肉感便凭某种习惯而开始活动。其次，则正如应该认可意志中掺和着感觉，确切说是多种多样的感觉成分，思考亦然：每个意志行动中都有一个思想在发布指令；——人们不该相信，能够把这个思想从“意志”中分出去，好像之后意志还会剩下来似的！第三点，意志不只是感觉和思考的杂合体，首先却还是一种*情绪*：确切地说是下指令的情绪[①]。被称为“自由意志”的东西从本质上说就是着眼于必须服从的一方的优越情绪：“我是自由的，‘他’必须服从”——在每个意志中都包含这种意识，还有那种注意力的贯注，那种目不转睛盯住一点的直勾勾的目光，那种绝对的价值评估（“现在亟需的是这个而不是其他任何事”），那种内在的确知（确知将被服从，命令者权限之内的一切都将被服从）。一个有所*意愿*的人——，是对自己内部某个服从于他，或者他相信服从于他的东西下命令的。不过现在要注意，在意志这里——在这个民众只有一个词来形容的多层次事物里，最奇妙之处在于：在上述情况下，我们同时是命
令者*和*服从者，并作为服从者而觉察到那些通常紧随意志行为之 33
后的强制、推挤、按压、抵抗、运动等感觉；而且，我们在另一方面又

① “情绪”（Affekt）：源于拉丁语词 af-ficere（“作用、刺激、影响”），指“受外部刺激而起的心情动荡”，实比汉语“情绪”一词所表达者更为强烈、急促；汉语中“情绪化”、“闹情绪”等与这个德语词所包含的“受刺激”、“情不自禁”之义近似。德语有“在情绪中做事”（im Affekt handeln）的表达，近乎中文所言“情急之下”或“应激反应”。“下指令的情绪”亦将情绪与“紧急状态”，即“指令”（Commando）所暗示的战争状态联系起来。据考夫曼注引巴德温（James Mark Baldwin）说，可追溯至斯宾诺莎所用的 affectus，而阿奎纳则用以翻译希腊词 pathē，即 pathos[激昂]。——译注

养成习惯，借助“自我”这个综合概念而得以让自己越过、把自己骗过这种两重性；因此，这个意愿便附着上一整串谬误推论和由此推出的对于该意愿本身的虚假价值评估，——以这种方式，这个意愿者将信心十足地相信，意愿足以行动。因为在最普遍的情况下，只有在可以期待命令的作用——即顺从，亦即行动——之际，才会有所意愿，于是假象便自行转换为感觉，仿佛真有一种作用的必然性似的；够了，意愿者以相当程度的把握相信，意志和行动总归是同一个东西——，他将意愿的成功和实施归于意志本身，从中享受所有成功都会带来的那种权力感的一阵膨胀。“自由意志”——这个词说的是意愿者多层次的快乐状态，他既下命令，同时又把自己与实施者设为一体——作为这个统一体，他跟着一起享受战胜反抗的喜悦，同时还对自己判断说，真正克服反抗的乃是他的意志本身。以这种方式，意愿者把那些有用的实施工具、那些为之效劳的“下等意志”和下等灵魂（我们的身体只不过是多种灵魂的一个群体构成）所具有的快乐感觉添加到他身为命令者的快乐感觉上来。朕即效果[①]：这里发生的，正是在每个成长良好的幸运的公共体[②]中都会发生的事情，即执政阶级使自己等同于公共体的成就。所有意志都无一例外地关系到命令和服从，其基础，如前所述，则是某种由多个“灵魂”组成的群体结构：因此，一位哲学家该有这样的
34 权利，就是要在道德视野之下把捉到自在之意愿（Wollen an sich）：

① “朕即效果”，原文为法语，L'effet c'est moi，盖戏拟路易十四语“朕即国家”（L'etat c'est moi）；effet[效应，效果]源于拉丁语 ef-ficere，与 Affekt 亦同源。——译注

② “公共体”，原文为 Gemeinwesen，特指政治性集体，今有以此翻译拉丁语中的 res publica[共和国]者。此译借取日语译名。第 258 节将之与“王国”并列。——译注

也就是说，把道德理解为关于统治关系的学说，“生命”现象就是在此关系下产生的。——[①]

20

个别的哲学概念决不是任意的东西，决不是自顾自生长起来的东西，而是从它们彼此的关联和亲缘中生长出来的；即使它们看起来是如此突然而任意地登上思想的历史，也正如一块大陆上的生物种群的所有成员那样，属于一个系统：最终透露出这一点的是，连那些差别最大的哲学家们，也肯定是在反复填充着由诸种可能的哲学所组成的某个特定基本图型。他们总是在一种看不见的魔力之下，把同一个环形轨道重新走一遍：他们还喜欢顺着其批判的意愿或者建立系的意愿而感觉到，他们彼此是不相干的：在其中引导他们的，按照既定顺序把他们一个接一个推出来的，却终归是概念所具有的那种天生的体系性和亲缘性。他们的思考其实远算不上是揭示，而毋宁说是一种重新认识，重新回忆，向一个遥远而古老的灵魂大家园的回程和返乡，那些概念就是从这个家庭里成长起来的：——就此而言，做哲学是一种最高等级的返祖遗传。印度、希腊和德意志的所有哲学做法中那种奇异的家族相似性本身就足以解释这一点了。有语言亲缘性在先，下面这一点便根本无可避免：借助于共通的语法哲学——我指的是相同语法功能的无意

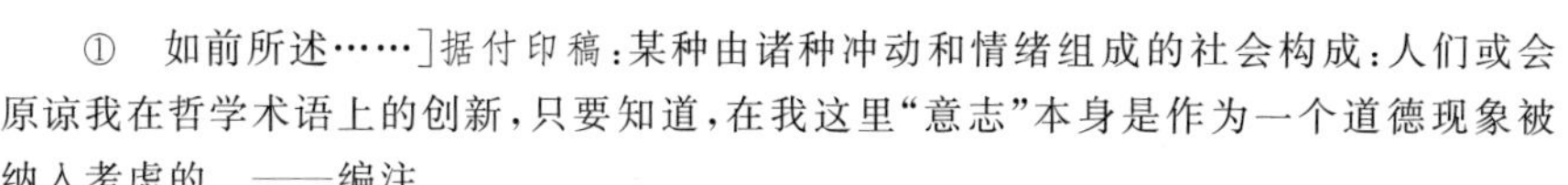

① 如前所述……］据付印稿：某种由诸种冲动和情绪组成的社会构成：人们或会原谅我在哲学术语上的创新，只要知道，在我这里“意志”本身是作为一个道德现象被纳入考虑的。——编注

识的统领和引导，从一开始一切就准备好了，将让哲学体系有一个类同的发展和进阶：与此相同的是，通向世界诠释(Welt-Ausdeutung)的
35 其他一些特定可能性的道路，看来也从一开始便被阻断了。很有可能，乌拉尔-阿尔泰语系地区(在那里，主体概念发展得最差)的哲学家们，将用跟印度-日耳曼人或者穆斯林不同的眼光“**朝世界里面**”看，而且将走上另外一条路：特定语法功能的魔力归根结底就是**生理学**之价值判断和种族条件的魔力。——为驳斥洛克在观念之来源方面的肤浅见解，就说这么多罢。

21

causa sui[自因]是迄今为止被想出来的最自相矛盾的东西，是逻辑上的强奸和反常：但人类过分的自大就把事情搞到这一步，使他自己偏偏与这种胡说深入而惊恐地缠绕在一起。那个形而上学的最高知性(Superlativ-Verstande)——可惜的是它总是只占据那些一知半解的头脑——中对于“意志自由”的指望，指望自己为其行为承担那份完全的、最终的责任，而卸去上帝、世界、祖先、偶然、社会的担子，这个指望差不多就是要成为自因，要以一种比明希豪森[①]更甚的鲁莽抓着自己的头发把自己从虚无的泥潭中拔出来，放到此在生命之中。假定有人已经以这种方式看穿“自由意志”这个著名概念背后那份农夫式的单纯，并把它从头脑里抹去，

① 明希豪森(Münchhausen)：18世纪德国男爵，有根据他的军事冒险经历所编的荒诞故事传世。“比明希豪森更甚的”盖言其“鲁莽”基于完全不顾常理的“虚构”。——译注

那么我现在还要请求他，把他的“启蒙”再往前推进一步，把“自由
意志”这个谬理（Unbegriff）的反面也抹掉：我指的是“不自由的意
志”，它导致对原因和作用的滥用。人们不应该像那些自然研究者
（以及今天那些跟他们一样其思维已自然主义化了的人们——）那
样，照着盛行的机械主义蠢劲（它让人对着原因又揿又敲，直到它
们“起作用”①），把“原因”和“作用”不无错舛地归为**具体事物**；人
们应该把“原因”和“作用”当作纯粹的**概念**来利用，这就是说，当成 36
为了标识和理解而**不是**为了说明而作的合乎习惯的虚构。在“自
在”中，没有什么“因果联系”、“必然性”、“心理学上的不自由”，从
中得**不**出“对原因的作用”，那里没有“规律”在制约。原因、此先彼
后（Nacheinander）、此为彼故（Für-einander）、相关性（Relativität）、
强制、数、规律、自由、根据、目的：把这些独一无二地编撰出来的就
是**我们**；而当我们认这个记号世界（Zeichen-Welt）为“自在”，而将
之编撰进、掺杂进事物之中的时候，这便是在按照向来的搞法，即
以神话的方式，把事情再搞一遍。“意志不自由”乃是神话：现实生
命只关乎意志之**强**与**弱**。——如果一位思想家已经从所有“因果
纽带”和“心理学上的必然性”中感觉到某种强制、逼迫、必须遵从
（Folgen-Müssen）、压力、不自由，那么，这几乎就是他自己意志不
足的一种症状了②：如此这般的感觉就在暴露，——暴露出这个个

① 照着……］据付印稿：实证主义者也在此例之列。——编注

② 几乎……］据付印稿：是一种自身意志虚弱的标志。——编注

人[1]。说到底,如果我观察正确的话,人们既是从两个完全对立的方面又是按照一种在深处是个人的方式把“意志不自由”看成问题:一些人是无论如何不愿意放走他们的“责任”、他们对自身之信念和对他们的功业的居功自得(虚荣的种族即属此类——);另一些人相反,愿意没有责任,无所亏欠,从一种内在的自身蔑视出发,指望能够自己把自身卸到什么地方去。后一种人在今天,在他们写书的时候,通常更关心罪犯;一种社会主义式的同情是他们最喜欢的外衣。而事实上,意志虚弱者的宿命论会令人吃惊地美化自己,把自己理解为“人类苦难的宗教”[2]:这是它的“好趣味”[3]。[4]

37

22

人们该会原谅我,作为一个老语文学家,忍不住要恶意指摘一下低劣的解释伎俩:你们这些物理学家们那么自负而煞有介事地谈论的那个“自然的合规律性”——它多亏了你们的诠释和低劣的

---

① “个人”(Person):形容词为 persönlich(即下句的“个人的”)。Person 源于神学上的“位格”,偏重指有具体个别的特性或需求的人,也有“角色、人物”的意思,有时还作对女人的贬称;法律上的“(自然/法)人”也用它。——译注

② 据《尼采频道》,参见保罗·布尔叶:《爱的罪行》,巴黎,1886 年,第 298—299 页:“他感到有种东西刚刚在他心中诞生了,他常能够用这种东西为生活与行动找到理由:人类苦难的宗教。”——译注

③ “好趣味”,原文为 dem guten Geschmack,语带双关:它在德语中一般指道德行为的规则,下文多次出现的“有悖于(好)趣味”的表达通常当译为“不得体”或“不礼貌”;此为直译,意在表明尼采在此暗示的对道德准则的非道德理解方式,通译当为“(这是它的)礼貌”。——译注

④ 而事实上……]据付印稿:——这又是已经说过的了:“负责任”概念伸不到物的自在里面去——后者根本不是概念。——编注

“语文学”才得以延续——并不是事实要件，不是“文本”，而毋宁只是一种天真而人道的编造和曲解，由此你们尽情迎合了那些现代灵魂的民主本能！“规律面前一切平等，——自然在这一点上亦并无不同和优越于我们之处”：好一番乖巧的盘算，其中却又一度伪装着对于一切有特权者和有主见者的群氓式的敌意，伪装着间接的、更精细的无神论。“没有上帝，没有主人”[①]——你们也有这样的愿望：因此，“自然规律万岁”！——不是吗？但是，正如前面说过的，这是解释，不是文本；可能会出现某个人，他善于以相反的目的和解释技巧，从同一个自然之中，着眼于相同的现象，却恰恰理解到，诸种权力主张[②]在霸道而无所顾虑地、毫不留情地贯彻着，——会出现一个解释者，他让你们亲眼看到所有“权力意志”都是无例外和无条件的，你们将看得如此亲切，以至于看上去几乎所有词语，甚至连“霸道”[③]这个词最终都不适用于它，或者只是让它的意思削弱和温和下来的——太人性的——隐喻；不过，这个解释者最终仍然会对这个世界做出跟你们所做的一样的主张，也就是，会说它是一个“必然的”和“可计算的”进程，但不是因为其中有规律在统治它，而是因为绝对无规律可循，因为每个权力都在随时得

① 引文原文为法语：Ni dieu，ni maître。1880年布朗基（Louis-Auguste Blanqui）以之为名创办了一份社会主义杂志，后常用为社会主义者和无政府主义者的口号。——译注

② 权力主张（Machtansprüchen），也可译为“权力诉求”。可参见第203节“权利主张”注。——译注

③ “霸道”，原文为Týrannei，盖源自希腊语tyrannos[统治者]，初指“僭主政治”，指依仗暴力而不受合法节制的统治，或译为“暴政”，然其原义并非指统治本身“残暴”。此词当与此节中所谈的“规律”（Gesetz，亦可解为“法律”）参看。——译注

出其最新的后果。假定这也只是解释——你们是不是变得足够热心，要来反驳这个解释了呢？——那就更好了。——

38

23

迄今为止，整个心理学一直附着于道德成见和道德忧思之上：它不敢深究。把这门学科领会为**权力意志**的形态学和**发展学说**，照我那对它的领会那样——还没有人在其思想中对此哪怕稍微触及一下：也就是说姑且允许，在迄今已书诸文字者当中，去认识迄今隐瞒未书者的某种症状。在那个精神性的、表面上最冷漠和最不设前提的世界里，已经深深地渗透了道德成见的暴力——而且，不言而喻，这渗透同时亦是损害、阻碍、眩惑、歪曲。一种真正的生理—心理学则不得不与[1]其研究者心灵中的无意识矛盾做斗争，它令那颗"心灵"反对自己：一种关于"善良"冲动和"恶劣"冲动[2]相互制约的学说，作为较为精细的非道德性[3]，已经让一个依然有力且有心的良心感到窘迫和厌烦，——一种认为所有善良冲动都可以从恶劣冲动中推导出来的学说就更不用说了。不过，假定某人把憎恨、嫉妒、求拥有和求统治等情绪完全当作生命的条件，当

---

① 暴力——……］据誊清稿：道德成见的领地已经强有力地延伸到人的内部里去了，比心理学家们迄今所能梦想的更深：还根本不必谈那种霍布斯式的天真，它———。——编注

② 此处"（善）良/（恶）劣"（gut/schlimm）之对比不同于传统道德的"善—恶"对比。参看《论道德的谱系》第一论标题译注。——译注

③ "非道德性"，原文为Immoralität，此处应是"对道德法则无动于衷"之意；此系直译，以见出与下文"道德性"的对应。——译注

作生命大家园中原则上和本质上必须要有的、因而只要生命该当增强它就必然还会增强的东西，——则此人会像苦于晕船病一样，苦于他的判断所导致的那样一种指向[1]。而在这个由危险知识所组成的深不可测的、几乎全新的王国里，比上述假说更叫人难堪和茫然的假说还有的是：——事实上，每个人都有一百个好理由疏远这个人，——这个**能够**这样做的人！从另一方面想：万一有人随着他的船漂到这里了，那么！来吧！现在咬紧牙关！睁大眼睛！把紧船舵！——我们越过道德，直接行驶**开去**；也许就这样，因为我们把船开过去了，因为我们敢于这样做，所以我们压垮了、捣碎了自己剩余的道德性，——而这跟**我们**又有什么相干呢？前所未有 39
地，一个被洞察到的**更深邃的世界**向大胆的旅行者和冒险家打开了：而那种以此种方式“献上牺牲”的心理学家——这**不是**在牺牲理智[2]，恰恰相反！——将至少被允许提出这样的要求：再次认可心理学是科学的女主人，其他诸科学都是为了给她提供服务和准备。因为从现在起，心理学又成为通向基本问题的道路了。

① “那样一种指向”即指上述关于善良与恶劣冲动的学说。——译注

② “牺牲理智”，原文为意大利语，Sacrifizio dell’intelletto，原指教会内人士对教廷决议的无条件遵奉，后泛指舍己见以服从更高的指示。——译注

41

第二章　自由的精神

24[①]

哦，sancta simplicitas[神圣的单纯][②]！人生活在多么奇特的简化和伪造当中啊！如果人们一开始就用自己的眼睛看过这件奇事，他们是不会惊奇个没完的！我们是怎样把自己周遭的一切弄
42 得明亮、自由、轻易和简单的！我们是怎么知道，给我们的感官一张通行证，好让它们通向一切肤浅之物；我们是怎么知道，给我们的思考一份神圣的饥渴，让它做出种种故意的跳跃和错解！——我们怎么从一开始，为了一种几乎不可理喻的生命的自由，为了毫不迟疑、不假思索和热烈欢快地生活，为了享受生命，就知道保持我们的无知！只有在这个从此打得稳固和坚实的无知的基础上，

---

① 参看科利版第 9 卷，15[1]。——编注

② 语出早期拉丁圣经译者圣杰隆的书信(St. Jerome，Epistulae 57，12)，形容《新约》中的质朴童言；后波希米亚的宗教改革家胡斯(Jan Hus)受火刑时，也在一位老妇人往其火堆上添柴时说了这句话。歌德的《浮士德》第一部第 7 场“街道”中梅菲斯特则引用此语以嘲讽浮士德的过于较真，并接着说：“只要证明，不必知道许多”。——译注

科学知识才屹立到如今，求知意志的基础是一种强悍得多的意志，是求不知、求无知和求不真的意志！前者并不是后者的对立面，而是——它的精细化！也就是说，在这里和在别处一样，或许连**各种语言**也不能超出它们的笨拙而更进一步，在只有等级和若干精细程度的地方谈论对立之物；或许我们这些求知者根子里的道德伪善（这种伪善现在是我们不可克服的“肉和血”的一部分了），同样会将我们自己的话语颠倒曲解：尽管如此，我们也会时不时知悉并且嘲笑这种情形：多么凑巧啊，最好的科学，竟然是想把我们最好地固定在这个**简单化了的**、彻彻底底人为的、编撰好和伪造好了的 42
世界上；它竟然如此既不自愿又自愿地爱着这个谬误，因为它，这个有生命的东西，——爱着生命！

25

在这样一个愉快的开场白之后，有句严肃的话我不想漏掉：它是对最严肃的人说的。注意了，你们这些哲学家和认识之友们，谨防殉道！谨防“为求真理”而受难！甚至谨防为自己辩护。这些会败坏你们良心的所有无辜和它精细的中立，会让你们顽固地反对异议和挑衅，会使你们发傻、发狠、发狂，就在你们跟危险、诽谤、嫌疑、驱逐以及敌意所引起的那些更严重后果做斗争，最后简直必须作为大地上的真理辩护者而大加表演的时候：仿佛“真理”是那样一个笨拙无邪而亟需辩护者的人儿！而且需要的正好就是你们，你们这些面容最忧愁的骑士[①]，徜徉于角落的先生们[②]和精神蜘蛛们！最终你们知道得很清楚，**你们**有没有碰巧正确是不应该有什么关系的，而且，迄今也没有哲学家正确过；你们还知道，在你们加在自己常挂嘴边的词语和所钟爱的学说后面（偶尔也加在你们自己后面）的每个小问号当中，犹如在辩方于控方和法庭座前所用的一切庄严的手势和手段当中，都可以放上一份该得奖赏的真诚！你们宁愿靠边走！逃到隐蔽中去！还要带上你们的面具和精细用心，让人们把你们弄混！或者对你们有点儿害怕！别给我忘了那个花园，围着金色格栅的花园！让你们被众人包围，人群就像花园，——或者像是夜晚时分的水上音乐，当白日刚刚成为回
43 忆：——你们选出**好的**孤独，那种自由、故意、轻松的孤独，这孤独还给你们理由，让自己无论在哪种意义上始终是好的！每一次不肯诉诸公开暴力的战斗，让你们变得多么恶毒、狡诈，变得多么坏！长期的恐惧，长期对敌意、可能的敌意的关注，让你们变得多么**个人**！最后，或许是在这场最精神性的化装舞会的背后，而且或许他们自己对此并不知情，这些被驱逐出社会的人们，这些受到长期的

---

① “面容最忧愁的骑士”（Ritter von der traurigsten Gestalt），出自“愁容骑士”（Ritter von traurigen Gestalt），德语中惯指堂吉诃德。——译注

② “徜徉于角落的先生们”，原文[Herrn] Eckensteher，字面意思是“站在角落里的人”，最初指在城市街角以搬运或巡逻为生计者，后从中诞生出打诨取乐的民间诙谐人物，19世纪尤为有名，参见《皮埃尔辞典》1858年版；亦指闲逛浪游者；或以为指那些专营一隅、囿于一孔之见者，参见保罗·范·通格伦等编：《尼采辞典》，柏林/纽约，2005年，第683页。尼采固然讥讽专营一角的精神蜘蛛，但也在他们身上看出“宣传家和戏子的成分”（见本节下文）或“尖锐的观察家”（第262节），故上引二义在此或是兼而用之。——译注

跟踪、峻急的追索的人们——还有那些强制隐修[①]者们，那些斯宾诺莎们和乔达诺·布鲁诺们——总是变成机巧的寻仇者和投毒者（人们说不定还真的一度撬松过斯宾诺莎的伦理学和神学的基础哩！）——还根本不必提及那种道德愤激的蠢劲，对于一位哲学家来说，这蠢劲是个错不了的标记，表明他已经跟不上哲学的幽默了。[②] 哲学家的殉道，他的"为真理献身"，迫使潜藏在他们身上的宣传家和戏子成分暴露出来；假定迄今人们只是带着一种看杂耍的好奇心看着他们，那么诚然可以理解，对于有的哲学家人们还怀着危险的愿望，想看一看他在蜕变（蜕变成为"殉道者"，成为舞台和看台上的鼓噪者）中的样子。但愿怀着这样一种愿望的人们自己清楚，在这里必将看到的是什么：——不过是一出萨蒂尔剧[③]，不过是一段剧后打诨，不过是持续不断地证明，一出漫长的悲剧结束了：暂且假定每种哲学在其形成过程中都是一出漫长的悲剧。——

① "强制隐修者"（Zwangs-Einsiedler），"强制"读为"强制劳动"之"强制"。——译注

② 对于……］付印稿：这笨拙是个错不了的标记，表明一个人已经败坏为哲学家了。——编注

③ 萨蒂尔剧（Satyrspiel），又译为"羊人剧"，古希腊在三幕悲剧后常上演由同一作者写的小喜剧。在希腊神话中，萨蒂尔是酒神的跟班，羊足人形，时有兽尾，常以纵饮狎戏的嬉闹形象出现。——译注

26①

每个特选的人都本能地追求自己的堡垒和秘密，在那里，他**脱
离**于群众、多数和绝大多数，在那里他作为例外可以忘记“人”这个
常规：——唯一被当作例外的个案：他，在伟大者和例外者意义上
44 的认识者，受一种尚且强大的本能的驱赶而直接触犯了这个常规。
在与人类交往的过程中，谁若不曾时不时显出各种应急色，在恶
心、厌烦、同感、阴郁、孤僻的时候，一会儿发青，一会儿发灰，那他
肯定不是一个趣味更高的人；不过，假定他并非自愿地自己来承担

① 参看准备稿(笔记本 W I 4)：**论克服恶心**。——更高等的人，例外的人，倘若他已被预先确定要成为伟大者意义上的认识者的话，必定勉强去研究规则，我指的是，研究平均人：这免不了会有点儿恶心。这项研究困难而烦琐，因为平均人把自己裹在胡说八道和美丽的词句里；如果撞上这么一个家伙，他直截了当地承认自己就是动物，庸人，或者规则，同时他们的修养和瘙痒也达到那样的程度，竟强迫他们犬儒般地谈论自己和同类，并像在自己的粪堆上那样打滚，那可就算是寻找者的头等发现了：犬儒主义是普通灵魂接近诚实正直的唯一形式。够了，对更高等的人来说，粗鄙的犬儒主义的一切形式都是他得学习和竖起耳朵倾听的对象；当这个不正经的萨蒂尔、这个丑角开始说话的时候，他就祝自己好运。甚至有这样的例子，他们差点把他给蛊惑了：一个这样的例子是皮特洛尼乌斯，还有上个世纪的加里安尼神父；这时，“精神”，甚至是“天才”被安到了猿猴身上。越来越常见的是，“科〈学的〉”脑袋被安在一个猿猴身体之上，一个超常的知性被安在一个平庸灵魂的常规之上，——在医生中间人们遇到过不少这样的联合体。而只要一个人不带怨气地、宁愿温和地谈论人类，就像谈论一个除了虚荣、性的欲望和对吃饭问题的操心之外再不受其他任何推动的造物，在这个时候，更高等的人应该用心听了：简而言之，凡是犬儒主义者不愤慨地谈论的时候：——因为愤慨的犬儒主义者，所有用自己的牙齿把自己或者“世界”，或者上帝或者社会撕咬个粉碎的人，已经有更高等和更稀有的出身了——比起一只**罹受**其动物性之**病患**的动物来说。——编注[译按：皮特洛尼乌斯(Petronius)：约活动于公元 1 世纪的罗马贵族，作有讽刺小说《萨蒂利孔》(Satyricon)。]

所有这些负担和无趣，他总是躲避它们，始终——如前所述——孤寂而自负地隐匿于他的堡垒中，那么，有一点是肯定的：他不是被造得、被预定为要去认识的。因为，作为这种人他或许总有一天要说："我的好趣味可真讨厌！常规竟总是比例外更有趣，——比如我这个例外！"——他或许会向下走，首先是"向内"走。对那种平均人的研究，将漫长而严肃，为了这个目标而多加伪装、自制、保密并且跟坏人打交道——除了跟他同类之外，一切交道都是跟坏人打交道——：这些便构成每位哲学家的生活故事的必要一节，可能是最别扭、最臭烘烘和最让人失望的一节。但如果他运气好，那么，一如认识的幸运儿所应得的，他会发现他的任务着实减少和减轻了，——我指的是，如果他研究的是所谓的犬儒主义者，也就是这样一些人，他们直截了当地认可自己为动物，为庸鄙，为"常规"，同时他们的精神状态和瘙痒还达到那样的程度，还一定要在见证人面前[①]谈论自己及其同类：——有时候甚至在他们的书本里自得地打滚，就像在自己那堆粪上一样。[②] 平庸灵魂若要跟正直点的东西沾上边，犬儒主义是唯一的形式了；更高等的人则会竖起耳朵听着每一种较粗鲁和较精细的犬儒主义，每当那个不知羞耻的丑角或者科学的萨蒂尔恰好在他跟前露出马脚，他要祝自己好运。甚至有这样的例子，恶心中夹杂魅力：这种时候，因自然的一时兴

① "在见证人面前"，原文为 vor Zeugen，此系直译；它同时还有"当众（犯罪）"的意思。——译注

② "在自己那堆粪上"（auf ihrem eignen Miste）：此处语带双关。德语中有两句相关俚语："公鸡踩粪"（wie den Hahn auf dem Mist）有讥讽骄傲之义；"这又不是从他自己那堆粪里长出来的"（ewt. ist nichts auf seinen Mist gewachst）又有"这不是他自己搞出来"的意思。——译注

45 起，天才被安到一只莽撞的公羊和猿猴身上，就像加里安尼神父[①]的情形一样，他是他那个世纪里最深刻、最尖锐、或许也是最污浊的人——他比伏尔泰深刻得多，所以也沉默得多。如前所述，越来越常见的是，科学的脑袋被安在一个猿猴身体之上，一个精细的例外的理智被安在一个平庸灵魂之上，——在医生和道德生理学家中尤其不乏此类事情。而只要一个人不怨不怒、宁愿温和地谈论人类，就像谈论一个有两种需要的胃和一颗有一种需要的脑袋；凡是某个人只看到、只寻找饥饿、性欲、虚荣的时候，凡是他总是**意愿**只看到这些，仿佛这些就是人类行为真正的、唯一的发条的时候；简而言之，如果人们只是把人类说得“坏”——连**恶劣**[②]还算不上——，那么这时候，认识爱好者应该用心听个仔细了，他特别应该谛听那些不愤激的谈论。因为，愤激之人，那种总是用自己的牙齿把自己（或作为替代物，把世界、上帝或者社会）撕咬个粉碎的人，虽然从道德上计算，可能胜过那种笑嘻嘻的、自鸣得意的萨蒂尔，但是在此外所有意义上，他属于更稀松平常、更无关紧要和更没有教育意义的一类。而且没有人会像愤激者那样，说那么多的**谎**。——

① 加里安尼神父（Ferdinand Galiani）：18 世纪意大利启蒙主义者，关于价值问题有论述，著有《货币论》（*Della Monela*）等。——译注

② “坏”（schlecht）与“恶劣”（schlimm）通常被视为同义词，在尼采这里则以不同的方式与 gut（“善、好”）相对。schlecht（“坏”），起源于“平直”；schlimm（“恶劣”）则或与中古高地德语 slim[p]（“歪、斜”）相关。细究起来，schlimm 中“（与肉体感官相关的）下流”和“（表示处情）艰难、棘手”这两个义项是 schlecht 没有的。并参见《论道德的谱系》第一论标题译注。——译注

27[①]

被理解是困难的：尤其当人们纯然地在人类中间 gangasrotogati
[如恒河奔腾地]思考和生活；而后者的思考和生活则不一样，是
kurmagati[如乌龟爬行]，或者在最佳情况下，“如青蛙扑腾”，
mandeikagati——我这么写，是为了尽量难以被理解吗！[②] ——对
于想解释得精细一些的善良意愿，本来总该致以衷心的谢意。不
过，对于“好朋友”们，对于那些总是太舒坦，并且相信正是作为朋
友而有权享受舒坦的人们：恰当的做法是，事先给他们让出一个游 46
戏空间和玩耍场地，以供误解：——这样还会好一些；——或者跟
他们、跟这些好朋友们完全断交，——这样也很好！[③]

28[④]

把一种语言译为另一种语言，译得最差的就是该语言风格的

① 参看科利版第 12 卷，1[182]；3[18]。准备稿：我是很难理解的；倘若我没有给我的朋友们一些可供误解的游戏空间，却感激〈于〉想作些自由解释的良好用心，那我便是一个丑角[我做好这样的准备了]。——编注

② “gangasrotogati”，“kurmagati”，“mandeikagati”均为梵语，拼法与现行正字法略有不同并略去了注音符；三词皆后缀“gati”（步伐、步态），直译分别是：“以恒河的步态”，“以乌龟的步态”，“以青蛙的步态”。——译注

③ 据《尼采频道》，参见尤利斯·约里：《东印度之旅·四·加尔各答》，载于《德意志周览》，第 40 卷，1884 年 7—9 月。[译按：尤利斯·约里（Julius Jolly），印度学家，尤精古印度法律研究，与尼采友人杜森俱为德国东方学之开拓者。]——编注

④ 参看科利版第 11 卷，34[102]。——编注

节奏(tempo):文体之基础在于种族性格,用更合乎生理学的方式讲,在于种族"新陈代谢"的平均节奏。有些用心可嘉而几近伪造的翻译,无意中将原文平庸化了,原因仅仅是没能连带译出原文果敢而欢快的节奏,这节奏腾越于、并且帮助人们越出词与物间的一切险境之上。德意志人在其语言中对于急板[①]几乎无能为力:也就是说,平心而论,那些自由的、精神上自由不羁的思想中许多最悦人和最果决的幽微变化[②],德意志人是无能为力的。从身体方面到良心方面,歌剧丑角和萨蒂尔对于他们都是如此之陌生,阿里斯托芬和皮特洛尼乌斯是如此之不可翻译。所有的厚重、黏滞、庄严着的臃肿、所有漫长而枯燥的风格文体,在德意志人这里都发展出极其繁复的花样,——人们或许会原谅我提到这个事实:连歌德的散文也不例外,它兼具僵硬与纤巧,堪称它所处的那个"往日的好时代"的一面镜子,德意志趣味的表达,在那个时代,还是有某种"德意志趣味"可言的:in moribus et artibus[在道德和才艺方面][③],那都是一种洛可可趣味。例外的,是莱辛,多亏他的戏子天性,这个多识多才的人:不愧是拜尔[④]的译者,他喜欢逃身于狄德罗和伏尔泰近旁,尤喜逃身于罗马的喜剧诗人之列:——在节奏上

① "急板"(Presto),意大利语音乐术语,音乐速度的最高级。——译注

② "幽微变化",原文为 Nuance,意为色彩光影的微小而有层次的变化,源于拉丁语"nubes"(云、霾)。——译注

③ 此盖暗引拉丁语格言:Qui profícit in artĭbus et defícit in morĭbus, plus defícit, quam profícit[若才艺日进而道德日损,则得不偿失],具体出处未详。尼采多处以道德和艺术并举,此语又在第 223 节中出现;第 188 节有"诸门艺术与诸般德教(Sittlichkeiten)",第 244 节说"诸艺术与诸礼教(Sitten)",意皆相类。——译注

④ 皮埃尔·拜尔(Pierre Bayle):启蒙运动早期的代表,代表作有《历史批判辞典》等。——译注

莱辛也喜欢精神之自由不羁，喜欢逃逸出德意志之外。可是，即便 47
在某个莱辛所奏的急板里，德意志语言又怎么能够模仿到马基雅维里的节奏呢？他让佛罗伦萨的干燥空气吹拂在他的《君主论》之中，偏要用按捺不住的快板[①]讲述最严肃的事体：这也许是不可小觑的，艺人对所要冒险玩弄的对立之物的邪恶感觉[②]——思想，长的，重的，硬的，危险的，以及飞驰的节奏，最快活和最戏谑的情绪下的节奏。谁最终竟敢用德语翻译皮特洛尼乌斯，他就超出迄今任何一位伟大音乐家，在发明、灵光一闪和遣辞造句方面，他就是急板的大师：——最终，当人们像他一样，迈着风也似的脚步，嘘吸吐纳，鼓荡起一阵解放万物的嘲讽之风（那种让万物**奔跑**从而健康的风），这时候，这个生病的恶劣世界的整个泥潭，又有什么关系呢？至于阿里斯托芬，那个增饰光华和弥补亏缺的精灵，人们正是因为他而**原谅**了整个希腊气质，原谅它曾经那样存在过，假定人们已经从最深处理解了，这里需要原谅、需要润饰的都是些**什么**：——所以，我知道，能让我在梦中见到**柏拉图**的隐秘勾当和他那斯芬克斯式本性的，莫过于这个幸存下来的小事实[③]：人们临终时在卧榻枕下摸到的不是"圣经"，不是埃及的、毕达哥拉斯的、柏

① "快板"（Allegrissimo）亦为意大利语音乐术语，通译"很快的快板"，属于"快板"（Allegro）中最快者，但比"急板"慢。——译注

② "艺人[……]的邪恶感觉"，原文为 boshaftes Artisten-Gefühl。Artist[艺人]源自中古拉丁语 artista，本指广义的手艺人，后在其他欧洲语系中多表"艺术家"，德语中则特指从事马戏的杂耍艺人。——译注

③ "小事实"，原文为法语，petit fait。参见《论道德的谱系》第三论第 24 节"唯事实论"注。——译注

拉图的东西，——而是阿里斯托芬的东西。倘若没有一个阿里斯托芬，一个柏拉图又怎么能忍受生活——一种他所拒绝的希腊生活呢！——

29

独立，这是最少数人的事情：——是强者的特权。谁若尝试独立，并且是在有最正当权利这样做又并非*必须*这样做的情况下去尝试，那么他便以此证明，他可能不只是强大，而且是果决而至于恣肆了。他进入迷宫了，他把生命本身已经造成的危险增加了一千倍；在这些危险里有一个不算最小的危险是，没有人会亲眼看
48 到，他如何迷路以及在何处迷路，陷入孤独，并且被穴居于良心中的某个米诺陶一片一片地撕碎。[①] 假定有个这样的人毁灭了，这样的事件距离人类的理解力如此之远，以至于他们对之没有感觉，没有同感：——而他是再也回不去了！他甚至再也回不到人类的同情中去了！[②] —— ——

① 他如何……］据付印稿：当然也不会有人知道，他是如何出轨、蜕变、散裂和破碎的— — —。——编注

② 假定……］据付印稿：他自己看见这些，并不觉得需要在这里被看见，甚至不再觉得需要再回到人类的同情中去。——编注

30[①]

我们的最高洞见，如果那些并非为此而养成、为此而被预定的人们未经许可便得与闻，则必定——而且应该！——听起来像犯傻，有时或许像犯罪。未受秘传者和受秘传者，正如早先对哲学家的区分，在印度人，亦正如在希腊人、波斯人和穆斯林那里，简而言之，在一切相信等级差别而不相信平等和权利平等的地方，——两者并非一内一外那样相互映衬的，即未受秘传者居于外部，从外部而不是从内部[②]进行观看、评估、量度和判断：更为本质的是，他是从下往上观看事物的，——受秘传者却是从上往下看的！灵魂有其高度，由此高度看去，甚至悲剧都不再悲哀；而且，统观世界上的一切痛苦，谁敢肯定，他的观感是不是就必然诱导和强制出同情，

① 参看科利版第11卷，40[66]。准备稿（笔记本W I 5）之第一稿：我们的最高洞见，如果，那些并非为此而培育和被预定的人们未经许可便得与闻，则必定——而且应该！——听起来像犯罪。"未受秘传"者和"受秘传"者，正如早先对哲学家的区分，在印度人，亦如在希腊人和穆斯林那里，简而言之，在一切相信等级差别而不信"神面前的平等"的地方，——两者之差异，并不在于一个是"从外观看者"，一个是"从内观看者"，而更多的是在"从下往上看"还是——从上往下之间！为高等种类供作食物或饮品的，对于一个截然不同的、较低下的种类必近于毒药。庸人的美德在一位哲学家身上或许反而意味着恶习和缺陷；如果他生了一次病，爽然自失，大概便会察觉到，他是怎样在自己病态的价值评估中接近了小人物及其美德的。亦有些书籍，依据使用者的灵魂和健康之低等或高等而对于它们有两般意义。对于小人物是福音、补品和最好的灵魂慰藉的，对那些有某种更高级感官的人们则不可能有此效果。最著名的那些书有小人物气味附着着。"民众"的崇拜场所是臭烘烘的。人们不应该去教堂，如果他们想呼吸纯净的空气的话：可不是每个人都有权利呼吸"纯净的空气"。——编注

② "未受秘传者"（das Exoterische）和"受秘传者"（das Esoteische）分别源于希腊语的"exōterikós"和"esōterikós"，其本义分别为"外部的"和"内部的"。——译注

并以此方式使痛苦加倍?……为人类的高等种类供作饮食之物,对于一个截然不同的较渺小的种类必近于毒药。平庸男人的美德在一位哲学家身上也许意味着恶习和弱点;假定某种生就高等的人类亦曾经蜕变和毁灭过,则很可能,他只有如此方得以拥有诸般
49 特性,在他所下降到的低等世界上,人们亟需为了这些特性而将他当作一个圣徒来崇拜。有些书籍,依据使用者的灵魂之低等或高等、生命力之萎靡或强悍,乃对于灵魂和健康有相反的价值:对于前者,这是危险的书,是将人摧折消融的书,对于后者则是宣谕者的召唤,唤起最勇敢的人们去履行属于他们的勇敢。平凡之书永远是发臭的书:附着着小人物气味。民众的吃喝场所,甚至他们的崇拜场所,经常是臭烘烘的。人们不应该去教堂,如果他们想呼吸纯净空气的话。[①] —— ——

31[②]

年轻时,人们在尊崇或鄙夷之际还不讲究那种幽微变化的艺术,这艺术会带来生命最好的收获;他们必定会因为以如此这般地贸然臧否人类和事物而受到公道而强硬的惩罚。其时一切都将致使人类所有趣味中最坏的那种趣味,对绝对之物的趣味,遭到残酷的愚弄和滥用,直到他学会让感觉具有某种艺术,学会冒险尝试一

① 附着……]准备稿:附着着一切气味中最黏滞不散的气味。民众的吃喝场所,甚至他们的崇拜场所,是臭烘烘的:这既不是反对他们的食品〈也不是〉反对他们的崇拜的借口。如果人们不应该到比如说教堂去,如果他们想要呼吸纯净的空气的话:不过只有很少人有权利呼吸“纯净的空气”:他们没有纯净的空气就会毁灭。说这些是为了防止人们怀疑,好像我想要邀请那些“好做自由思考者”到我的花园里来。——编注

② 参看科利版第11卷,41[2]1。——编注

下做作[1]：就像那些真正的生活艺人们所做的那样。青春所特有
的愤怒和敬畏，在把人类和事物伪造得适合于冲其发泄之前，似乎
总是不肯安宁的：青春本身即已是某种伪造者和欺骗者了。之后，
当这年轻的灵魂历经彻底失望的磨难，终于狐疑地回过头来自己
反对自己，这时，即使在他的狐疑和良心之愧疚里，他也仍旧总是
炽热而狂野：他是那样地生自己的气，那样不耐烦地撕碎自己，对
自己长久的自我蒙蔽进行那样的报复，就好像他当初竟是一个任
性的瞎子似的！在这个过渡时期，人们用对自己感觉的猜疑来惩 50
罚自己；人们用怀疑拷问自己的激动，乃至感到好良心是一种危
险，犹如是那种更精细的正直在掩饰自己，把自己搞累；尤其是，人
们将站在，彻底站在**反对**“青春”的立场上。——十年之后：人们明
白过来，就连这一切也还是——曾经的青春！

32[2]

在整个人类历史上最漫长的时代——人们称之为史前时

① “做作”原文为Künstlichen，与Kunst（艺术、技艺）同根，直译为“人为的、出于技艺的东西”。——译注

② 誊清稿此节有标题：**作为成见的道德**。　准备稿上此节结尾处用铅笔写着：这个后道德的时期。　准备稿第一稿：在人类历史上最漫长的时代，行为的价值是根据它的结果来衡量的：也就是说价值是被附加进来的，情况大约倒像是，今日一个中国人的荣辱还对他们的父母有追溯的效力。最近十个世纪以来，在地球的一些广大地带上，人们确实是一致按照行为的意图评估其价值或无价值。今日——我们莫非正站在一个门槛前，将对这种判断做出一个完全的颠倒？我们感到，行为的价值或无价值恰恰藏在行为中非意图的成分中：意图属于表层，属于“内部人”的皮肤——它没有任何意义，因为它可以有过于多样的含义。——诚然：我们将不会再那么轻易地赋予某个人这样的权利，按这个新铅锤来测量行为的价值或无价值：比起以往，在这个时代更应该把道德上的诋毁或美化看作恶劣趣味和群氓作风的标志。——编注

代——行为的价值或无价值是根据它的结果被推导出来的：其时，
行为本身及行为的来源这两方面都很少被考虑到，情况大约倒像
是今日的中国，儿辈的荣辱还会被人追根溯源到父母那里，所以，
指引人类思考行为之善恶的，是行为之结果或者恶果的追溯效力。
让我们把这个时期称为人类的**前道德**纪[1]：那时候，“认识你自己”
那条律令还不为人知。在最近十个世纪里，与此相反，在地球的一
些广大平地上，人们一步一步走得如此之远，不再让结果，却让行
为的来源决定其价值：这是一个关系全局的大事件，是眼光和尺度
之精细程度的一次跃进，是贵族价值和“来源”[2]信仰的统治地位
的未为人知的后续作用，是一段人们可以在狭义上称之为**道德**纪
的时期的标记：自我认识的首次尝试就由此搞出来了。来源取代
结果：这是怎样一种透视关系的颠倒啊！而且肯定是一次在长久
斗争和摇摆之后才完成的颠倒！诚然：一种后果严重的新迷信，一
51 种特别拘泥的阐释，也同样由此占据统治地位：人们在最确定的意
义上把一件行为的来源阐释为源于**意图**；人们一致相信，行为之价
值是在其意图之价值中被证明的。在这样的成见下，意图，作为行
为的全部来源和前历史，几乎直到最近的时代，还在大地上受到道
德上的赞美、谴责和惩处，还在接受道德方面的哲学研究。——不
过，今天，我们莫非已经面临那种必然性，必须借助人类再一次的
自我沉思和专注，再一次下定决心对价值做一次颠倒和根本改
变，——我们莫非正站在一段时世的门槛前，它可能首先被——否

① “前道德纪”，“纪”原文为 Periode，盖仿效地质学上以“世”“纪”划分年代的方式，参见第 56 节“道德世”注。——译注

② “来源”原文为 Herkunft，亦有“出身”之义。——译注

定地——标记为**逾道德**[1]纪？就在今天，下列猜疑至少在我们这些非道德主义者中间有所流露：行为的决定性价值，或许恰恰是在行为的**非意图**成分中得到证明的，行为的一切故意，一切从它那里能看到、知道和“意识到”[2]的东西，或许都还没越出行为的表层皮肤——它和所有皮肤一样，泄露了某些东西，却还**庇藏**着更多东西？简而言之，我们相信，意图只是一种首先有待于解读的记号和征兆，而且还是一个有太多含义，因而单凭其自身几乎没有含义的记号，——我们相信，道德，就其迄今为止的意义而言也即意图道德，已经是一个成见了，是一种仓促的，也许是临时的状态，大概属于占星术和炼金术之流，而无论如何是某种必须被克服的东西。对道德的克服，在特定的理解中甚至就是道德的自身克服：这或可命名那项长期的秘密工作，它就是留给今日那些最精细、最正直也是最邪恶的良心(作为活的灵魂试金石)去做的。——

33 52

这毫无用处：人们必须质问和审判那种献身的感觉，为他人牺牲的感觉，以及整个自我奉献的道德：就像对待那种讲“无利害观照”的美学一样，今天，在这门美学的名下，对艺术的阉割正寻求以足够诱人的方式造出一个好良心。在那些“为他人”、“**不**为我自己”的感觉中，有太多太多的魔力和甜头，以至于人们在这里可能

① “逾道德”原文为 aussermoralische，字面义为“道德之外的”。——译注

② “意识到的”原文为 bewusst，与“知道的”(gewusst)同根。——译注

不会急着要用加倍的不信任质问道:“难道这不可能是一些——诱惑[1]吗?”——这些诱惑令人愉悦[2]——无论这人是在行诱惑,享受诱惑的果实,或者还只是个旁观者,——这却不是支持他们这么干的理由,而是恰恰在提请他们谨慎行事。那就让我们谨慎一点罢!

34

今天人们还可能站在怎样一个哲学立足点上呢:无论从哪个立足点出发,所见都是世界的谬误状态,这个我们自信生活于其中的世界,这个我们的眼睛所能捕捉到的最安全和最稳固者:——我们为此找到一个又一个根据,这些根据想引诱我们去揣测“事物本质”当中的某个欺骗性的原理。而谁若让我们的思考本身,也就是让“精神”对世界的虚假状态负责——每个自觉或不自觉的 advocatus dei[为神辩护者][3]都会走上这条光荣的出路——:谁若把这个世界,连同空间、时间、形态和运动,都看作是被虚假地阐发了的[4]:这个人或许至少拥有良好的动机,终于要学习对一切思维本身都加以疑虑:难道迄今为止它们不是对我们玩了一次顶大的恶作剧

① “诱惑”原文为 verführen,它同时还有“误导”之义。——译注

② “愉悦”原文为 gefallen,康德在《判断力批判》中用它特指美的无利害的愉悦。——译注

③ advocatus dei[为神辩护者]与 advocatus diaboli[为魔鬼辩护者]为天主教会神学辩难中正反双方之代称。——译注

④ “阐发”原文为 erschlossen,其原形“erschließen”的本义是“开启而使……可进入”,在此或语涉双关:它在涉及科学时常译为“(据某种规则)推断出来的”,亦有“被阐明、被展露了的”之意;参看第 196 节“开启”注。——译注

么？有什么可以保证它们不去做它们一直在做的那些事情呢？最严肃地说：思想家们的无辜颇能打动人，令人且敬且畏，这让他们即使到今天还可以在意识前面装模作样，请求意识对他们做出诚实[①]的回答：比如，它是否“实在”(real)，它究竟为什么要这样决绝 53
地摆脱外部世界，以及诸如此类的问题。相信“当下已知”，是一种道德上的天真，这信念使哲学家们在我们这里享有荣耀：可是——我们就是不应该做“只讲道德”的人！——不考虑道德的话，这信念就是有损我们荣耀的蠢事！如果说在市民生活中，随时起疑会被看作“坏脾气”，并因而被视为有失明智：那么在这里，在我们之间，在市民世界及其是是非非的彼岸，——有什么可以阻止我们不明智地说：哲学家，作为迄今为止大地上一直最受嘲弄的造物，实在是有权利要“坏脾气”，——他在今天有义务去疑虑，有义务从一切猜疑的深渊向外作恶意的瞟觑。——人们该会原谅我以这样阴郁的怪相和措辞所开的玩笑：因为我自己恰恰早就学会以另一种的方式思考和评估骗和被骗了，我准备给哲学家总是用来抗拒受骗的那种盲目的怒气至少提个醒。何乐而不为呢？说真理比假象更有价值，这无非是一个道德成见；甚至是这个世界上论证得最差劲的假设。人们真该向自己坦白到这一步：如果不是以种种透视性的评估和显像状态[②]为基础，便没有生命持存；人们曾经想凭着某些哲学家们颇具美德的激动和笨拙完全消除“虚假世界”，现在，假定你们能够做到这一点，——那么，至少在这个时刻，你们的“真

① “诚实”(ehrliche)与前后文出现的“光荣”(ehrenhafter)词根同为“荣耀”(Ehre)，参见《论道德的谱系》第三论第19节“诚实”注。——译注

② “显像状态”，原文为Scheinbarkeiten，指“看上去的样子”，常指假象。——译注

理”也会一点不剩的！那么，究竟是什么迫使我们接受这种假设，说“真”与“假”之间有某种本质性的对立？假设显像状态有不同程
54 度，仿佛显像有阴影和色调上的或明或暗——用画家的语言说就是不同的色度[①]，这样不就够了吗？这个**与我们有些相干**[②]的世界，为什么就不会是一个虚构呢？如果有人接着问：“可是创作者也属于这个虚构吗？”——难道就不许这样圆满地回答他：**为什么**？这个“属于”难道不可能同属于这个虚构吗？难道对主语，就像对谓语和宾语那样，不许有哪怕一丁点反讽吗？哲学家难道就不可以超越这种对语法的信赖吗？家庭女教师真了不起：可是，难道不是到哲学该放弃这种家庭女教师式信念的时候了吗？——[③]

35[④]

哦，伏尔泰！哦，人道！哦，胡说八道！“真理”，**寻找**真理，这些说法可真有些意思；而当人类在这里搞得实在太人性的时

① “色度”，原文为 valeurs，法语词，本义是“价值”，此处则指“色度的明暗变化”。——译注

② “与我们有些相干”，原文为 uns etwas angeht，字面上又有“对我们有些犯冲”的意思。——译注

③ 了吗？——］准备稿：了吗？且让我们假设，如果这个世界是个某种骗局，那么属于这个世界的我们可以——甚至对自己做某种欺骗？［也许］还必须这样做哩？。——编注

据《尼采频道》，参见欧根·杜林：《生命的价值：一种哲学考察》，1865 年，布列斯劳，第 170—171 页。——译注

④ 准备稿（笔记本 W I 1）此节作：“他只为行善才求真。”伏尔泰说——而且结果没有求到真——。——编注

候——“他只为行善才求真”[①]。——我打赌他什么也求不到！

36[②]

假定被当作实在“给定”[③]的不是别的什么东西，就是我们的欲望和激情的世界；假定我们向下或者向上能够达到的不是什么别的“实在性”[④]，而是直达我们的冲动——因为思考只是这个冲动对另一个冲动的作为——的实在性：那么，难道就不许做个尝试，提些问题，看看这样的给定是否*够用*，是否通过它的等值物[⑤]便足以理解这个所谓机械论的（或曰“物质的”）世界？我的意思是，不是把世界理解为错觉、“假象”、“表象”（在贝克莱或者叔本华 55
意义上的），而是把它理解为跟我们的情绪本身有着相同等级的实在性的东西，——理解为情绪世界的一种原始形式，一切此后都将

① 引文原文为法语，il ne cherche le vrai que pour faire le bien，出处未详，今见于亨利·包德里亚（Henri Baudrillart）在《杜尔哥颂》（*Éloge de Turgot*，1846 年）卷首引作伏尔泰语称以赞杜尔哥（Anne-Robert-Jacques Turgot），后者为 18 世纪重农学派经济学家，经济自由主义早期代表，同伏尔泰有深交；然则未知尼采此处说“当人类在这里搞得实在太人性的时候”是否指经济自由主义对基于人类自私本性的自由竞争的鼓吹。——译注

② 参看科利版第 11 卷，38[12]。——编注

③ “（被）给定的”，原文为 gegeben，亦可解作“现有的、已知的”，在现象学著作中多译为“被给予的”。康德首先把一切感知或认识对象都当作“被给定的”，它表明了一种假定认知材料与认知能力是可区分的思维方式。——译注

④ 此处“实在”（real）与“实在性”（Realität）亦皆可解为“现实的”和“现实性”。——译注

⑤ “通过它的等值物”，原文为 aus Seines-Gleichen，直译为“从它的同类中”。这里的“gegeben”和“gleichen”盖仿科学论文的推导论证：“已知……”和“等于……”。——译注

在有机过程中自行分化和外化（公道地说，也就是柔化和弱化——）的东西，还以此形式闭合在强劲的一致性之中；理解为冲动生活[1]之一种，其中全体有机机能，包括自调节、同化、摄食、排泄和新陈代谢，还综合性地相互联系在一起，——理解为一种生命的前形式？——最后，这样的尝试不仅是允许的：而且从方法的良心出发，正当如此。只要以唯一一种因果关系所做的尝试，还没有被推到它最远的边界（——推到胡说，如果允许这么说的话），就不再假设其他类别的因果关系：这是今天不该逃避的方法论道德；——或如数学家所将言，这是“根据定义”推导出来的。最后的问题是，我们是否认可意志其实在起作用[2]，我们是否相信意志可构成因果关系：如果是的话，——相信这一点说到底就是相信因果关系本身——，那么，我们必须做这样的尝试，将意志的因果关系假定为唯一的因果关系。“意志”当然只能作用于“意志”——而不能作用于“质料”（比如不能作用于“神经”——）：够了，人们必须冒险提出这个假说，是否凡认可有“作用”之处，都是意志对意志之作用，——是否一切机械过程，只要某种力在其中活动，都是意志之力，意志之作用。——最后，假定把我们所有的冲动生活解释为意志（正如我的命题所言，也就是权力意志）的唯一基本形式的外化和分化；假定人们能够把一切有机机能追溯到那个权力意志，或许还在其中解决生殖和摄食问题——这是同一个问题——，那么，人们由此便赢得了这样做的权利：把一切起作用的力都明白无误地

① “冲动生活”（Triebleben）：此为直译；通译为“本能生活”。——译注

② 德语中“其实”（wirklich）与“起作用”（wirkend）同根。——译注

确定为：**权力意志**。这个从内部来看的世界，这个从它的“智识特征”①来规定和标志的世界——它或许就是“权力意志”，此外无它。——

37② 56

“什么？这岂不是就是俗话所说的：驳倒了上帝，但没驳倒魔鬼——？”恰恰相反！恰恰相反，我的朋友们！而且，见鬼去吧，谁叫你们说俗话来着！——

38③

尽管那些新时代是辉煌的，最终却还是走上了法国革命（那场恐怖的、从近处评判又是多余的闹剧，从远处却有全欧洲高贵而痴迷的观众如此长久、如此激情洋溢地把他们自己的愤慨和激动阐释进去，直到**文本消失在阐释之中**）：可能会有一系高贵的后裔就这样又一次误解整个过去，并因此也许才使自己的观感变得可以

① “智识特征”(intilligiblen Charakter)，康德在《纯粹理性批判》(B566—568)将“一个感官对象中本身非显现(Erschneinung)者”定义为“智识的”(或译为“理知的”、“悟知的”)，与之相对的是“感性的”(sensibel)或“经验的”(empirisch)，即对象在感性中显现者。康德以“智识特征”为“物自身的特征”。后叔本华在《伦理学的两个基本问题》中《道德的基础》第二部分第8章专门谈过这两个概念。——译注

② 参看科利版第12卷，1[110]。——编注

③ 准备稿(笔记本 M III 4)：法国革命，从近处看，一场可怕且多余的闹剧：但观众们却从远处把他们的所有体面的感受和愤慨诠释进去。——一系高贵的后代可能有一天还会这样误解整个过去，并因而使他们的观感可以忍受。——编注

忍受。——或者毋宁是:这[1]难道不是已经发生了的事吗?我们自己不就曾经是——这一系“高贵的后裔”吗?而且,难道不就是现在,一旦我们懂得这一点,——它就随之结束了吗?

39

没有人会仅仅因一种学说使人幸福或者成就美德便轻易地信以为真:那些可爱的“唯心主义者”或许是例外,他们痴迷于善、真和美,在他们的池塘里,胡乱游着各种各样斑斓、臃肿而又好心肠的愿景。幸福和美德不是理由。人们(即使是那些深思熟虑的精神)却喜欢忘记,导致不幸和导致邪恶同样不是反对的理由。有些事可能是真的:哪怕它极其有害和危险;人们将因为自己完满的认

57 识而毁灭,这甚至或许就是此在的基本属性,——以至于一个精神之强大是这样来衡量的,看它对真理究竟还能忍受多少,更确切地说,看它有多**迫切**,需要对真理作一番掺杂和掩饰,非要将它调甜、搅浑和作假不可。而不容置疑的是,要揭示真理的特定**部分**,邪恶者和不幸者是更有裨益的和成功概率更大的;且不说邪恶者——一个道德主义者隐讳不提的物种——还是幸运的。也许,要产生强大而独立的精神和哲学家,比起那种善柔、精细、曲阿的驯顺之道和故作轻松的艺术来说(人们会对一位学者做出如上评价,公允的评价),强硬和狡诈可能是更有益的条件。在此先假定了一点,即人们没有把“哲学家”这个概念限定为那些写书的哲学家——甚

① “这”(Dies)和最后一句的“它”(es)当指前述“可能会有”所云之事。——译注

至也没有限定为那些把**他的**哲学写成书的人！——那些精神自由不羁的哲学家的画像，是由司汤达完成最后一笔的，为德意志趣味着想，我不愿忽略此人不提，倒是要强调之：——因为他就是**反对**德意志趣味的。“要做一个好的哲学家”，这个最后的心理学家说道，“就必须枯槁、清晰、没有幻想。一个发了迹的银行家，就具有几分做出哲学发现的必备性格，也就是清晰地洞察事物之所是的必备性格。”①

40

所有深刻的东西都喜爱面具；最深刻的事物甚至憎恶图像和譬喻。莫非**对立面**才是某位神祇的阴私藉以出场的合适伪装么？一个值得一问的问题：若说哪个神秘主义者没有在自己身上冒险做过类似的事，那才怪呢。有些经过是如此细微，所以用一句粗话掩盖过去使之不可辨认的做法是对的；有些行为是爱，是过分大 58
度，背后最该做的却是拿根棍子痛打目击者：这样来模糊他们的记忆。有些人则善于模糊和糟蹋自己的记忆，为的是报复这个唯一知情的自己：——羞耻善于发明。人们最引以为羞耻之事，并非最恶劣之事：面具背后并非只有奸计，——计谋之中，本多善意。我应该能够设想这么一个人，他不得不藏起某种贵重而易损之物，像一个钉着厚铁皮的发绿的陈年酒桶那样，一生都在粗鲁地辗转打

① “要做……]参看科利版第 11 卷，26[294．396]；由梅里美（P. Mérimée）在《笔记与回忆》（巴黎，1855 年）中引自司汤达：《未发表的通信》，尼采图书遗藏。——编注

滚：这是他的羞耻所做的精细打算。一个人，若在羞耻中有其深度，则也会在人所罕至的道路上遭遇他的命运，遭遇对道德的细微抉择，他最亲近和亲信的人都不准知道这些道路的存在：他的生命之危险，以及他重新夺来的生命之安全，对于他们一概隐而不显。一个这样隐藏好的人，他出于本能为了沉默和隐瞒而需要谈话，而有无穷的托词来避免倾诉，他所意愿和要求的是，让他的面具取代他在朋友的心灵和头脑中周巡变幻；而假设他并无此意愿，那么会有一天他突然醒悟，还是有一张他的面具在那里，——而且，这样很好。每一种深刻的精神都需要一张面具：更有甚者，在每一种深刻的精神周围都持续生长着一张面具，因为这种精神所传递的每一个词语、每一个步伐和每一个生命迹象，都持久地受到虚假亦即浅薄[①]的解读。——[②]

41[③]

必须自己考验自己，以证明自己是被指定要独立和要下命令的；要及时地这样做。人们不该对自己的考验有所回避，哪怕这也

---

① “虚假”(falschen)与“浅薄”(flachen)两词在德语中谐形。——译注

② 一个这样隐藏……]誊清稿：人类逐渐学会，不无寒栗和怪异地，认识那个他藉以在朋友们的头脑和心灵中翻覆变幻的面具：可是，在他也新学会这门艺术和这个善良意愿之前，在他如今也不再令朋友们“失望”之前：也就是说，在能够总是先把他的窘迫同他的幸福翻译为肤浅之物、翻译为“面具”，从而向朋友们传达自己的某些东西之前，他暗中吞下了多少苦水呀　下列在付印稿结尾处被删去：诚然，当人们第一次揭开表面的面具时，是会造成恐惧。— — —。——编注

③ 参看科利版第9卷，3[146]。——编注

许是他们所能玩的最危险的游戏，哪怕这到底只是在作为证人的 59
我们自身面前、而不是在任何其他法官面前进行的考验。不要总是依赖某位个人：哪怕他是最可爱者，——每个人都是一个囚室，也是一个角落。不要总是依赖某个祖国：哪怕它是最多苦难和最需帮助的祖国，——卸去对一个常胜的祖国的牵挂倒不难。不要总是依赖某种同情：这或许适合于更高等的人类，在他们身上，有一种偶然已经让我们看到了稀有的磨难和无助。不要总是依赖某门科学：哪怕它用那些最珍贵的、貌似正留待**我们**去做出的发现来诱引[①]。不要总是依赖飞鸟特有的超脱，那种欢悦的遥远和陌生，它会为了看见越来越多的下界而向高处越飞越远：——飞行者的危险。不要总是依赖我们自己的美德，不要作为整体而成为我们身上无论哪个局部（比如说我们的“友好”[②]）的牺牲品：这是危险中的危险，正如在生就高等而富有的灵魂那里，他们挥霍地、几乎是淡漠地对待自己，大行开明的美德，直到这种美德成为恶习。人们必须知道**佑护自己**[③]：独立性的最强考验。

① 据考夫曼，此暗指古典学研究。——译注

② “友好”（Gastfreundschaft，通译“好客”）与下句的“开明”（Liberalität，与Liberailsmus[自由主义]同根）在自由主义话语中常常并用。——译注

③ “佑护”，原文为bewahren，意为“保存”，俗语中亦有“保佑”之意，如上帝保佑（Gott bewahre）或老天保佑（Himmel bewahre）；同时字面上又有“（使）成真（wahr）”之意。——译注

42[1]

一个新种类的哲学家出现了：我敢用一个不无危险的名称来命名他们。所以，正如我对他们猜测的那样，正如他们让自己被猜出的那样——因为他们这个种类的意愿就是无论在何处始终都是谜语——，这些未来哲学家想要有一种权利，也许甚至是一个不公的权利[2]：被标记为蛊惑者[3]。这个名称本身最终只是一次尝试，如果人们愿意这么说的话，是在蛊惑人去尝试[4]。

60

43[5]

这些正在到来中的哲学家可是“真理”的新朋友么？完全有可

① 准备稿(笔记本 W I 6)作：一种新种类的哲学家出现了：我敢于用一个不无危险的名称来命名他们。正如我对他们所认识的那样，正如我对自己所认识的那样——因为我即属于这些正在到来者——这些未来哲学家出于多种原因，也出于某种不可言传的原因，将会满意于被标记为蛊惑者。这个名称本身终归只是一次尝试，是在，如果人们愿意这么说的话，蛊惑人去尝试。——编注

② “不公的权利”系意译，原文为 Unrecht，直译可为“无权利”或“不公正”，与 Recht(“权利”)对文。——译注

③ “蛊惑者”(Versucher)：亦专指诱人犯罪的撒旦。——译注

④ “蛊惑人们去尝试”系意译，原文为 Versuchung，和“尝试”(Versuch)同根。——译注

⑤ 准备稿(笔记本 W I 6)第一稿：我们不是教条论者；这有悖于我们的自负，要是我们的真理竟然还得是一种为每个人的真理：这是一切教条论抱负的背后含义。我们爱用多样的眼，用斯芬克斯的眼，看到世界里面去；为了那些美丽的战果，当哲学家是值得的，其中亦包括：只要人们用直接的眼光、循直接的道路去寻找，一个事物，从各个角度来看，看起来完全不同于平时所能想见的样子。反正，迄今所有教条论者扑向真理的那种吓人的严肃和别扭的急迫，对于勾搭这个娘们儿来说，看来不是最机灵的手段：这一点是肯定的，她没有让自己被勾搭上——如今任何一种教条论都灰心丧气地站在那里。如果它们还站得住的话！参看《序言》。——编注

能：因为迄今为止所有哲学家都爱他们的真理。不过，他们肯定不会是教条论者。那必定有悖于他们的自负和趣味，要是他们的真理竟然还得是一种为每个人的真理：而这是迄今为止所有教条论的抱负的隐秘愿望和背后含义。“我的判断是我的判断：另一个人再要有此权利可不容易。”这样一个未来的哲学家或许会说道。必须摒弃想要与多数人达成一致的坏趣味。挂在邻人嘴边的“好”就不再是好的。怎么可能居然会有一种“公益”[1]呢！这个词是自相矛盾的：凡可共有者，价值皆有限。事情必然终归如此，一如既往：伟大事物留给伟大的人，深渊留给深沉的人，细微和战栗留给精细的人，统而言之，稀有事物是留给稀有之人的。——

44[2]

尽管如此，我是不是还要专门说一下：这些未来哲学家也将成为自由的、非常自由的精神，——当然，他们将不仅仅是自由的精神，还将是某种不愿被误会和混淆的更多者、更高者、更大者、彻底有所不同者？不过，当我这样说的时候，正如对于我们自己，我们这些未来哲学家的宣谕者和先行者，我们自由的精神们！对于他们我也几乎同样强烈地感受到——那种职责，要把古老而愚蠢的成见和误解从我们身上一并吹掉，太久了，这些成见和误解像迷雾

① “公益”，原文为 Gemeingut，或译“公共财产”，字面含义为“共同的善（好）”。——译注

② 参看科利版第 11 卷，34[146]。——编注

一般把“自由的精神”这个概念弄得昏昧不明[1]。在所有欧洲国家，在美洲也是，现在正有些家伙，一类非常狭隘的、受束缚的、拴
61 在链子上的精神，在滥用这个名称，他们所意愿的，差不多就是我们的意图和本能中所包含的东西的对立面，——更不用说，对那些正在逼近的**新**哲学家，他们肯定更会成为锁闭的门窗。说得干脆点和严重点，他们，这些冒名的“自由精神”们，属于**水平测量员**[2]——民主趣味及其“现代理念”的奴隶，善于耍嘴皮子，摇笔杆子：全都是不孤独的人，没有自己特有的孤独，粗壮老实的大小伙子，既不该说他们没勇气，也不该说他们的礼教不可敬，他们只不过是不自由和肤浅得可笑而已，尤其有个基本偏好，要在此前旧社会的诸种形式中看到差不多**一切**人间困苦和错舛的根源：在这里，真理总算有幸从头到脚颠倒过来了！[3] 他们想要倾尽全力去追求的幸福，是群盲眼中遍地青草的牧场幸福，是生命对于每个人都安全、无害、惬意而轻松；他们有两种照谱宣唱得无比热闹的歌曲和学说，名曰“权利平等”和“同情一切受苦受难者”，——而苦难本身被他们当作某种必须**废除**的东西。我们这些反其道而行之者，我

① 此处盖区分 freier Geist 与 Freigeist。Freigeist（迻译自 17 世纪法语中的“esprit libre”），在现代德语中它与 Freidenker（迻译自 18 世纪英语中的“freethinker”）同义，通译为“自由思想者”，指不遵守正统信条、通过自己的思考来判断宗教教义者，宗教学界亦有称为自然神论者，有时亦指无神论者、无信仰者。尼采有意区而别之：贬用 Freidenker（“自由思想者”），罕用 Freigeist，同时用 Freigeisterisch，Freigeistrerei（本书译为“精神自由不羁[的]”）来称道莱辛或南方风格（参见第 28 节）。——译注

② “水平测量员”原文为 Nivellirer，有英译本作“leveler”，本指测量水平线的工具或人员，亦指“平均主义者”，后者或亦是尼采在此所暗指者，但它在德语中一般表述为“Gleichmacher”。——译注

③ 在这里……]付印稿：我在此见识了现代愚昧的最佳例子（niaiserie moderne par excellence）。——编注

们这些对那个问题——迄今为止，“人”这株植物[①]在何处、以何种
方式向高处生长得最为有力——肯付出一点眼力和良心的人们，
则以为，这一生长每一次都是在正相颠倒的条件下发生的，为此，
人类处境之危险才必须增大到骇人的地步，他发明和伪饰的力量
（他的“精神”——）才必须在长久的压力和强迫之下臻至精细和果
决，他的生命意志才必须提升为无条件的权力意志：——我们以
为，强硬，暴力，奴役，世途人心之险恶，诡秘，斯多亚主义，各种蛊
惑术和邪念，人类身边一切邪恶、可怕、霸道的东西，一切有如食肉
动物和蛇一般的东西，作为人类的对立面，都在那么好地服务于 62
“人”这个物种的提高：——我们说了这么多，甚至都还没能一口气
说完，在这一点上，不管谈论还是缄默，我们都处在所有现代意识
形态和群盲愿景的另一端：也许是作为它们的对跖点？我们这些
“自由的精神”并非最善于交际的精神；我们不愿在任何地方透露，
一个精神能够把自己从何处摆脱出来得到自由，然后他也许又会
被冲动推向何处：这些又有什么好奇怪的呢？“善恶的彼岸”这个
危险的说法是什么意思呢？我们用它至少让自己不受混淆：不同
于“libres-penseurs”、“liberi pensatori”、“Freidenker”[②]和所有此

① “人”……］出自特里奥·阿尔菲耶里的句子：“人这株植物在此比在别处生长得更加强壮”（la pianta uomo nasce più robusta qui che altrove），引自司汤达：《罗马、那不勒斯和佛罗伦萨》，巴黎，1854 年，第 383 页，尼采图书遗藏，此处被尼采划掉。——编注［译按：特里奥·阿尔菲耶里（Vitorio Alfieri），大致与席勒同时的意大利悲剧大师。］

② “libres-penseurs”、“liberi pensatori”、“Freidenker”分别为法语、意大利语和德语对“自由思想者”的表达。按：1881 年在法兰克福成立“德意志自由思想联盟”（Deutscher Freidenker-Verband），1882 年在汉堡成立“自由思想者协会”（Freidenker-Gesellschaft），皆属社会民主党人士发起的运动。——译注

等“现代理念”的老实辩护者们喜欢自称的东西，我们**是**某种有所不同者。我们，曾在精神的众多国度里安过家，至少做过客；一再溜出那些霉闷而舒适的角落，离开那些似乎要使我们缩进角落里去的偏爱或偏恶、青春、出身、与人或书的偶然相遇，甚或是漫步的疲倦；深恶痛绝那些潜伏在荣耀、金钱、职位或者感官兴奋之中的令人将有所依赖的诱饵；对穷困与善变的疾病甚至心怀感激，因为它们总是把我们从某个规则及其带来的“成见”那里解脱出来，对上帝、魔鬼和我们当中的绵羊与蠕虫心怀感激，好奇直到好奇成为恶习，做个研究者直到研究成为残忍，用不加思量的手指对付不可捉摸之物，用牙和胃对付最难消化之物，准备做每一样要求敏锐和敏锐感官的手工活，时刻准备冒险，感谢“自由意志”的过分洋溢，带着灵魂前部和后部（没人能轻易看穿它们的最终意图），介于前台和后台（谁都不给摸透它们的底细）之间，隐藏在灯罩下，做征服者，哪怕我们看起来同样像是继承人和败家子，做夙兴夜寐的排序者和搜集者，做我们的财宝和塞得满满的抽屉的守财奴，精打细算
63 地学习并遗忘，制作图式时多所发明，时而自豪于范畴表，时而做个书呆子，时而在明朗的白昼里也做一只工作的夜猫子；如果必要，甚至可以做个稻草人——今天这样做还是必要的：也就是说，只要我们生来就忠诚而心怀嫉妒地做**孤独**之友，我们各自特有的最深沉的子夜和正午的孤独：——这样一个种类的人便是我们，我们这些自由的精神们！而也许**你们**也是其中的一部分，你们这些正在到来者？你们这些**新**哲学家？——

第三章　宗教人[①] 65

45

人类的灵魂及其边界，人的内在经验迄今为止所达到的范围，这些经验的高度、深度和广度，灵魂*迄今为止*的整个历史及其尚未被穷尽的诸般可能性：这些都是为参加这场“伟大狩猎”的某个天生心理学家和朋友所预备的猎场。不过，他一定经常绝望地对自己说：“独自一人！嘿，只有独自一人！和这片广袤的林场和原始森林！”他多希望能有几百个帮手和训熟的猎犬，拥入人类灵魂的历史，把*他的*野味从那里一举赶出来。然而徒劳：他彻底而严苛地反复验证过了，恰恰对于所有撩起他好奇的事物，要找到帮手和猎犬是多么为难。把受过训练者[②]派到需要各种各样的勇气、聪明和精细的新奇而危险的猎场上，其弊病就在于，恰恰当“*伟大*的狩猎”亦是伟大的危险开始之际，他们没用了：——恰恰在这时，他们

---

① “宗教人”，原文 das religiöse Wesen，义近下文的“homines religiosi[宗教人]”；Wesen 通译“本质”，亦可指某种活动、事业或人、生物，故 das religiöse Wesen 也可译为“宗教造物”。——译注

② “受过训练者”原文为 Gelehrte，通义为“学者”。——译注

丧失了善查的眼和善嗅的鼻。举个例子说，homines religiosi[宗教人][①]之灵魂中的**知识和良心**问题迄今有一段怎样的历史，为了对此做出猜测和确证[②]，也许必须让自己跟帕斯卡尔的智识良心[③]陷得一样深，伤得一样重，变得一样阴森：——然后，还需要那样一
66 片由明亮而恶毒的精神状态所撑开的天穹，方能从上往下俯视那样一群密密攒动着的危险而痛楚的体验，给它们排序，把它们强套强行给它们说法。——可有谁会给我这个帮助呢！又有谁会有时间等待这样的帮手呢！——显然，能成长为助手的太稀罕了，在所有时代，他们都是不可求的！为了亲自知道少许东西，人们终归必须**亲自**去做一切：这就是说，有**许多事情**要做！——不过，一种我这类的好奇已经是一切恶习中最惬意的恶习了，——请原谅！我本来想说的是：对真理之爱的报酬在天空中，更在大地上。——

① 根据所谓“古人的趣味”（见下节），“宗教人”更可解为“迷信的人”，语出李维：《罗马史》第24卷10章：prodigia eo anno multa nuntiata sunt，quae quo magis credebant simplices ac religiosi homines，eo plura nuntiabantur[宣布出现了许多神迹，而越多简单和迷信的人相信，就有越多的神迹被宣布出来]。——译注

② 人类……]出自准备稿（笔记本 W I 6）：年轻时，我误以为还缺少两三百个受训练者，我可以把他们像猎犬一样赶到灌木丛里去，我是说，赶到人类灵魂的历史、它的过去和未来里去，为我把我的野味从那里赶出来。后来，颇经过一些挫折，我有了教训，对那些撩起我好奇的事物是找不到帮手的，连狗也找不到。把受过训练者派到需要各种各样的勇气、聪明和精细的危险的猎场上，其弊病就在于，恰恰当这场好狩猎开始之际，他们丧失了眼睛和善嗅的鼻子。举个例子说，**知识和良心**问题迄今有一段怎样的历史，为了对此作出猜测和确证。——编注

③ “智识良心”，原文为 das intellektuelle Gewissen，后多解为“知识分子良心”。——译注

46

信仰,正如基督教对它最初所要求的而又很少能达到的那样,处在一个怀疑论的、精神自由不羁的南方风气的世界里,这个世界内部经历了一场长达数百年的对哲学学园的斗争,再加上 Imperium Romanum[罗马帝国]当年的宽容教育[①]——这个信仰**不是**那种率直生硬的臣仆信仰,不是某个路德或者克伦威尔或者其他某个精神上的北方蛮族用来信靠他们的上帝和基督教义的那种信仰;毋宁说是那种帕斯卡尔式的信仰,它恐怖地类似于理性的一场持续自杀,——那是一种坚韧长命的蠕虫式理性,可不是突然一击就弄得死的。这种基督教信仰从一开始就是牺牲:对精神的所有自由、所有自豪、所有自身确知的牺牲;同时它还是奴化,是自嘲和自残。在这种你得指望一个酥软、多层次和惯得太坏的良心去拥有的信仰中,可有的是残忍和宗教上的腓尼基作风:它的前提是,精神之臣服会有难以言喻的**疼痛**,这样一种精神的全部过去和习性会抗 67
拒那个作为 Absurdissimum[最高荒谬]与它对立的"信仰"。现代人,以他对一切基督教术语汇编的迟钝,再也体会不到古人的趣味在"十字架上的上帝"这句习语的自相矛盾中所品出的那种骇人的夸大。迄今为止,像这句习语这般大胆的颠倒,这般令人害怕、催人回答而又值得怀疑的东西,还从来不曾出现过:它预言了对所有古代价值的重估。——是东方,那**深沉**的东方,是东方的奴隶们用

① "宽容教育"读若"对宽容的教育"。——译注

这种方式报答罗马及其高尚而轻率的宽容，报答罗马人在信仰上的“普世至公”[①]：——而煽起奴隶们对主人的愤怒和愤怒反抗的，从来就不是信仰，而是信仰的自由，是对信仰之严肃性的半斯多亚式的、面带微笑的漠不关心。“启蒙”煽起愤怒：奴隶想要无条件的东西，即使在道德方面他也只理解霸道的东西，他像恨那样地爱着，不知幽微的变化，一直爱到深处，爱到痛处，爱到病态，——他诸多**隐蔽**的苦难在愤怒地抗拒着那看似**否认**苦难的高尚趣味。以怀疑论对付苦难，从根本上说只是贵族道德的一个态度，即使它跟这场随法国革命而起的最后的奴隶大起义的兴起不无干系。

47[②]

我们发现，迄今为止，只要宗教神经症[③]在人间出现，总是跟三道危险的食疗处方联系在一起的：孤独，斋戒和禁欲，——在这里还没有把握决定何者为原因，何者为结果，以及这里到底**有没有**
68 某种原因和结果之间的关系。支持后面这个疑问的是：这种病的常规症状中，无论发生于野性未驯还是已驯的民众，恰恰就有：最突然、最放肆的欢悦，之后又同样突然剧变为忏悔之痉挛和对世

① “普世至公”，原文 Katholicismus，通译为“天主教义”，其名源出拉丁语 catholicus[普遍的、普世的]，旧译为“公教会”；教会以此为名，以示继承罗马帝国的“普世至公”传统。——译注

② 准备稿（笔记本 W I 1）第一稿：孤独，斋戒和独身——出于宗教神经症的典型形式。极端的纵欲和极端的虔诚交替。对**自身**加以异样地省察：仿佛他们是一副眼镜（Glas）或两个人。——编注

③ “神经症”（Neurose）：现代医学通称“神经官能症”或“精神神经症”。——译注

界、对意志的否定：也许两者都可以解释为伪装的癫痫？[①] 而人们可能到哪里都甩不掉这种解释：迄今还没有哪个类型被这么多胡说和迷信团团围住，迄今还没有哪个类型显示出这么多令人类、甚至值得哲学家感兴趣的地方，——应该是时候了，在这里恰恰要稍微冷淡些，要学会小心，最好还是：掉转目光，掉头走开。——在最近的哲学即叔本华哲学的背后，还打着这个对于宗教之危机和重兴的骇人问号，问号几乎成了问题本身。否定意志何以可能？圣徒何以可能？——看来这确实就是当年那个问题，叔本华由之成为一位哲学家并以之作为出发点的问题。所以一个真正叔本华式的结果就是，他最信服的（就德国而言也许是他最后一个）拥趸，理查德·瓦格纳，正是以这个问题来结束他毕生的事业，他终于还是让那个可怕的永恒类型作为昆德莉[②]登上了舞台，一个活类型[③]，恰如他本人；在同一个时期，凡是在宗教神经症——或者按我的称呼，"宗教人"——作为"救世军"[④]如传染病般最后突围和进军的地方，所有欧洲国家的神经科医生都有了一个从近处研究这个类型的机会。——如果人们问自己，对于一切种类和时代的人来说，甚至对于哲学家来说，圣徒的全部现象中究竟是什么引起他们按

① 据《尼采频道》，参见弗朗西斯·加尔顿（Francis Galton）：《对人类机能及其发展研究》（伦敦，1883年，第45页）："同一个个体身上如此快速地交替相继的极端怜悯和极端恶毒，癫痫患者的这个阶段，从那些单纯精神错乱者中可以显著地区别出来。"——译注

② 昆德莉（Kundry）：瓦格纳歌剧《帕西法尔》的女主角，初淫荡，后感化而皈依。——译注

③ "活类型"，原文为法语 type vécu，指生活中实有其人的类型。——译注

④ 救世军（Heilsarmee），1865年成立于伦敦面向下层民众的基督教社会组织，致力于福音宣讲和社会服务；后扩展至全球。——译注

捺不住的兴趣:那么毫无疑问,是附着在圣徒身上的奇迹外观,即道德上评价相反的灵魂诸状态、**诸对立面直接相连**:再明显不过
69 了,人们相信"坏人"会一下变成"圣徒",变成好人。迄今为止的心理学在这个方面都碰了壁:这首先莫非就是因为,心理学已经自屈于道德的统治之下了,因为它**相信**道德上的价值对立本身,并且把这些对立看进、读进和**诠释**进那些文本和事实要件中。——什么?"奇迹"只是一个阐释上的错误?一个语文学方面的缺陷么?——

48

看起来,比起整个基督教义之切合于我们北方国度,天主教义终究是内在得多地切合于拉丁种族:其结果是,在天主教国度,无信仰意味着跟在新教国度中某种完全不同的东西——也就是说,意味着一种反对种族精神的愤怒,而在我们这里,无信仰毋宁是向种族精神(或者无精神)的返回。我们北方国家无疑源自蛮族,即使考虑到我们的宗教禀赋:这方面我们可是**煞**[①]有禀赋。可以把凯尔特人当作例外,他们因此也让出了最适合接受基督教理想感染的土地:——只有北方的苍白阳光才容得下基督教理想,就此说来,它在法国已开始凋谢了。[②] 甚至那些最后的法兰西怀疑论者,只要他们的起源中有些凯尔特人的血脉,他们的虔诚对我们的趣

① "煞"字语带双关,原文为 schlecht,本义为"坏的、恶的",此处则作程度副词表明"非常(有禀赋)"。——译注

② 誊清稿于此处删去如下内容:法国人在精神上的自由不羁和整个法国启蒙战争具有一场宗教运动的某种炽热。那些昏暗的色彩总是一再令我震惊。——编注

味来说就还是那么的异样！在我们闻起来，奥古斯特·孔德的社会学及其关于本能的罗马式逻辑[①]，有多少天主教的、非德意志的气味！那个值得喜爱的、聪明的皇港西塞罗，即圣伯夫[②]，尽管对耶稣会有敌意，沾着多少耶稣会的气味！更有欧内斯特·勒南[③]：这样一个勒南的语言在我们北方人听来是多么的不入耳，他那在更精细的意义上寻欢作乐的、会把自己安排舒坦的灵魂，时常会因为宗教上的任何一丝小紧张就失去平衡！人们也许有一天会模仿他的下面这些漂亮句子，——在我们大概不那么漂亮的、更加坚硬 70
的，也就是说更加德意志的灵魂里，会有怎样一种恶意和得意一下子跳出来回答他呢！——“于是我们大胆地说，宗教是常人的产物，当人在最虔信也最确定一个无限之命运的时候，他最在真实之中……正是当他是善的时候，他期待德性符合一个永恒的秩序；正是当他以一种漠然持中的方式沉思事物的时候，他发现死亡之可憎与荒谬。如何不能设想，正是在上述这些时刻，人是看得最清楚的呢？……”[④]对于我的耳朵和习惯而言，这些句子对跖点般地如此相悖，以至于读到它们的时候，我的第一股怒气在边上写下：“宗

---

① 孔德认为本能这个词本义并非指动物性，而是指“任何朝向一个确定方向、与任何外来影响无关的自发冲动”，既有智性的（且智性本能是利他的）也有动物的，参见孔德：《实证哲学》第二卷，哈里·马丁瑙译，基彻纳，2000 年，第 101 页。——译注

② 圣伯夫（Charles-Augustin Sainte-Beuve）：法兰西第二帝国时期最具声名的批评家，著有六卷本《皇港史》（*Port-Royal*，1840—1859 年）。——译注

③ 欧内斯特·勒南（Ernest Renan）：系当时著名的文化史家，其《耶稣生平》以人文视角看基督教史，从一种广义上的精神修养的角度来解释基督教义，轰动一时。——译注

④ 引文原文为法语，据《尼采频道》，引自勒南：《现代社会的宗教未来》，载《当代问题》，巴黎，1868 年，第 416 页。——译注

教愚昧的最佳例子！”[1]到我怒气的最后，却简直慢慢爱上了这些包含着颠倒的真理的句子！拥有专门跟自己对着干的对跖点，竟是如此地受用，如此地脸上有光！

49

在古希腊人的宗教性中，最让人惊讶的是那满溢出来的充沛的感激：——这是一个高尚的人种，他们就是这样面对自然和生命的！——之后，当群氓占据优势，恐惧也在宗教中蔓生开来了；基督教做好准备了。——

50

对上帝的激情：有些是农民式的忠心耿耿、不依不饶的种类，像路德宗信徒那样——整个新教教义是缺乏南方的细口味[2]的。其中有些是一种东方式的不能自持[3]，就像在一个不配受恩赐或
71 者受提拔的奴隶那里一样，比如在奥古斯丁那里，他以一种令人不堪的方式在举止和欲念上有失高尚。其中又有些是妇人的温情和贪恋，害羞又无知地追求一种 unio mystica et physica［神秘的和

① 原文为法语：la niaiserie religieuse par excellence！——译注

② “细口味”，原文为意大利语，delicatezza，用于形容对美食的品尝。——译注

③ “不能自持”，原文为 Aussersichsein，直译为“外在于自身”。——译注

身体上的合一][1]:就像在盖恩夫人[2]那里一样。在许多情况下,对上帝的激情相当怪异地表现为一个少女或少男的青春期伪装;有时甚至表现为一个老处女的歇斯底里,以及她最后的功名心:——教会已经好几次在这种情况下把一位女士宣布为圣徒了。

51

迄今为止,最有权势者还总是低首敬拜于圣徒跟前,把他当作自我克制和故意陷入最终匮乏的谜:他们为什么低头呢?因为他们预感到了圣徒身上——仿佛在他那副衰老而悲惨的模样所打出的问号后面——那种优越的力量,想要在那样一种自我克制上考验自己、考验意志之强健的力量,他们在其中重新认识了并且知道如何去尊敬自身的强健和统治的乐趣:当他们尊敬圣徒的时候,他们是在尊敬自己身上的某种东西。再加上圣徒的情形让他们心生狐疑:他们向自己说和问道:一种如此阴森叵测的否定和反自然,不会平白无故受人追慕的。这样做也许有一个理由,也许有一种危险,一种这位苦修者——借助他那些秘密的交谈者和拜访者——想要进一步了解的巨大危险?足矣,这个世界的掌权者在圣徒面前学到一种新的恐惧,他们预感到一种新的权力,一个陌生的尚未被克制的敌人:——它就是"权力意志",是它迫使他们在圣

① 盖化用基督教灵修的"神秘的合一"(unio mystica,指信徒与耶稣的合一),此合一专属灵性,无关肉身。——译注

② 盖恩夫人(Madame de Guyon):16、17世纪之交法国神秘主义者,寂静主义的代表人物,其见解为教廷所忌,尝因陷囹圄,远非尼采所言受封为"圣徒"者。——译注

徒面前停下来。他们必须对他提出问题—— ——

72

52[①]

在犹太《旧约》这本关于上帝正义的书中，人、物和言谈的风格是如此伟大，希腊和印度的文献竟无可与之比肩者。面对这些由人类之一度所是者留下的遗迹，人们战栗而敬畏，并由此对古老的亚洲和它延伸出来的小半岛欧洲（它想要代表跟亚洲截然相反的“人类进步”）满怀忧思。诚然：谁若本身只是瘦弱驯服的家畜，并只认得家畜的需要（就像当今我们这些有教养的人，如果把信仰“有教养的”[②]基督教的基督徒们也算在内的话——），他在那些废墟中就既不会诧异，也根本不会哀伤——对《旧约》的趣味是衡量“伟大”和“渺小”的试金石——：也许，他一直以为《新约》这本关于恩典的书（其中多有正当、温柔、沉闷的礼拜迷和渺小灵魂的气味）更合他的心意。把这部从各个方面看都是洛可可式趣味的《新约》跟《旧约》拼成一部书，拼成《圣经》，拼成这本“自在之书”：这也许是欧洲文献学界最大的鲁莽之举和“对精神的犯罪”[③]。

① 据考夫曼，此节可与《论道德的谱系》第三论第22节参看。——译注

② “有教养的”，原文为gebildeten，同时有“受了教育”和“（被）构建起来”之义，此处加引号既暗讽基督教之自诩文明，又暗示它本身非自立者，而是为他人（犹太人）所教育和构建。——译注

③ “对精神的犯罪”（Sünde wider den Geist）乃化用自基督教术语“亵渎圣灵罪”（Sünde wider den Heiligen Geist，见《新约·马可福音》第3章第29行），亦称作“不可赎之罪”。尼采以Geist双关该词包含的“精神”与“（圣）灵”的双重含义。——译注

53

为什么今天有无神论？——上帝之为“圣父”受到了彻底的反
驳；之为“法官”和“奖励者”[①]亦然。同时还有他的“自由意志”：他
不在听，——就算他听到了，他也不知道如何帮助。最糟糕的是：
他看来没有能力清楚地传达自身：他是不清晰的么？——这就是
我在各式各样的谈话中追问、聆听和最后发现的欧洲有神论衰落 73
的根源。在我看来就是这样：尽管宗教本能处在强劲的生长
中，——但是它恰恰怀着深深的疑虑拒绝了有神论的满足。

54

整个新哲学到底在干什么呢？自笛卡尔以来——确切地说，毋宁是出于对他的逆反，亦是以他为先导——所有哲学家，在某种主词[②]和谓词概念批判的掩护下，对古老的灵魂概念发动了一次刺杀——也就是说：一次对基督教学说的根本前提的刺杀。作为一种从认识论方面进行的怀疑论，新哲学或明或暗地是**敌基督的**：当然，对于精细点的耳朵来说，绝不反宗教。从前人们信仰“灵魂”，正如曾经信仰过语法和语法上的主词一样：人们曾说“我”是条件，而“思”是谓词，由条件决定——思考是一个活动，某个主体

① “奖励者”(der Belohner)为神学用语，专指作为善行之奖励者的上帝。——译注

② “主词”和“主体”在德语中为一词(Subjekt)，以下据语境选择译名。——译注

必须被思考为这个活动的原因。现在，人们则以一种值得钦佩的坚韧和狡诈在试探，莫非有可能逃出这张网，——莫非也许颠倒过来才是真的："思"是条件，"我"由条件决定；"我"首先是由思考本身**做**出来的一个综合。**康德**想从根本上证明，主体不可能从主词出发得到证明，——客体也一样：主体的某种**假象实存**[①]，亦即灵魂的可能性，对于作为吠檀多哲学在大地上一度以阴森叵测的权力存在过的那种思想来说，或许似曾相识。

74

55

宗教残忍是一架长梯，有许多梯级；其中有三个是最重要的。从前人们以人，也许恰恰是他们最爱的那个人为上帝的牺牲品，——属于此类的有一切史前宗教的童男童女牺牲，还有提庇留皇帝（罗马所有时代的错乱人物中最令人毛骨悚然的那一位）在卡普里岛的密特拉洞穴[②]里所献的牺牲。然后，在人类的道德时期，人们为他的上帝牺牲他们所秉有的最强健的本能，他的"自然"；**这种**节日欢乐，就闪耀在苦修者、激动的"反自然者"的残忍目光中。最后：还剩下什么可以牺牲的？人们最后莫非必须把一切慰藉者、神圣者、救治者，一切希望，对隐蔽的和谐、对未来的诸种福气与正义的一切信仰都一下牺牲掉？莫非人们必须牺牲上帝本身，并且出于对自身的残忍去祷拜石头、愚蠢、困难、命运和虚无？为了虚

---

① "假象实存"，原文为 Scheinexistenz，字面亦有"假实存"之意。——译注

② 据考夫曼，传提庇留在此地用人牲为祭。——译注

无牺牲上帝——最后一级残忍的这种悖谬的殉道，始终是留给那个现在即将到来的世系去做的：我们所有人都已经认识其中的一些了。——

56[①]

谁如果像我这样，带着不知何种谜一样的欲念长久地致力于对悲观主义做最深入的思考，努力使它从半基督教、半德意志的狭隘和单纯——悲观主义在这个世纪到最后就带着这副狭隘和单纯，也就是说，是以叔本华哲学的形态出现的——中解脱出来；谁如果真正以亚洲的和超亚洲的眼睛向内和向下看——超越到善恶之彼岸，不再像佛陀和叔本华那样处在道德的驱使和妄想中——，看到一切可能的思考方式中对世界最否定的那种方式的里面去，
那么，也许正是因为这样做了，他才向那种相反的理想睁开双眼， 75
而这其实并非其本意：那种最得意、最鲜活和对世界最肯定的理想人类，他们不只是学会勉强接受和忍受已有和现有的东西，而是要**照其已有和现有的那样**去重新拥有，永久地、不知足地、周而复始地呼唤着，不是呼唤给自己，而是呼唤去加入那一整幕或一整台的戏剧，而且不只是一台戏，而是从根本上呼唤去成为那种人，那种迫切需要这台戏——并且使它亦成为迫切所需者的人：因为他总是一再地迫切需要自身——并且使自身成为迫切所需者——

——怎么？这样做难道不是——circulus vitiosus deus［神之恶

① 准备稿（笔记本 W I 3）中题目作：circulus vitiosus deus［神之恶循环］。——编注

性循环][1]？

57

远方，犹如人类周围的空间，随着他精神的观看和察看力量而增长：他的世界变得越来越深，总有新的星、新的谜和图像出现在他的视野里。也许，精神的眼睛藉以练习其敏锐和深邃的一切事体，只是一个动机，要引发他的练习，只是一件游戏之事，给孩子们和孩子气的傻子们去玩的某种东西。也许，那些最庄严的、为之付出最多斗争和苦难的概念，“上帝”和“罪”的概念，将来在我们眼中的重要性，不会超过老男人眼中的孩子的玩具和孩子的痛苦，——而且也许那时“老人”[2]再次迫切需要另一件玩具和另一样痛苦，——对孩子总是足够了，永远的孩子！

58

人们有没有充分注意到：对于一种真正的宗教生活（既包括这种生活最爱做的显微镜下自我检验的劳作，也包括那种自称为“祈祷”的细腻的镇定，一种对于“上帝之到来”的持续准备）来说，外在
76 的懒惰或半懒惰在何种程度上是必需的？我指的是由来已久、出自血统的心安理得的懒惰，对于它，那种认为工作是**侮辱**（即工作

① “神之恶性循环”，circulus vitiosus[恶性循环]（既指“循环论证”也指医学上的“恶性循环”）与deus[神]是同位语关系。——译注

② “老人”，原文为der alte Mensch，亦可解为“旧人类”。——译注

使灵魂和肉体平庸)的贵族心态可不陌生[①]。人们还有没有足够地注意到:由此而来,那种现代的、嘈杂的、充分利用时间的、自负其能——自负其蠢能——的勤劳,比其他一切东西更加恰好是对“无信仰”的教育和准备?在那些生活在宗教旁边的人们中,比如在现在的德国,我发现各式各样种类和出身的“好作自由思考”的人,首先就是那样一种占大多数的人,一代又一代,他们的勤劳已经溶解了那些宗教本能:以至于他们再也无从知道,宗教有什么用处,只是仿佛带着迟钝的惊讶惦记着它在世界上的现成存在。他们感到自己已经是够忙的了,这些老实人,要么是生意,要么是娱乐,且不说还有“祖国”、报刊和“家庭的义务”:似乎,他们根本没有时间留给宗教了,特别是因为他们始终不清楚,这是关系到一桩新的生意还是一种新的娱乐,——因为,他们对自己说,人们进教堂不可能只是为了破坏自己的好心情。他们并不与宗教习俗为敌;在特定情况下,可能是在国家方面,会要求参与这个习俗,于是他们就按照人们的要求做到人们所做到的地步——,带着耐心而谦逊的严肃,没有太多好奇和不适:——他们就是生活得过于处在旁边和外部,以致在这类事情上连一种赞成和反对都觉得没什么必要。今天大多数中间等级的,尤其是身处忙碌的大型贸易和交通中心的德国新教徒,即属于此类无动于衷者;同样情形的还有大多数勤劳的学者和全部的大学附属人员(神学家是例外,就在这一点上,他们的人生此在和可能性给心理学家出了越来越多也越来越

① 灵魂]誊清稿此后删去如下内容:因此,在德意志贵族阶层还有相当一份虔诚,那些等级(它们把它们的女士作为自己更高尚的一半悠闲地)的女士也是一样。——编注[译按:此句不通,原文如此]

77 精巧的谜语)。人们很少站到虔诚的或只是从属于教会的信徒这方面来设想一下,有多少善良的意愿,或不妨说是悉随尊意的意愿,正包含在下面这种情形里:一个德国学者严肃地对待宗教问题;从他的全部手工作品(以及,如前所述,被他的现代良心当作职责的手工劳动的勤劳)出发,他会趋向用一种有优越感的、近乎善意的明朗心情来对待宗教,有时混杂着一种淡淡的藐视,针对的是那种精神上的"不干净",凡是人们还在信奉教会的地方,他都预设有这种不干净。首先是借助于历史(就是说不是从个人经验出发),他才成功地做到以一种充满敬畏的严肃和一种特定的羞怯的顾虑来面对宗教;而即使他把对宗教的感觉提升为感激,就他个人而言,也依然没有朝那个作为教会或虔诚而持存者迈进一步:也许恰恰相反。他面对宗教事务时在实践上的无动于衷,那种他被生成和教成的无动于衷,照习惯会在他身上升华成为羞于触及宗教人和宗教事物的审慎和纯净;而且可能正是他的宽容和人道的深度,叫他避开宽容本身带来的那种精微窘境。——每个时代都有它特有的、会因此而受其他年代羡慕的超凡脱俗的[①]天真:——而在学者所持的那种优越性信念中,在他的心安理得的宽容中,在那种无所顾虑、平平直直的安稳中,有多少天真啊,那可敬的、孩子气的、蠢得没边的天真!他的本能凭着这种安全感把宗教人当作一种劣等和低等的类型来对待,他自己则是超出、越过和踩着这个类型而生长的,——他,这个渺小僭妄的侏儒和贱民,为"理念"——

① "超凡脱俗",原文 göttlich(神一般的、关于神的),于此为双关,既表示"无比的、神圣的(天真)",也表明是在神的问题上的天真。——译注

"现代理念"——干活的勤快伶俐的脑力和手工劳动者！

59 78

人是表皮之物[1]：谁深入地朝世界里面看，或许就会猜出这种说法包含的智慧。正是人的自保本能教会他们仓促、轻率和虚假。在哲学家这里，正如在艺术家这里，人们时不时会发现一种激烈而夸张的对"纯粹形式"的祷拜：大概没有人会怀疑，这般**迫切**需要表皮般的礼拜仪式的人，曾经就不知于何时往那层表皮**之下**做了些招灾惹罪的事。在这些惹是生非的孩子们、这些天生的艺术家们、这些只有在故意**伪造**自己的图像（在仿佛是对生命做一次漫长的报复——）时才觉得是在享受生命的人们中，也许甚至还存在一个等级序列：人们或许可以照他们愿意见到自己的图像被作假、掺杂、超拔[2]和神化到何种地步，来设定级别，以区分生活使他们败兴的程度，——人们姑且可以把 homines religiosi［宗教人］算作艺术家，作为艺术家的**最高**等级。这是对一种无可救药的悲观主义深切的、猜忌的恐惧，整整几个千年以来，这种悲观主义强迫人们紧紧咬住对此在的宗教性解释不放：这恐惧是本能地预见到，人可能会在自己足够强壮和强硬、足够做一位艺术家之前，**太早**地把真

① "表皮之物"，原文为 oberflächlich，本书其他地方多被译为"肤浅的"，此据上下文而调整；亦可见尼采"肤浅"之讥不仅在指责"浅"。——译注

② "超拔"（verjenseitigt）：字面义为"置于彼岸"。——译注

理弄到了手[1]……用这种眼光来看，那种虔诚，那种“上帝内的生命”[2]，是作为对真理的**恐惧**所变成的最精细和最后的一只怪兽而出现在这里，是在一切伪造中最前后一致的伪造面前的艺术家式祷拜和沉醉，是颠倒真理的意志，是不计代价地意求非真理的意志。也许，到目前为止还没有比虔诚更强劲的手段可以让人类美化自身：通过虔诚，人类可以如此充分地变成艺术，变成表皮，变成变色游戏，变成善良意愿，好不再苦于所目睹的自己的景象。——

79

60

为了**上帝之故**而爱人类——这是到现在为止在人类当中所达到的最高尚也最怪僻的感情。背后若没有某种神圣的意图，对人类的爱就**毋宁**是一种愚蠢和兽性，唯有从某种更高的偏好那里，对这种人类之爱的偏好才得其尺度和精度，才有了盐粒和香精：——只要有人首先感受并且“体验”到这一点，无论他是什么人，无论在尝试把这样一种细腻表达出来时他的舌头会打多大的结，他，作为迄今为止飞得最高、错得最美的人，在一切时代始终被我们视为神圣的和值得崇拜的。

---

① 人可能…]科利版第12卷，1[110]，准备稿（笔记本 N VII 2）：人们可以驳倒上帝，却驳不倒魔鬼；。——编注

② “上帝内的生命”(das Leben in Gott)，或称“主内生命”“主内生活”，参见《新约·歌罗西书》第3章第3行，“因为你们已经死了，你们的生命与基督一同藏在神里面”。——译注

61①

哲学家，在我们、我们这些自由的精神的理解中——，作为负有最广泛职责的人，对人类总体发展有良心的人：这样的哲学家会为了他的培育和教育事业而利用那些宗教，就像利用他那个时候的政治和经济状况一样。诸种宗教助成的那种有遴选和培育作用的（这意味着总是既具有摧毁亦具有创造和赋形作用的）影响，依照被置于宗教之驱使和护持下的人在种类上的不同，是一种多层次和有差别的影响。对于强健、独立、准备并且被预定要下命令的人，执政种族之理性和技艺的肉身载体，宗教更多地是为了克服抵抗和能够统治而采取的手段：而不是一道把统治者和臣仆联结在一起的纽带，不是要把后者的诸种良心、把他们那些想要绕开服从的隐情和最深的内在，透露和托付给前者；那样一种高尚的出身之下，如果个别天性依凭高级的精神状态而倾心一种更加抽象和默 80
观的生活，只为自己保留统治（即统治精选的青年或者修会成员）所需的最精妙资质，那么，宗教甚至可以被利用为手段，藉以在粗暴执政的嘈杂和艰辛面前获得安宁，在一切政治手腕必需的污浊面前做到纯洁。比如婆罗门就是这样理解宗教的：在宗教组织的

① 准备稿（笔记本 N VII 1）：一个宗教的意义是多重的：对于较为强健者和独立者它是一个统治的手段，或者为自己从统治的劳累中获得安宁的手段（就像婆罗门）：对于那些正在成长起来的、较为强健的种类的人〈类〉，它提供增强意志和学习斯多亚主义的机会：或者还学习那柔韧性（就像耶稣会士）；对于那些凡〈俗〉的人〈类〉则提供可靠的视野，慰藉，幸福和苦难的联合体，并通过一切过程的重大意义对普通生活加以某种特定的美化。——编注

帮助下，他们赋予自己为民众委任君王的权力，而他们自己则作为担负着超越君王的更高使命的人，置身于并且觉得自己置身于旁边和外部。与此同时，宗教也为被统治者中一部分人提供了渠道和机会，让他们为有朝一日作统治和下命令做好预备，也就是说，预备进入那个正缓慢来临的阶级和等级，在这些阶层和地位上，通过幸运的婚姻礼教，独立自主的意志的力量和兴趣会不断增长：宗教提供了足够的推动和诱惑让这部分人走上通向更高精神状态的道路，让他们检验那些跟伟大的自我克服、沉默和孤独相关的感觉：——如果一个种族想要超越其贱民出身而有朝一日晋升为统治者，苦修主义和清教主义几乎是不可或缺的教育及使之变得高贵的手段。对那些凡俗之人，那些绝大多数人，为了服侍和公共用途而存在、也只**允许**在这个范围内存在的人们，宗教会赋予他们一种对自己的处境和种类的无可估量的餍足，赋予他们多层次的心灵平静，使他们的服从变得高贵，使他们多跟他们的同类同甘共苦，对于全部的日常生活，全部的卑微状态，对于他们灵魂介于人兽之间的全部贫乏，则加以些许增色和美化，使之有几分正当。宗教，和生命在宗教方面的重大意义，把耀眼的阳光投在这些吃着无尽苦头的人们头上，使他们自己能忍受自己所处的景象，它们的作
81 用正如伊壁鸠鲁的哲学对较高等级的苦难所起的一贯作用，是提神和精练，仿佛是在**充分利用**苦难，最后简直是将苦难神圣化和正当化。在基督教和佛教这里值得尊敬者也许莫过于它们的教导技艺，教导哪怕最低等的人通过虔诚而置身于事物的某个高等的假象秩序[①]，并且由此在自己这里坚持对现实秩序的满足，在这个现

① “假象秩序”(Schein-Ordnung)：亦可解作“假秩序”。——译注

实秩序当中，他生活得可够艰辛的，——必需的恰恰是这种艰辛[①]！

62[②]

最后，当然，还要盘算一下宗教付出的那些糟糕代价，并且指明它们不测的危险：——如果宗教不是作为培育和教育的手段在哲学家手中运作，而是从自身出发和全权自主[③]地运作，如果它想让自身成为最终目标而不是与其他手段并列的手段，就会付出越来越昂贵的可怕代价。在人类这里，正如在所有其他种类的动物那里，存在着大量过剩的失败者、病变者、蜕变者、衰老者和必然罹受苦难者；成功案例在人类这里也总是例外，考虑到人是尚未固定的动物，成功甚至是罕见的例外。然而更糟的是：某种人类的类型（他就是通过这个类型被表现出来的[④]）生就愈高等，这个类型茁壮成长的概率就愈低：全人类总体得失的胡闹规律——偶然，在它

① “艰辛”(hart)：在本书其他处多次出现时多译为“强硬”；此处二义本相通，“强硬”即不惧使人或使己“艰辛”。——译注

② 准备稿(笔记本 N VII 1)：给受苦受难者以慰藉，给受压迫者、弱者以勇气，引导不能自立者，使无节制者有所止息，有所培养，——但也在摧折强者，侵蚀伟大的希望，猜嫌伟大的幸福，美丽，自信，更有男人气的、更自负的、有统治欲的本能：这是到现在为止基督教的任务。——编注

③ “全权自主”，原文为 souverän，本指“有绝对治权或最高主权的”，多用于形容国家或元首。——译注

④ 此句之“他”指上文“某种人类”；“类型”(Typus，或译“典型”)与“表现”(dargestellt，或译“表演”)互文，可见出本书中多次出现的“类型”一词与戏剧相关的蕴义。——译注

摧毁性地作用于高等人类（他需要精细、多样且难以估算的生命条件）的时候，表现得最恐怖。上面提到的两大宗教是怎样对待失败案例的**大量过剩**的呢？它们寻求保持，寻求在生命中坚持只要能以某种方式维持的东西，乃至从根本上偏袒那些失败案例，作为**为**
82 **罹受苦难者**[①]的宗教，它们给所有罹受生命如罹受病痛的人们以权利，它们想要潜移默化使大家以为，任何对生命的其他理解都是虚假的，都不再可能。对这种呵护性、保存性的救济——只是因为它不但适用于其他一切人等，而且在过去和现在都还适用于那些最高等的、迄今为止几乎也总是最受磨难的人类类型——，还应该给出如下这样高度的评价：从总体上估计，使“人类”这个类型盘桓于一个比较低等的阶段的主要原因，就是迄今为止的这些宗教，这些**全权自主**的宗教，——它们保存了太多**本来应该毁灭的东西**。有数不清的事情要感谢这些宗教；对于比如基督教那些“圣职人员”迄今为止对欧洲所做的一切事情，人们的感激哪里会有个够呀！确实，如果这些宗教已经给罹受苦难者以慰藉，给受压迫者和绝望者以勇气，给不能自立者以拐杖和支柱，还诱引那些内心已被摧毁者和已养成野性者离开社会、到修道院和灵魂的监狱里去：那么，照这样心安理得地全面致力于保存一切病人和罹难者，亦即致力于在事实上真正**使欧洲种族低劣化**，除了上面这些之外，还有什么是它们要做的呢？把一切价值评估**从上到下**颠倒过来——**这**便是它们必须做的！摧折强者，侵蚀伟大的希望，猜嫌美好事物中的

① “为罹受苦难者”，原文为 für Leidene，其中 für 既表示“为了”，在此上下文中也有“偏袒、支持”之意。——译注

幸福，使一切跋扈、男子气、能征服、有统治欲者，使最高等的、成长得最好的人类类型所秉有的一切本能起皱，皱得不安定，皱得良心窘迫和自我摧毁，还要把对于地上事物和对统治的全部热爱，扭转为对大地和地上事物的憎恨——教会即把*这些*当作并且必须当作自己的使命，直到最终按照它的评估，“去世界化”、“去感性化”跟“更高等人类”被融铸成同一种感觉[①]。假如人们有这样的能力，83 能够以一位伊壁鸠鲁式神祇所拥有的那种事不关己的嘲弄眼光，对欧洲基督教上演的这出充满怪异痛苦的、既粗暴又精细的喜剧做一番通览的话，我相信，他们准会惊讶不已，大笑不已：难道看起来不是这样吗，统治了欧洲足足十八个世纪是同一个意志，想要把人类造成一种*精巧畸生物*的意志？不过，倘若有谁有相反的需要，不再以伊壁鸠鲁的方式，却在手中握了一柄什么神锤，来到人类（就像那种信基督的欧洲人，比如帕斯卡尔）所做的这种几乎是随意的蜕变和萎缩跟前，那么他一定不是气愤而是怜悯和惊愕地叫喊起来：“哦，你们这些蠢货，你们这些僭妄的同情别人的蠢货，你们都干了些什么啊！这是给你们干的活计吗！你们把我最美的石头糟践成什么样子啊！*你们*擅自乱搞了些什么东西啊?”——我想说的是：基督教是迄今为止后果最严重的一种自身拔高。人类还不够高等和强硬，还不足以作为艺术家*在人类身上*赋形；人类还不够

① 此三词皆与上面的“圣职人员”(die geistlichen Menschen，即教会人士)相关。“去世界化”，原文为 Entweltlichung，此系照字面直译，通译为“去世俗化”。盖其形容词形式 weltlich(世界的、世俗的)实与 geistlich(圣职的、出家的)对称，圣职人士代表的是一个高于俗家与尘世的等级，故为“更高等的人”。“圣职”(geistlich)一词在字面上有“精神性”之义，故又与“感性”(sinnlich)相对，而意味着“去感性化”(entsinnlchung)。——译注

强健和有远见，不足以依靠一种崇高的自我克制，任凭那个将造成千百倍失手和毁灭的前台法则来掌管；人类还不够高贵，不足以看到人和人之间天渊之别的等级次序和等级间隔：——迄今为止，此等人类已经以他们“上帝面前的平等”主宰了欧洲的命运，直到最终一种渺小化的、近于可笑的种类，群盲动物[1]，某种与人为善的、病恹恹的平常货色，今日之欧洲人，终于被栽培出来……

① “群盲动物”原文为 Heerdenthiere，此为顾及译名的统一；通译当为“畜群”或“群居动物”。——译注

第四章　箴言和间奏曲 85

63[1]

从骨子里为人师者，对一切事体皆只在涉及学生时才加以严肃考虑，——甚至对他自己亦然。

64[2]

“以自身为目的的知识”——这是道德布下的最后陷阱：人们于是又一次深陷其中。

65[3]

倘若通向认识的路上没有这么多羞耻要克服的话，认识或许便没什么刺激了。

---

① 参看科利版第 10 卷，3[1]150；第 11 卷，31[52]；32[9]。——编注

② 参看科利版第 10 卷，3[1]133。——编注

③ 参看科利版第 10 卷，3[1]132；第 11 卷，31[52]；32[8]。——编注

65 a.[①]

人们在他的上帝面前最不诚实了：他不**允许**有罪过！

66[②]

贬低自己，让自己受窃弄、受欺骗和受剥削的倾向，或许是某位人中之神[③]的阴私。

86 67[④]

对某一物的爱是一种野蛮：因为这种爱的施行会给所有其余者带来麻烦。对上帝的爱亦然。

① 参看科利版第10卷，3[1]118。——编注

据考夫曼，在1886年初版中，此节与上节皆标为65节。——译注

② 参看科利版第10卷，3[1]40；3[1]226。——编注

③ "人中之神"（Gottes unter Menschen）或暗引"人中的人"（Mensch unter Menschen），后者系席勒短剧《塞墨勒》中宙斯语，后在德语中形容"不受拘束、出处自若"的情形，则"人中之神"或指不得在人群中隐藏自身的处境，此亦与塞墨勒神话相应。——译注

④ 参看科利版第10卷，3[1]214。——编注

68①

“我做过这件事”，我的记忆说。我不可能做过这件事——我的自负说，并且始终不松口。终于——记忆屈服了。

69②

人们对生活的观看很糟糕，如果他们没有也看见那只手的话，那只以一种呵护的方式——杀人的手。

70③

人们若有性格，则也会有其一再重现的典型体验。

71④

作为占星术士的智者。——只要你把星星感觉成一种“居于你之上者”，你就还不具备认识者的眼光。

① 参看科利版第 10 卷，3[1]240。——编注
② 参看科利版第 10 卷，3[1]229；第 11 卷，31[53]；32[9]。——编注
③ 参看科利版第 10 卷，3[1]258。——编注
④ 参看科利版第 10 卷，3[1]256。——编注

72①

不是高级感受的强度而是其持久性造就高等的人。

73②

谁达到自己的理想，就恰恰由此超越了它。

87

73a③

有些孔雀在众目睽睽之下藏起它们的尾羽——并把这个叫作它们的自负。

74④

一个有天才的人不堪忍受，如果他没有此外至少再拥有两样东西：感激和纯净。

---

① 参看科利版第 10 卷，3[1]252。——编注
② 参看科利版第 10 卷，3[1]264。——编注
③ 参看科利版第 10 卷，3[1]270；12[1]98。——编注
④ 参看科利版第 10 卷，3[1]265。——编注

75[①]

一个人的性爱状况的层级和种类的高度,等同于他精神的最高巅峰。

76[②]

在和平环境中,好战之人便自己对自己动手。

77[③]

用自己的基本法则,人们愿意对自己的习性施以霸道或为之辩白或加以尊崇或加以折辱或庇而藏之:——两个有着相同基本法则的人大概还愿意因此而有些基本歧异。

78[④]

凡蔑视自身者,当此之际其实总还重视着作为蔑视者的自己。

① 参看科利版第 10 卷,3[1]275。——编注

② 参看科利版第 10 卷,3[1]290。——编注

③ 参看科利版第 10 卷,3[1]276。——编注

④ 参看科利版第 10 卷,3[1]281。——编注

88

79[1]

一个知道自己为人所爱的灵魂却不爱自己，便泄露出他的沉淀物了：——他最底下的东西冒上来了。

80[2]

一件理清[3]了的事就不再跟我们有什么相干了。——那位呼吁“认识你自己”的神祇[4]——以及苏格拉底？——以及“科学人”？——是什么意思啊！也许是在说：“不要再牵涉到你自己了！要客观！”

81[5]

渴死于海洋中是可怕的。你们非得急着给你们的真理加盐，好让它再也不能——解渴么？

---

① 参看科利版第10卷，2[1]47；3[1]64.72；22[3]；《善恶的彼岸》第163节。——编注

② 参看科利版第10卷，3[1]45；22[3]；第11卷，31[39]；32[8]；《查拉图斯特拉》第四部“影子”。——编注

③ “理清”(sich aufklärt)亦可解为“(自行)启蒙”，参见第4节。——译注

④ 据诺尔曼，指日神阿波罗。——译注

⑤ 参看科利版第10卷，5[11]；12[1]138；13[8]。——编注

82[1]

“怜悯所有人”——愿强硬和霸道与你同在，我的邻居先生！——[2]

83[3]

本能。——房子着火时，人们便连午餐也忘记了。——是的：不过他们会在灰烬上补一顿的。

84

女人于魅惑荒疏到何等程度，便会把憎恨精习到何等程度。 103

85[4]

89

同样的情绪在男人和女人身上则有节奏的差异：因此男人和女人从没有停止误解自己。

---

① 参看科利版第 10 卷，3[1]44；12[1]117；22[3]。——编注

② “怜悯所有人”(Mitleiden mit Allen)字面上亦可解为“与众生同罹苦难”；“邻居”暗指“博爱”，参见第 162 节译注。——译注

③ 参看科利版第 10 卷，11[11]。——编注

④ 参看科利版第 10 卷，1[50.111]；3[1]23；22[3]。——编注

86[①]

在其一切个人虚荣的背后，女人自己总还抱有她们非个人的——对“女人”的——蔑视。

87

束缚的心，自由的精神。——如果把心牢牢束缚和禁锢起来，人们便能够给精神许多自由：这个我曾经说过一次了。人们却不会相信我的话，假如人们还不明白它的意思……

88[②]

对非常聪明的人士，人们是在他们被难倒时开始不信任他们的。

89[③]

令人害怕的体验会让人猜想，那个体验此类体验者是否并不是什么令人害怕的东西。

---

① 参看科利版第 10 卷，1[7]；3[1]20。——编注

② 参看科利版第 10 卷，3[1]393；12[1]109。——编注

③ 参看科利版第 10 卷，3[1]59；22[3]。——编注

90[①]

沉重、消沉的人恰恰是通过那些让他人沉重的东西，通过恨和爱，而变得轻松，暂时来到他们的表皮[②]。

91[③] 90

这么冷，这么冰，有人竟点燃了自己的手指！每一只跟他相握过的手都吓了一跳！——恰恰因为这个，有些人以为他是在发热。

92[④]

谁没有为自己的好名声而牺牲过一次——自己呢？——

93[⑤]

平易以近人，是不带丝毫对人类的憎恨，但恰恰在这里有太多对人类的蔑视。

---

① 参看科利版第10卷，3[1]41；22[3]；第11卷，30[9]；31[39]。——编注

② 参见第59节“表皮之物”译注。——译注

③ 参看科利版第10卷，3[1]11.445。——编注

④ 参看科利版第10卷，2[44]；3[1]61。——编注

⑤ 参看科利版第10卷，3[1]429；22[3]。——编注

94①

男人的成熟:意味着重新发现严肃,那种在孩提时、在游戏中曾经拥有的严肃。

95②

为自己的不道德而羞耻:这是阶梯之一级,在这条阶梯的最高一级,人们也会为自己的道德而羞耻。

96③

人们应该像奥德修斯告别瑙西卡一样告别生命,——多些祝福,少些爱恋。

97④

什么?一个伟大的男人?我总是只看到出演自己理想的戏子。

① 参看科利版第10卷,3[1]313。——编注
② 参看科利版第10卷,3[1]299。——编注
③ 参看科利版第10卷,3[1]327。——编注
④ 参看科利版第10卷,3[1]360.405。——编注

98[①] 91

如果人们调教他们的良心，那么它会在啮咬的同时亲吻我们。

99[②]

失望者说道。——“我谛听回声，而只听见赞美——”

100[③]

在自己面前，我们所有人都装出比我们所是者更为单纯的样子：我们就这样在跟同侪相处之余休息一下。

101[④]

今日，一位认识者或许很容易感到自己是上帝道成兽身[⑤]。

---

① 参看科利版第10卷，3[1]138.335；12[1]107；13[8]。——编注

② 参看科利版第10卷，3[1]243；12[1]101；13[16]；16[7]；23[5]；第11卷，31[35.36]；32[10]。——编注

③ 参看科利版第10卷，3[1]205。——编注

④ 参看科利版第10卷，3[1]249；12[1]100；第11卷，31[54]；32[8.9]。——编注

⑤ “道成兽身”（Thierwendung）系对“道成人身”（Menschwendung）的戏仿。——译注

102[①]

发现得偿所爱了，爱人其实就应该对被爱者有所醒悟。“怎么？连你都爱，这真够差劲的？或者说真够愚蠢的？或者——或者——”

103[②]

幸福中的危险。——现在我的一切皆臻于至善，今后我爱所有的命运：——谁有兴趣做我的命运啊？

104[③]

108 不是他们的人类之爱，而是他们人类之爱的无力，阻碍今日的基督徒把我们——烧死。

105[④]

对自由的精神、“虔诚于认识者”[⑤]来说，——pia fraus[虔诚的

---

① 参看科利版第 10 卷，3[1]244。——编注

② 参看科利版第 10 卷，2[9]；3[1]307。——编注

③ 参看科利版第 10 卷，3[1]355。——编注

④ 参看科利版第 10 卷，3[1]378。——编注

⑤ “虔诚于认识者”（Frommen der Erkenntnis），即尼采多次使用的“认识爱好者”、“认识之友”、“认识者”等称呼；“认识者”不同于“知道者”，参见《论道德的谱系》第三论第 17 节“知道者”译注。——译注

欺骗][1]甚至比 impia fraus[不虔诚的欺骗]更有悖于趣味(有悖于他的虔诚)。于是乃有他对教会的深深的不理解,这是他身为"自由精神"的典型所在——他的不自由。

106[2]

由于音乐,激情能够享受自身。

107[3]

一旦做了决定,甚至决定不听取反对理由:此乃强健性格的标志。也就是,偶尔来一次求愚蠢的意志。

108[4]

没有道德现象,而只有对现象的某个道德诠释……

109[5]

罪犯经常并不胜任其所犯的罪行:他把它弄得渺小和龌龊。

---

① pia fraus 通义为"善意的骗局","虔诚的欺骗"译自其通常的德语译法"Frommer Btrug"。德语中的"虔诚"(fromm)旧时有"正直"之义。——译注

② 参看科利版第 10 卷,3[1]369。——编注

③ 参看科利版第 10 卷,3[1]370。——编注

④ 参看科利版第 10 卷,3[1]374。——编注

⑤ 参看科利版第 10 卷,3[1]375;《查拉图斯特拉》第一部"苍白的罪犯"。——编注

110

一名罪犯的律师很少有足够的巧技,为了犯罪者的利益而就罪行美丽的恐怖作辩护。

93

111[1]

若我们的自负刚受过伤害,则恰恰在这个时候,我们的虚荣最难被伤害。

112[2]

谁感觉到自己是被预定去观看而非去信仰的,则一切虔信者于他都太过嘈杂和纠缠:他抗拒他们。

113[3]

“你想吸引他么?那就在他面前装出尴尬吧——”

---

① 参看科利版第10卷,3[1]395。——编注

② 参看科利版第10卷,3[1]394。——编注

③ 参看科利版第10卷,3[1]382。——编注

114[①]

在性爱方面的巨大期待，和于此期待中的羞耻，从一开始就毁掉了女士们的所有眼力。

115

游戏时若无爱或者恨的参与，则女人们表现平平。

116[②]

我们生命的那些伟大关头就在于：当我们争得勇气，敢将自己的恶更而命之为我们的至善。

117[③]

克服一种情绪的意志最终其实只是求另外一种或更多种情绪的意志。

① 参看科利版第10卷，1[87]；1[108]4；5[1]62；12[1]194。——编注

② 参看科利版第10卷，4[26]；5[1]56。——编注

③ 参看科利版第10卷，5[1]58。——编注

118[①]

有一种赞赏的无辜:那个还没有想到他竟也会受赞赏的人即有此无辜。

119[②]

对污浊的恶心会大到妨碍我们清洁自己的程度,——妨碍我们“辩白”自身。

120[③]

112

感性经常催促爱快快生长,以至于根基一直虚弱而易于动摇。

121[④]

这是一个妙想:上帝当初想当作家时去学了希腊语——他学得并不特别好。

---

① 参看科利版第10卷,5[1]112;12[1]196。——编注

② 参看科利版第10卷,4[37];5[1]86。——编注

③ 参看科利版第10卷,3[1]423。——编注

④ 参看科利版第10卷,3[1]445。——编注

122①

在有些人那里，因受称赞而高兴只是心灵的礼貌——跟某种精神的虚荣正相对立。

123②

连姘居也被腐蚀了：——通过婚姻。

124

在火刑架上还欣幸的人，不是因痛苦而欢叫，而是因为，在他期待痛苦的时候将感觉不到痛苦。一个譬喻。 95

125③

如果我们必须重新学习关于某人之事，那么，我们就会严厉清算他由此对我们造成的不适。

① 参看科利版第10卷，3[1]421。——编注

② 参看科利版第10卷，3[1]416。——编注

③ 参看科利版第10卷，3[1]428。——编注

126[①]

一族民众是自然所绕的弯子，以通向六七位伟大的男人。——是的：然后再绕开他们。

127

对于所有正经的女士，科学皆有悖于羞耻心。它让她们有这样的心情，仿佛人家想用科学瞧到她皮肤下面去似的，——还有更糟的呢！看到她衣裙和饰物下面去。

128[②]

你想要学习的真理越是抽象，你就必须越发把感官诱引到它那边去。

129[③]

魔鬼对上帝有最广阔的视角，因此他远远避开了他：——魔鬼

① 参看科利版第10卷，3[1]433。——编注

② 参看科利版第10卷，1[45.109]；5[1]50。——编注

据《尼采频道》，参见1882年8月24日致露·封·莎乐美的信。——译注

③ 参看科利版第10卷，1[70]；3[1]50；22[3]；第11卷，31[38.46]。——编注

就是认识最古老的朋友。

130[①]

某人之所是在他的天赋衰退之时才显露出来，——在他停止 96
展现他之所能的时候。天赋也是一件饰物；一件饰物也是一个藏身之所。

131

两性相互欺骗：这造成他们根本上只是自己敬自己，自己爱自己（或者说得更好听一些，敬着爱着他们各自的理想——）。所以男人平静地意愿着女人，——女人却正好在本质上是不平静的，和猫一样，即使她们已经把平静的外表练习得这么熟了。

132[②]

人们为了他们的美德而受到最好的惩罚。

① 参看科利版第10卷，1[93]；3[1]3；12[1]121；22[1]。——编注

② 参看科利版第10卷，3[1]25；4[31]；16[88]；18[24]；22[1]；第11卷，29[56]；31[35]；《查拉图斯特拉如是说》第一部"市场上的苍蝇"。——编注

133[1]

谁若不知道去发现通向他的理想的道路，他就活得比没有理想的人更加轻浮和无忌惮。

134

一切可信度，一切好良心，真理的一切视觉假象，皆从感官而来。

135[2]

法利赛主义[3]于好人并非一种蜕变：一份足量的法利赛主义毋宁是一切“好”[4]的条件。

---

① 参看科利版第10卷，1[70]；3[1]49；22[3]。——编注

② 参看科利版第10卷，3[1]31；4[26]；《查拉图斯特拉如是说》第三部“旧牌和新牌”。——编注

③ 参看《论道德的谱系》第三论第14节同条注；“法利赛主义”，法利赛人系古代犹太教的一个学派，其学包含神学、政治与生活实践，和合版圣经以“文士”命之，其重律法的特色受到后来基督教的夸大和指责；德语中可用来形容因自己行为合乎规矩而自矜自负的心态，虽亦有因其不究本心只循节文而指其为伪善者，但尼采推重的就是这种自以为恰当(Selbstgerechtigkeit)的心态。——译注

④ “‘好’”，读作名词，原文为Gut-sein，无引号。——译注

136[①] 97

一个在给他的思想找接生者，另一个在找他能帮上忙的人：这样就产生了一段好对话。

137[②]

在与学者和艺术家打交道时，人们容易向相反的方向误判：在一位值得注意的学者背后发现一个平常的人，并不少见，而在一位平常的艺术家背后，甚至经常会发现——一个相当值得注意的人。

138[③]

我们总是既在梦寐时也在清醒时这样做：我们先杜撰和编撰出我们与之打交道的人，——便马上忘记曾经做过此事。

---

① 参看科利版第10卷，1[57]；3[1]48。——编注

② 准备稿（笔记本 N V II 2）第一稿：在与学者和艺术家打交道时，人们容易向相反的方向误判：人们期望在一位伟大的学者背后发现值得注意的人——并且失望了；人们期待在一位平常的艺术家背后发现一个平常的人——而且又一次失望。——编注

③ 参看科利版第10卷，3[1]24；22[3]。——编注

139①

在复仇和恋爱中，女人比男人更野蛮。

140②

作为谜语的建言③。——“不应该断裂的纽带，你才必须咬它——”

141④

下半身是人不那么容易把自己当作神的根据。

98

142

我所听过的最贞洁的话：“在真正的爱中，是灵魂包裹了身体。”⑤

---

① 在付印稿中有标题被删去：返回自然。——参看科利版第 10 卷，3[1]24；22[3]。——编注

② 参看科利版第 10 卷，1[97]；3[1]51；12[1]72。——编注

③ “谜语”(Räthsel)与“建言”(Rath)在德文中是同源词，词根皆为 Rat(“建言”)，词源上与 Red(“言、语”)相关。——译注

④ 参看科利版第 10 卷，12[1]116。——编注

⑤ 引文为法文：Dans le véritable amour c'est l'âme，qui enveloppe le corps。据《尼采频道》，出自盖恩夫人，转引自库斯丁侯爵：《如此世界》，巴黎，1835 年，第一卷，第 102 页。——译注

143[①]

对我们做得最好的事情，我们的虚荣想的是：它正好可以当成对我们来说最困难的事情。论某些道德的起源。

144

如果女人有做学问的倾向，则她在性方面通常有些不正常。不育属于趣味上一种特定的雄性特征；男人就是“不育的动物”——如果允许这么说的话。

145

整体上比较男人和女人，可以说：女人倘若没有第二角色的本能，就不会有关于饰物的天才。

146

与怪兽作战者，可得注意，不要由此也变成怪兽。若往一个深渊里张望许久，则深渊亦朝你的内部张望。

① 参看科利版第10卷，3[1]19；4[43]。——编注

147[①]

源自一部佛罗伦萨的旧时小说，反正——源自生活：好女人坏女人都需要根棍子[②]。萨切蒂，86 年 11 月。

99

148[③]

把身边人引诱到某个好想法上来，之后再笃定地相信身边人的这种想法：这个把戏谁玩得跟女人一样好呀？——

149[④]

被一个时代感受为恶的东西，通常是以前曾被感受为善的东西的不合时宜的尾音，——是某个更古老理想的返祖遗传。

---

① 参看科利版第 11 卷，26[337]。——编注

② 引文为意大利文，buona femmina e mala femmina vuol bastone，据诺尔曼，出自弗朗科·萨切蒂（Franco Sacchetti，活跃于 14 世纪）的《故事集》（*Novelle*）；据《尼采频道》，参见埃米尔·杰尔哈德：《南方研究·第一卷：意大利文艺复兴的起源》，巴黎/阿谢特 1879 年，第 268—269 页。——译注

③ 参看科利版第 10 卷，1[50.111]；3[1]76。——编注

④ 参看科利版第 9 卷，3[66]；第 10 卷，3[1]76。——编注

150[1]

围绕英雄，一切皆成悲剧，围绕半神，一切皆成萨蒂尔剧；而围绕上帝，一切皆成——什么？也许皆成为“世界”[2]？——

151[3]

一份天赋是不够的：人们还必须得到你们对此的许可，——怎么样，我的朋友们？——

152[4]

“认识之树所立之处，皆是天堂”：那些最古老和最年轻的蛇这样说。

153

出于爱所做的，总是发生于善恶的彼岸。

① 参看科利版第10卷，3[1]94；12[1]192。——编注

② “世界”在基督教中又表示与“圣职”(geistlich)相对的“俗世”(weltlich)。——译注

③ 参看科利版第10卷，3[1]146；5[1]167。——编注

④ 参看科利版第10卷，3[1]134。——编注

100

154[1]

抗议、出轨、乐于疑虑、喜好讥讽是健康的标志：一切绝对之物皆当以病理学观之。

155[2]

对悲剧性事物的感受力是随着感性[3]而增减的。

156[4]

疯狂于单个人是某种稀奇事，——但于群体、党派、民众和时代则是常规。

157[5]

自杀的思想是一种强劲的安慰剂：人们靠它很好地度过了一

① 参看科利版第 10 卷，3[1]143；5[25]；第 11 卷，31[53.64]；33[1]；《查拉图斯特拉如是说》第四部“高等人”。——编注

② 参看科利版第 10 卷，3[1]140。——编注

③ “感性”(Sinnlichkeit)的字根即“感受力”(Sinn，又可解作“感官”、“理解力”)，字面义为“基于感官感受的状态”。——译注

④ 参看科利版第 10 卷，3[1]159。——编注

⑤ 参看科利版第 10 卷，3[1]174。——编注

些很坏的夜晚。

158[①]

不但我们的理性，连我们的良心也屈服于我们最强健的冲动，我们内部的这个霸主。

159[②]

好歹**必须**各以好歹报之：但为什么偏要施于那个对我们行好或作歹的个人呢？

160[③]

人们一旦去传达他们的认识，对这认识便爱得不够了。

161[④] 101

诗人们面对体验毫无羞耻：他们剥削压榨他们的经历。

---

① 参看科利版第 10 卷，3[1]176。——编注

② 参看科利版第 10 卷，3[1]185。——编注

③ 参看科利版第 10 卷，2[26]；3[1]191.194；第 11 卷，31[5]。——编注

④ 参看科利版第 10 卷，2[27]；3[1]193；第 11 卷，31[5]。——编注

162[①]

“我们身边的人们并非我们的邻居，而是我们身边人的邻居[②]”——每一族民众皆做如是想。

163[③]

爱照见一个爱人隐藏着的高等特性，——他稀有的、例外的东西：因为爱轻易地隐瞒了他那些常规的东西。

164[④]

耶稣对他的犹太人说：“这条律法是为仆人们设的，——爱上帝，像我爱他那样，当他的儿子！道德跟我们上帝之子有什么相干呢！”[⑤]——

① 参看科利版第10卷，3[1]202；12[1]204。——编注

② “身边的人”和“邻居”射指基督教的博爱（Nächstenliebe，又译作“邻人之爱”）；据诺尔曼，德语中“身边的人”（Nächster，字面义为“最近的人”）本身亦可指“邻人”。——译注

③ 参看科利版第10卷，2[47]；3[1]64.72；22[3]；《善恶的彼岸》，第79节。——编注

④ 参看科利版第10卷，3[1]68；4[42]。——编注

⑤ 参见《新约·马太福音》第12章第1行以及第17章第14行以下，其中有父王不向儿子纳税的比喻。——译注

165①

至于一切党派。——一个牧人总是需要一只领头骟羊，——要么他必须自己偶尔当一回骟羊。

166②

人们确实是用口说谎的；不过，用那张说谎说出来的嘴③，他们倒是道出了真理。

167④ 102

在强硬的人那里，由衷是件羞耻的事情——是某种昂贵的东西。

168⑤

基督教给爱欲灌毒药：——爱欲没有被毒死，却因而蜕变成恶习。

---

① 参看科利版第 10 卷，3[1]77；2[3]。——编注

② 参看科利版第 10 卷，3[1]422；12[1]88；22[3]。——编注

③ “口”(Mund)与“嘴”(Maul)属同义词，但德语中一般前者用于人，后者用于畜。——译注

④ 参看科利版第 10 卷，3[1]418。——编注

⑤ 参看科利版第 10 卷，3[1]417。——编注

169[①]

多谈论自己也可能是一个隐藏自己的手段。

170[②]

比起谴责，在称赞中有更多的纠缠不休。

171[③]

对于一位认识之人[④]，同情几乎要逗他发笑，正如纤细的手对于一个独眼巨人。

172[⑤]

人们偶尔也出于人类之爱拥抱一下随便什么人（因为不可能

---

① 参看科利版第 10 卷，3[1]349；12[1]90；13[16]；16[7]；第 11 卷，31[36]。——编注

② 参看科利版第 10 卷，3[1]141；12[1]108；第 11 卷，31[53]；32[9]；《查拉图斯特拉如是说》第一部“市场上的苍蝇”。——编注

③ 参看科利版第 10 卷，3[1]410；17[13]；22[3]。——编注

④ “认识之人”原文为 Menschen der Erkenntnis，同时可解为“拥有认识的人”或“属于认识（以认识为使命）的人”；此处须注意尼采对“认识”、“认识者”与“知识”、“知道者”的区分。——译注

⑤ 参看科利版第 10 卷，3[1]324。——编注

拥抱所有人)：不过恰恰是这一点不可以透露给那个随便什么人……

173①

只要估价还很低，人们便不会憎恨，当估价相等或很高时才有恨。

174②

103

你们这些功利主义者，连你们也只是把一切 utile[功利]当作你们的诸种倾向的运载工具吗，——那轮子的嘈杂声响会让你们也受不了吧？

175③

人们最终爱的是他们的欲望，而不是所欲望者。

176④

唯当他人的虚荣与我们的虚荣相悖的时候，它对于我们来说

① 参看科利版第 10 卷，3[1]318。——编注

② 参看科利版第 10 卷，3[1]109；4[59]；12[1]132；第 11 卷，31[52]；32[10]。——编注

③ 参看科利版第 10 卷，3[1]105。——编注

④ 参看科利版第 10 卷，3[1]104。——编注

才有悖于趣味。

177

“真诚”是什么，对此，也许还没有人足够真诚地面对过。

178[①]

人们不相信聪明人的傻：这对人类的诸种权利造成怎样的损害呀！

179[②]

我们行为的后果一把揪住我们，浑然不顾我们在行为中已经使自己“改善”了。

180[③]

谎言中有一种无辜，是对某件事情深信不疑的标志。

---

① 参看科利版第 10 卷，3[1]139；12[1]109；31[53]；32[9]。——编注

② 参看科利版第 10 卷，3[1]86；12[1]113。——编注

③ 参看科利版第 10 卷，3[1]82；22[3]。——编注

181①

在一个人受诅咒之际行祝福，是不人性的。

182②

与占优势者的亲密令人恼火，因为这亲密不许收回。——

183③

“让我震惊的，不是你骗了我，而是我再也不相信你了。”——

184④

有种放纵的善意会做出恶意的样子。

185⑤

“我不喜欢他。”——为什么？——“我跟他不相匹敌。”——可曾有一个人这样回答过么？

① 参看科利版第10卷，3[1]272；4[104]；《查拉图斯特拉如是说》第一部“毒蛇之咬”。——编注

② 参看科利版第10卷，3[1]339。——编注

③ 参看科利版第10卷，3[1]347；5[33.35]；12[1]142。——编注

④ 参看科利版第10卷，3[1]195；5[1]127。——编注

⑤ 参看科利版第10卷，3[1]361。——编注

105

第五章　道德的自然史

186

现在在欧洲，道德感受是那么精细、老到、多样、敏感和机巧，就如同与之相关的“道德科学”还那么年轻、初级和笨拙：——这是一个很吸引人的对立，在某位道德主义者个人身上，这个对立甚至变得具体可见。“道德科学”一词，考虑到它所
130
标志的东西，本来就是太过于傲慢了，并且有悖于**好**趣味：好趣味总是人们对较为谦逊的辞令的第一印象。人们应该一丝不苟地向自己坦白：在这里**什么**是还长久必需的，**什么**则只是暂时有权利做的：也就是说，收集材料，从概念上把握住一个由细腻的价值感觉和价值区分（它们是活泼泼的，会生长、繁衍和消亡）组成的巨大领域，对它全面地排序，——也许，还要尝试使这个活的结晶体那些反复重现的、较为频繁的成形过程可以直观，——以此作为对一门道德的**类型学说**的准备。诚然：人们迄今从未如此谦逊过。哲学家们一旦开始把道德当作科学来从事，便统统带上一种引人发笑的僵硬的严肃，向自己索要某种太过高蹈、

太多要求和太过庄严的东西：他们想要为道德**奠基**，——迄今为止每一位哲学家都曾经相信过，必须为道德奠基；而道德本身却被当作是“给定”的。他们臃肿的自负离那个没人看上眼的、弃 106
于灰尘和腐土中的使命——作一种描述的使命——还差得多远啊，尽管对于这个使命来说，大概最精细的双手和感官都不够精细！恰恰由于，对于道德的facta[实情]，道德哲学家们只是通过任意的摘选或者随机的简略得到一些粗疏见解，大约把它看作他们自己的周围、所处阶层、所属教会或所处时代精神、气候和地理区域的道德状态，——恰恰由于，对于民众、时代、往昔他们的学识太浅陋，甚至没有多少求知欲，所以，他们根本还没有窥见真正的道德问题：——真正的道德问题首先是在**多种**道德的比较中出现的。在迄今所有“道德科学”中还**缺失**道德问题本身，即使这么说可能很奇怪：缺失着那种觉得“这里大有问题”的狐疑。这些哲学家们用以称呼“道德之奠基”并且向自己索取的东西，从好的方面来看，只是对居统治地位的道德的良好**信仰**所取的某种学术形式，是此道德的某种新的**表达**手段，也就是某种特定道德状态内部的事实要件，甚至，究其根底，是一种拒绝方式：不**允许**把道德持为问题：——无论如何，跟对这种信仰所做的某种考验、拆解、置疑、活体解剖正相对立。人们应该来听一下，比如，就是叔本华也还是以怎样几乎值得崇拜的无辜担起他自身的任务，人们应该来对这一门“科学”（它最后的大师还像小孩子和老太婆那样说话）的科学性得出自己的结论：——“这个

原理，他说道（《道德的基本问题》第 136 页[①]），这个基本法则，对其内容一切伦理学家其实[②]都是一致的；不要损害任何人；相反，要就你的能力所及，帮助所有的人——这其实是一切礼教师傅们费尽心力要为之奠基的基本法则……是伦理学的真正根基，人们
107 数百年来当作点金石寻找的东西。”——要为上述这条法则奠基，困难固然可能是巨大的——众所周知，叔本华在这一点上也不走运——；谁如果透彻体会一下，在一个以权力意志为本质的世界里，这条法则虚假得多么乏味，多么自作多情——，他或许就会想起，叔本华虽然是一个悲观主义者，其实——却在吹笛子……每天饭后都吹笛子：对此人们不妨读一下他的传记。顺便问一下：一个悲观主义者，一个否定上帝和世界的人，却在道德面前伫留，——对道德说是，并且吹笛子，对 laede-neminem［不伤害任何人］[③]的道德：怎么？他真的是一个悲观主义者吗？

① 第 136 页］此处指尼采所使用的弗劳恩斯泰特（Frauenstädt）版（应该是第 137 页）。——编注

［译按：可参见叔本华：《伦理学的两个基本问题》第五、六章。叔本华在该书中将同情作为道德的基础。尼采所注标题有误，叔本华原文题为《论道德的基础》（*Über das Fundament der Moral*）。］

② “其实”，原文为 eigentlich(e)，多表示“真正、确实”；系尼采所着重标出。——译注

③ 叔本华原话作：“Neminem laede，imo omnes，quantum potes，juva［不要损害人，而要尽量帮助人］”。他以此为一切道德之最高目标，参见叔本华：《伦理学的两个基本问题》，任立、孟庆时译，商务印书馆，1996 年，第 185 页。——译注

187

“我们心中有一个绝对命令”，且不说这样的论断有何价值，人们总还可以问道：一个这样的论断对于下此论断的人意味着什么呢？有些道德应该让它们的创立者在他人面前得到辩白；另一些道德则应该让他安静，心满意足；用另一些道德，他想把自己钉在十字架上，折辱自己；想用另一些去报仇，用另一些来藏身，再用另一些解释自己，把自己送到外面、送到高处和远处去；这个道德有助于它的创立者遗忘，那个道德使他忘记自己或关于自己的某些事；有些道德主义者想要在人性上施展权力和造物主的情怀；另外一些，也许康德正好也是，用他的道德要人理解：“我这里值得尊重的就是，我可以服从，——而你们的情况则不**应该**跟我的不一样。”——简言之，这些道德也只不过是**情绪的手势语**。

188 108

每一种道德都与放任自流相对立，都是对“自然”、也是对“理性”的专横霸道：但这不是反对道德的借口，因为从无论哪种道德出发，人们本来就一定会反复宣告：所有种类的霸道和非理性都是不允许的。对每种道德来说，有一点是本质性的和无法估量的，即道德是一种长久的强制：要理解斯多亚主义、皇港修道院或者清教教义，人们可以想一想迄今为止使一切语言获得力量和自由的那种强制，——韵律的强制，韵脚和格律的霸权。在每一族民众中，

诗人和演说家都是多么必不可少啊！——也包括当今少数几位用
毫不留情的良心去倾听的散文作者——“这是因为某种愚蠢”，功
利主义蠢货们说道，说的时候还自以为聪明呢——“这是在臣服于
专断的规则”，无政府主义者们这样说道，以为这样很“自由”，甚至
很有“精神自由”。实际情况却很奇怪，大地上现有和曾有的一切
跟自由、精细、胆量、舞蹈及大师才有的沉着相关的东西，不管是在
思想自身，在执政时，在演说和游说时，在诸门艺术中还是在诸般
德教中，都是因为有“此类专断规则的霸道”才得以发展；最严肃地
说，不无可能的是，恰恰这才是“自然”和“自然的”——而**不**是那种
放任自流！每位艺术家都知道，他“最自然的”状态，“灵感”突降时
自由地安排、设置、支配和赋形，离那种率意自为的感觉有多
远，——恰恰在这时，他是多么严格而又精细地服从于千变万化的
规则，以概念所做的一切表述，恰恰由于其强度和确定性，都在这
些规则面前受到嘲笑（反过来看，即使最稳固的概念，也有某些游
动、多层次和多意义的地方——）。再说一次，“在天空和大地
109 上”[①]，本质性的显然是：长久地向一个方向**服从**：这里会产生并且
已经长期持续产生出某些东西，大地上的生活正是因为这些东西
才值得一过，例如美德、艺术、音乐、舞蹈、理性、精神状态，——任
何一种润饰的、机巧的、超常的、神性的物事。精神长久的不自由，
思维之可传达性（Mittheilbarkeit）中令人生疑的制约，思想者自愿
接受的培养（局限于某一教会和宫廷的成规之内，或者在亚里士多

① “在天空和大地上”（im Himmel und auf Erden），此表达多见于《圣经》路德译本。——译注

德的前提之下进行思考），还有那种持久的精神性意愿（把一切发
生的事按照基督教图式来解说，在每一个偶然事件中都重新揭示
出基督教上帝并为之辩白的意愿），——所有这些暴力、专断、强
硬、恐怖和反理性的东西，都已表明是手段，使欧洲的精神得以养
成它的强健，它无所顾虑的好奇和精细的灵活：诚然，此间肯定无
可弥补地有许多在力量与精神上被压垮、扼杀和腐蚀了（因为，在
此正如在一切地方，“自然”，如其所是地显示出它全部挥霍和**淡漠**
的壮丽，令人愤慨，然而高尚）。数百年来的欧洲思想家都为证实
某种东西而思考——今天则反过来，每个“意愿证实某物”的思想
家都让我们起疑——，猜疑那**本该**作为他们最严格思考的成果而
得出的东西，是早就固定在他们那里的，大约就像早先亚洲的占星
术，或者就像今天，对身边的个人性事件从基督教—道德上所做的
那种无害的解说，“为了上帝的荣耀”和“为了救治灵魂”：是这种霸
道，这种专横，这种严格而堂皇的愚蠢**教育**了精神；奴役，显然，在
粗鲁和精细的意义上，都是精神的培养和培育不可或缺的手段。
人们或该由此出发来看待每一种道德：这就是其中的“自然”，它教
人憎恶放任自流、过度的自由，它根据限定的视野和最近的任务培
植需求，——它把**视角狭隘化**，在特定的意义上也就是把愚蠢当作 110
一项生命和生长的条件来教导。“你应该服从，无论对谁，长久如
此：**不然**你就会毁灭，就失去对自己的起码尊重”——这在我看来
就是自然的道德律令，它肯定既不是“绝对的”，像老康德所要求的
那样（因此会有“不然”），也不是面向单个人的（自然跟单个人有什
么相干！），而一定是面向民众、种族、年代和等级的，首先是面向
“人”这种十足的动物，面向**这种**“人类”。

189

那些勤劳的种族发现忍受懒惰是一项巨大的负担：**英国的**本能曾有一个杰作，在大众中把星期日神圣化和空虚化，使英格兰人于是不知不觉又渴望起每星期的六天工作日：——化为某种聪明地发明出来、聪明地安插进去的**斋期**，就像在古代世界中也屡屡可见的类似情形(虽然就南国民众的情理而言，可并非出于对工作的考虑，——)。多种多样的斋期是必须的；凡是强劲的冲动和习性统治之处，立法者不得不留心置入一些调整日[①]，到时把这样一种冲动拴到链环里，叫它再一次饥饿。从一个更高的地方看来，全部的世系和年代，当它们染上无论哪种道德狂热时，都会出现这样一些被安置进来的戒期和斋期，在此期间让某种冲动学习低徊和匍匐，但也是在学习让自己**纯净**和**尖锐**。对个别哲学流派(比如处在泛希腊文化和它那飘溢着阿弗罗狄特的芬芳而变得淫荡的空气之
111 中的斯多亚派)亦可作如是解。——这里也给出了解释下列悖论的提示：为什么恰恰在欧洲的基督教时期，尤其是在基督教价值判断的压力之下，性冲动才自行升华，直至成为爱(激情之爱[②])。

---

① “调整日”原文 Schalttage，通译“闰日”，此按其字面意思译出。——译注

② 激情之爱]据司汤达：《爱情论》第一部分第一章。——编注[译按：“激情之爱”，原文为法文，amour-passion。司汤达在《爱情论》中区分了爱情的四个类型：激情之爱、趣味之爱、肉体之爱和虚荣之爱。激情之爱有两个典型例子即来自基督教修道者(葡萄牙修女的爱、爱洛伊丝对阿贝拉尔之爱)。]

190[①]

在柏拉图的道德中有某些东西，它们其实并非属于柏拉图，而只是在他的哲学里被人们找到了，[②]人们可以这样说，跟柏拉图无关：这就是苏格拉底主义，对它而言，柏拉图真是太高尚了。"没有人愿意自己损害自己，所以一切坏事都是不自愿地发生的。坏人在自己害自己：他倘若知道坏事是坏的，便不会去做了。由此看来，坏人之坏只是出于谬误；如果人们向他指出他的谬误，那就必然使他变——好。"——此类推论闻着有群氓的气味，他们眼中只看到坏行为的有害后果，其实是在判断"做坏事是愚蠢的"；同时立刻把"好"与"有用和舒适"当作同一回事。对于每一种道德功利主义，皆可以从一开始就往这个相同起源猜，跟着那股味道走：很少会走错。——为了把某种精细和高尚的东西阐释到他老师的命题里去，柏拉图无所不为，首先是把自己阐释进去——，他，一切阐释者中最鲁莽者，把整个苏格拉底只是当里巷中的流言或歌谣那样拿来，将之变换到无限之物和不可能之物中去：也就是，变换到他自己的多种面具和花样中去。开玩笑地说，而且也是按荷马的方式说：柏拉图的苏格拉底将为何物，如果不是 πρόσθε Πλάτων ὄπιθέν τε Πλάτων μέσση τε Χίμαιρα[头是柏拉图，尾是柏拉图，中间是克

① 准备稿（笔记本 M III 4）第一稿作：古代的道德愚昧。——没有人愿意自己损害自己，由此推出所有恶都不是自愿的。——坏人在自己害自己，而他以为不是这样。——前提是：好的东西是：利用了我们的东西。——编注

② 碰到了]准备稿：我想称之为苏格拉底式愚昧的最佳例子：因为它其实不属于柏拉图，而是在他的哲学里被碰见了。——编注

迈拉[①]]。

112

191

那个关于“信仰”和“知识”——或者说得更明白些，关于本能和理性——的古老的神学问题，也就是这样一个问题，在价值评估方面，比起那种理性状态（想要知道如何按照事情的根据，按照某个“为什么？”，就像按照事物的合目的性和有用性那样，去评估和执行），跟本能相关的事物是否应该享有更大的权威，——它依然是那个最初见于苏格拉底这个个人的古老的道德问题，在基督教之前很久，这个问题就已经使精神们[②]分裂了。苏格拉底本人以他天赋的趣味——一个出众的辩证法家的趣味——一开始就装作站在理性这边；其实终其一生，他除了取笑他那些高尚的雅典同胞们（这些本能的人就像一切高尚的人一样，从来不能对他们行为的根据给出足够的说明）的蹩脚无能，还做了些什么呢？虽则如此，最终他却也是在暗中悄悄取笑自己：在他精细的良心和自审面前，他在自己身上发现相同的困境和无能。他劝说自己，凭什么竟要让自己摆脱本能！人们必须协助本能**以及**理性得到它们应有的权利，——人们必须跟从本能，而说服理性在这时给出好根据以帮助本能。这就是那个伟大的、满怀秘密的反讽家的真正的**虚假性**所在；他促使他的良心满意于某一种自欺：在根本上他已经看穿道德

---

① 出自《伊利亚特》第六卷第181行。——编注［译按：此系化用《伊利亚特》中对怪兽克迈拉的描写：“头部是狮，尾巴是蛇，腰身是羊”。参见《伊利亚特》，罗念生译，《罗念生全集》第五卷，上海人民出版社，2004年，第150页。］

② “精神们”(die Geister)，按尼采在本书中的用法，“精神”也可以指人。——译注

判断中的非理性了。——柏拉图，在这些事情上则比较无辜，没有平民的刁钻，想要费尽全部力量——那迄今为止哲学家所浪费过的最伟大的力量！——证明，理性和本能就其本身是朝向一个目标的，朝向善，朝向“上帝”；而自柏拉图以来，一切神学家和哲学家都走在相同的轨道上，——这就是说，在道德事物上，本能，或者依基督徒的称呼，“信仰”，或者依我的称呼，“群盲”，迄今为止都获得 113
了胜利。人们必须把笛卡尔作为例外，这位理性主义之父(因而是革命的祖父)，他只把权威授予理性：但理性只是一个工具而已，笛卡尔是肤浅的。

192①

谁若追溯了一门具体科学的历史，他就会在其发展过程中找

① 准备稿(笔记本 M III 1，1881 年秋)：关于诸科学的历史所发生的那些，指明了认识的那些历史过程。那些假说，那些编造之辞，那种迅速的相信，在此也是源始的情形。某种比如说眼睛的忠实“感知”是某种很后来的东西。从一个给定的诱因出发，重新产生一幅已经较为频繁地产生过的图像，要容易得多(幻想是用古老的、操练过的机械装置来建造的，其建造本身则最喜欢采取习惯性的方式)。看见和听到某种新东西，是难受和辛苦的：多数时候我们在用一门外语时会马上根据我们众所熟知的词语来安排所听到的语音，比如，德意志人在“Arcubalista”中听到的是“Armbrust”。对陌生的音乐，我们的听力很糟。而新东西也发现我们的感官有抵触，不情愿。我们的感官过程是由怕爱恨等等造成的——这里已经是情绪在统治：以及懒惰等。——在一个动作和一次感受之间没有原因和效果，后者乃是一次自身力量的释放，前者则为此提供了一个诱因——没有可测定的比例关系。认识史始于诗歌活动。说不定这进程现在正在我们感官中演进，那些编造之辞正被编到自然里去(颜色？和谐?)所有这些造物，比如这些农民，都是被我们迅速幻想出来的，而非精确地看见的；一页书也是同样没有被精确地阅读：大部分意义是被猜测，多数时候甚至是猜错了(在快读时)它们讲的是些什么，或者甚至是在它们中出现了些什么，只有那些最少数的人才能说得出。关于这一整页还是那个词：或者？——。——编注

到一个大纲，得以理解所有“知识和认识”[①]中最古老和最普遍的那个过程：到处都一样，首先发展出来的，是种种仓促提出的假说，编撰之辞，善良而愚蠢的求“相信”的意志，以及疑心与耐心的匮乏，——我们的感官很迟才学着，而且从来没有完全学会成为忠实谨慎的认识器官。比起把一个印象当作歧生和新生的东西固定在自己这里，从一个给定的诱因出发，重新产生一幅已经较为频繁地产生过的图像，会让我们眼睛更舒坦些：前者需要更多力量，更多的“道德状态”。对于耳朵来说，听到某种新的东西是难受和困难的；对陌生的音乐，我们的听力很糟。我们听另外一种语言时，会不自觉地试图把听到的语音合成听起来更熟悉和亲切的言辞形式：比如，早先德国人从听到的 arcubalista 中自己造出 Armbrust 这个词[②]。对于新东西，连我们的感官也觉得有抵触，不情愿；说到底，在那些“最简单”的感性过程中，就已经是情绪在统治，如怕、爱、恨，还包括懒惰等消极情绪。——即使今日已少有读者会把某一页上的词（甚或音节）一个个全部照着读出来——他毋宁是从二十个词里随机取出五个，“猜测”在这五个词里大体上包含的意
114 思——，同样，我们极少会从树叶、枝杈、颜色和形态等方面准确完整地看到一棵树；去幻想一棵树的概貌对我们要轻松得多得多。

① “认识”（Erkenntniß）与“知识”（Wissen）在尼采这里是有区别的，此区别或据叔本华，后者视知识为“一切升华为抽象意识的认识”。参见本书第 211 节“认识”注。——译注

② Arcubalista（弩炮）为中古拉丁语，盖由 arcu（弓）和 balista（投射物）组成，在各语种中皆依词形演化（如英语作 arbalest，法语作 arbleste 或 arbalète）；独于德语中作 Armbrust（弩），由发音相似的既有德语词 arm（臂）与 brust（胸）拼成，字面义实则不通。——译注

我们甚至会在某些稀奇的体验中也照这样去做：我们编撰出体验中的绝大部分，而且几乎用不着强迫自己就可以不作为"发明者"去观看某个过程。所有这些是想要说：我们是从根本上，自古以来——习惯了说谎。或者，如果表达得更合乎美德和更虚伪一些，简言之就是表达得更让人舒服一些：人们是大大超乎其自身之所知的艺术家。——在某一段生动的对话中，我会频频看跟我谈话的那位人士的脸，每次都按照他所表达的，或者是我相信由他引发出的思维去看他的脸，在我面前如此清晰，如此纤毫毕现，那种清晰度竟远远超出我的视觉机能的力量：——其肌肉活动和眼神表达的精细程度，必定是由我自己添补编撰出来的。很可能，那位人士摆出的是一张完全不同的脸，或者根本没有摆出脸。

193

Quidquid luce fuit，tenebris agit[在黑暗中，它激发起在日间见到过的种种][①]：但也有颠倒过来的。我们在梦中所体验者(假定我们常常有此经历)，最终跟无论哪种"现实"体验一样，属于我们灵魂大家园的一员：因为它，我们会更加富有或者更加贫穷，会

① 出自佩特洛乌斯关于梦的残诗，前五行作："那以飞动的阴影戏弄着我们心灵的梦，/ 并非来自神的殿堂，或由以太而来的意愿；/ 而是每个人自己所作，当他陷入沉睡，/ 肢体归于宁静，解除了负担的心灵开始嬉戏，/ 在黑暗中，它激发起在日间见到过的种种。"参见马尔库斯·杜弗特：《佩特洛乌斯的梦诗》，载《赫耳墨斯》第 124 期，1996 年，第 76 页以下。伏尔泰在《哲学辞典》谈梦的章节中引用过此诗。——译注

多少有某种需求，在光线明亮的白昼、甚至在我们清醒精神的最明朗时刻，我们最终还是会受到梦境的少许习惯的牵绊。假定一个人在他梦中经常飞行并且一旦入梦，最终便意识到一种飞行的力量和技艺，有如他的特权，亦有如他最属于自己的值得嫉妒的幸福：一个这样的人，他相信以最轻微的冲量能够实现各种弧度和拐角，他认得对某种特定的神性轻盈的感觉，不用绷紧和强制就可以
115 “向上”，不用低俯和降落就可以“向下”——没有**重量**！——有这种梦之经验和梦之习性的人，到最后难道不应该在清醒白昼里也觉得“幸福”这个词有着不同的色泽和定义！难道不应该与众**不同地**去期望幸福么？对他来说，“展翅飞翔”——就像诗人所描写的那样——跟那种“飞行”相对比，必定已经太过关乎大地、肌肉和暴力了，已经太过“沉重①”了。②

① “沉重”(schwer)亦可解作“困难”。——译注

② 假定一个人…]据付印稿：所以在我的梦里我经常飞行，一旦入梦，便意识到我有飞行的力量，有如一个特权，亦有如属于我自己的值得嫉妒的幸福。能够以最轻微的冲量实现各种弧度和拐角，有一门飞行几何学，带着对某种神性的轻盈的感觉，不用绷紧和强制即可“向上”，不用低俯和降落即可“向下”——没有**重量**！——这类体验到最后难道不应该在我的清醒白昼也给了“幸福”这个词不同的色泽和定义！——难道我不应该对幸福有**不同的**期望——与众不同？对我来说，“展翅飞翔”——就像诗人所描写的那样——跟那种“飞行”相对比，是太关乎肌肉、暴力，太“沉重”了。参看科利版第9卷，7[37]；15[60]。——编注

194[①]

人之差别不只是显示在其财富表[②]的差别上，即并不显示在他们认为值得求取的财富是各不相同的，他们彼此之间对于价值之多少和公认财富的等级顺序亦有歧异：——人之差别更多地显示在，对他而言，现实地拥有和占有一份财富意味着什么。比如在对待女人方面，对一个比较谦逊的人，支配身体和性的享受已经是拥有和占有的充分和足够的标志了；另一个人在渴望占有时则带

① 准备稿（笔记本 M III 1，1881 年秋）：人之差异关系到那些最值得求取的财产，和那种对他们来说真正意味着拥有的东西。比如在对待女人方面，跟她的性的享受对于这个来说已经是"拥有"了；另一个想要被爱到她为他放弃一切的程度（这样她才被"拥有"ἴχεται[有]）：第三个想要的则是，她可不是为了他的某个幻影才放弃一切，她对他的爱的前提乃是一个完满的认得，——只有当她在他的事情上不自欺并且这时仍然从属于他的时候，她才完全成为他的占有物。这里有三种程度。——那个是想占有一群民众，所有手段对他来说都是正当的。而另外一个也想这样，但是他不想大众的头脑中是某个他的幻影——它不是"他自己"，他的占有欲更加精细，他不想去欺骗，他想要自己去占有：所以他必须首先认得他自己⌜并且让自己被认得⌝。——只要我弄错了什么，我就没有占有他们——思想家对自己说道：诚实的人则说：在我知道我是什么之前，我甚至不能统治我自己。——屈从于某种触动而支持别人是有其价值的，要看我是不是真正认识那个别人，或者我只是任凭自己满足于一幅剪影。乐于助人的人习惯于编造出那个他们想要帮助的人（当他们在深切期望他们的帮助，深怀感激，恭顺，当他是财产）。人在看到某些人受苦难之时，便马上寻求为自己求取一笔财产（他嫉妒那个在帮助方面抢了他的先或者跟他重合的人）——父母，则不自觉地把孩子变成某种跟他们类似的东西，某种屈服于他的概念和价值评估的东西，他们不怀疑自己拥有的是一笔财产（罗马人——儿童奴隶）教师，教士，王侯在人类中看到占有的机会。——编注

② "财富表"，原文为 Gütertafel，此系据字面直译；本指对诸种值得追求之善的表列，此做法源自柏拉图《斐列勃篇》(Philebos)，在此语境下可译为"善值表"或"善表"。其中 Güter（财富，所有物）与 gut（"善"）同源。——译注

着更多的狐疑和挑剔，他看到“问号”，看到上面那种拥有只是表面上的，他想要更加精细地验证，首先是要知道，这个女人是否不只是把自己给他，而且还为他放弃她所拥有和喜欢拥有的东西——：**这样**对他而言才算是“被占有[1]”。第三个人的疑心和拥有欲却到此还意犹未尽，他问自己，当这个女人为他放弃一切的时候，是否只是为了他的某个幻影才这样做：他想要彻底地、甚至是彻骨地被认得[2]，从而能够从根本上被爱，他冒险让自己受猜测——。唯当她在他的事情上不再自欺，甚至会为了他的魔性和隐藏的贪婪而
116 爱他，一如为了他的善意、耐心和精神状态而爱他，这时，他才感觉到爱人完全在他的占有之下。那个是想占有一族民众：为这个目的一切卡里奥斯特罗[3]式和喀提林[4]式的高明把戏对他来说都是正当的。而另一个，带着一种更精细的占有欲，对自己说：“想要占有则不许欺瞒”——，他会敏感而性急地想象到，是他的某张面具在统率民众的心：“那么我必须**让**自己被认识，并且首先，必须认识我自己！”在乐于助人和乐善好施的人中间，则会几乎常规性地碰到那种笨拙的把戏，它首先编造出那个应该被帮助的人：比如就当他“配得上”帮助，他正好期望**他们的**帮助，并且将证明他会因为这

① “被占有”，原文为 besessen，也有“对之着迷、为之发狂”的意思。——译注

② “认得”，原文为 gekannt，动词原形为 kennen，与“认识”(erkennen)同根，义亦相近，兼表“认得、懂得、了解”；此节并编注所示准备稿在以男女关系为喻时重用此词，或暗指《圣经》上关于夫妻同房的隐语：“那人和他妻子夏娃同房”(《旧约·创世记》第 1 章第 6 行)，路德版以“erkennen”译之。——译注

③ 卡里奥斯特罗(Cagliostro)：化名，欧洲 18 世纪有名的伪造者、术士和骗子。——译注

④ 喀提林(Catilina)：公元前 1 世纪罗马政客，以阴谋叛乱闻名。——译注

一切帮助对他们深怀感激、依恋和恭顺，——他们用这些想象支配那位困乏者就像支配一笔财产，正如他们说到底是出于对财产的渴望才成为乐于助人和乐善好施的人。如果有人在帮助时跟他们有所重合或者抢了他们的先，就会发现他们在嫉妒。父母则不自觉地把孩子变成某种与他们类似的东西——他们名之为“教育”——，没有母亲会从内心深处怀疑，她在孩子身上天生有一份财产，没有父亲会有异议，他有权利让孩子屈服于他的概念和价值评估之下。是的，在早先，父亲按一己之好恶决定新生儿的生死（就像在古德意志人中间那样[①]），还显得很合情理。和父亲一样，现在还有教师、等级代表、教士、王侯们，也在每一个新人那里看到一个不待思索的占有机会。由此推出……

195[②]

犹太人——如塔西佗[③]和整个古代世界所云，乃一族“天生为奴”的民众，如他们自己所云和所信，乃“万民中的选民”——犹太

① 据古日耳曼风俗，初生儿尚未有灵魂，因而尚不存在，由父亲决定是留下来或送走（即杀死）。——译注

② 准备稿（笔记本 W I 1）第一稿：作为护民官的先知：他们把“富有”、“不信神”、“邪恶”、“暴行”融为一物。——犹太式民众的意义即在于此：它是道德中的奴隶起义。（塔西佗云犹太人和叙利亚人是天生为奴的）“奢侈即犯罪”的贫穷（Ebion［贫穷］）之名成了“神圣”和“上帝之友”的同义词；参看科利版第 13 卷，11［405］（勒南）及对此的注解。——编注［译按：Ebion［贫穷］为希伯来语。］

③ 塔西佗］《历史》第五卷第 8 节。——编注［译按：塔西佗似乎只说犹太人被诸强国视为“最下贱的臣民”，是“最卑鄙的民族”。参见塔西佗：《历史》，王以铸等译，商务印书馆，1985 年，第 339—340 页。］

人使价值的颠倒过程中那一幕奇迹得以完成，多亏那个奇迹，地球
117 上的生活又在一两千年里得到一次全新的、危险的刺激：——他们的先知把“富有”、“不信神”、“邪恶”、“暴行”和“感性”融为一物，第一次把“世界”这个词铸成一个秽词。犹太民众的意义便在于这样的价值颠倒中（其中亦包括把“贫穷”一词用作“神圣”和“友爱”的同义词）：**道德中的奴隶起义**就从他们开始。

196

太阳之畔有无数阴暗物体有待**开启**[①]，——我们将永远看不见这些物体。[②] 我们私下里说说，这是一个譬喻；而[③]一个道德心理学家把全部星相（Sternschrift）只当作一门譬喻式和记号式的语言来读，许多事物用这种语言让自己沉默。[④]

197

人们彻底误解了食肉动物和枭雄（比如恺撒·波吉亚[⑤]），只要在热带所生的一切恶兽和株苗中最健康的这一种的根基里面，

---

① “开启”（erschliessen），亦可解作“阐发、解释”，参见第 34 节“阐发”注。——译注

② 我们……］据付印稿：正如星相学家们所知道的那样。——编注

③ 而］据付印稿：而事实上。——编注

④ 许多……］据付印稿：他急需的就是这门语言。——编注

⑤ 恺撒·波吉亚（Cesare Borgia）：教宗亚历山大六世私生子，出身西班牙贵族世家，15—16 世纪之交权倾意大利，马基雅维里在《君主论》中激赏的强权人物。西班牙与意大利同为欧洲最近于热带者。据考夫曼，博吉亚远非尼采之理想，此处举他为例只表示“健康”。——译注

人们还去寻找某种“病患”，甚至是去寻找某个天然的“地狱”，那么他们就误解了“自然”——：就像迄今为止几乎所有道德学家已经做的那样。看起来，在道德学家这里似乎有一种对原始森林和对热带的恨？似乎必须不惜代价败坏“热带人”的名声，说那是人类的病态和蜕变，说那是人类自设的地狱和自找的磨难？究竟是为什么？为了有利于“温带”[①]？有利于适度的人？“有道德”的人？中等人？——此为“作为懦弱的道德”一章而作。——

198 118

所有这些道德，这些面向单个人的、据称是以他们的幸福为目标的道德，——还会是什么呢，不就是下面这些么：根据单个人独自生活的**危险性**之高低而给出些行为建议；在他们有权力意志或者想当主人时，针对他们的激情、他们或优或劣的偏好开出些药方；或小或大的聪明和矫揉造作，附着着陈年的居家常备药物和老太婆智慧的那种角落气味；在形式上统统都是巴洛克式的、非理性的——因为这些道德面向“所有人”，因为它们在不允许一般化的地方作一般化——，统统都以绝对的口气谈论，以绝对的方式据为己有，统统都不仅是调了一点盐，倒还勉强够味，有时，当他们学习让自己闻起来像是调味调得太重，像是有危险，尤其像是“另一个世界”的时候，甚至还挺有诱惑力：这一切，从知性上衡量，都价值无多，远远谈不上

① “温带”原文为 gemäßigten Zonen，字面义为“适度的地带”，故下云“适度的人”。——译注

“科学”，遑论“智慧”，而是——再说个三遍吧——聪明，聪明和聪明，混杂着愚蠢、愚蠢和愚蠢，——不论是那种淡漠和僵冷，用来对付斯多亚主义者们所劝谏和治疗的那种情绪上的热闹丑态；还是那种斯宾诺莎式的“不再哭”和“不再笑”[①]，他那种通过对情绪作分析和活体解剖去摧毁情绪的做法颇受到些天真的赞同；或是把情绪调低，调低到一个无害的平常程度，它们只允许在这个程度上被满足，即道德的亚里士多德主义[②]；甚或把道德作为情绪的享受，这时通过艺术象征有意对情绪进行某种稀释和精神化，比如稀释和精神化为音乐，或对上帝的爱和为了上帝之故对人类的爱——因为，激情重新拥有在宗教中的公民权了，前提是……；最后甚至是那种献身，迎合地故意向情绪献身，那些情绪教给哈菲兹[③]和歌德的就是这个，那种放下缰绳的无所忌惮，那种见于年老而智慧的怪人和醉汉（他们“不再有多少危险”）的精神—身体上的
119 licentia morum［德行放纵］。此亦为“作为懦弱的道德”一章而作。

199

既然在自有人类以来的一切时代，均有人类群盲（宗族、乡社、部落、民众、国家、教会），并且总是有跟为数甚少的命令者相比非

① 此暗引斯宾诺莎名言：“不笑不泣，唯契于理”（Nicht weinen，Nicht lachen，verstehen；出处未详）。——译注

② 亚里士多德主义］据付印稿：苏格拉底主义。——编注

③ 哈菲兹（Hafes，尼采写作 Hafis）：14 世纪伟大波斯诗人，尼采当是从歌德的《西东胡床集》中读到他的。——译注

常之多的服从者，——也就是说，鉴于顺从在人类中间得到迄今最好和最长久的练习和培养，则人们可以合乎情理地假设，现在平均说来每个人生来都有这种需求，它作为一种**形式良心**在发号施令：“你应该无条件去做某某事，应该无条件不做某某事”，简而言之，“你应该”。这个需求会找东西喂饱自己，用某个内容把它的形式填满；在这方面，它根据它强壮、着急和紧张的程度去摄取，不挑三拣四，胃口很宽，只要是命令者——不管是谁，父母、教师、法则、等级成见、公众意见——朝它耳朵里喊的，它都接受。人类发展所受的奇特限制，它的踌躇、漫长、频频倒退和打转，其根源在于：群盲的顺从本能被最大限度地、以牺牲命令的艺术为代价地继承下来。如果设想一下，有一天这种本能逐步完全失去了节制，那么最终干脆就没有足够的命令者和独立者了；或者是他们内心为良心所苦，为了能够下命令，竟必须自己先对自己施加某种欺骗：也就是说，假装他们也在服从。今日的欧洲实际上就处于这种状况：我称之为命令者们的道德虚伪。他们不知道还能怎样保护自己免受他们的良心之害，只有一味地装出(祖先、宪法、法律、法则甚或上帝所颁布的)更古老或更高级命令的执行者的模样，或者甚至从群盲的 120
思维方式中借用群盲的准则，比如充当“民众的第一公仆”或者“公共福利的工具”[①]。另一方面，今日欧洲的群盲亦端起了架子，仿佛他们是唯一得到允许的一种人类，并且把那些使他们得以变得驯顺和容易相处的对群盲很有用的特性，美化成真正的人类美德：

① 腓特烈大帝(Friedrich der Große)有名言曰：君主是国家的第一仆人，受劳为国家谋福利；不过他说的是国家而非“民众”或“公共”。——译注

亦即公共意识、热心、为人着想、勤奋、适度、谦逊、谅解、同情。而在据信不能摆脱领袖和领头羊的地方，人们今天便一次又一次尝试，用聪明的群盲的总数合计来取代命令者：这是例如一切代议制宪法的渊源。尽管如此，一位绝对命令者的出现，对于这些群盲动物式的欧洲人，是何等的福气，免除一种正变得难以忍受的压力，是何等的解脱，这一点，拿破仑的出现所造成的效应给出了最后的伟大证据：——拿破仑效应的历史几乎就是较高级幸福的历史，这整个世纪在它最有价值的人和最有价值的时刻上曾经达到过的那种幸福。①

200

人若生于一个分崩离析的、搅得种族混乱不堪的年代，他本人
150 的身体里就是一个驳杂来源所传下的遗产，即诸般相互对立的冲
动和价值尺度，经常还不只相互对立，它们还相互争战，少有安
宁，——这样一个人，处于文化晚期和破碎的光源下的人，一般来
说，将是一个较为虚弱的人：他最根本的期望就是，有朝一日结束
121 那场战争，而他**就是**这场战争；在某种使人安宁的（比如伊壁鸠鲁
学派或基督教的）医学和思维方式的协调一致下，幸福似乎首先就

---

① 尽管如此…］准备稿（笔记本 W I 6）：尽管如此，对群盲动物来说，一位绝对命令者的是何等的福气，拿破仑给人们的印象给出了这方面最后的伟大例子。在较精细的例子里，则较低等级的所有认识者和研究者都有一种对能下绝对命令的哲学家的相同需求：这些哲学家在有些情况下把认识的价值表牢固树立了整整数千年，比如柏拉图就是这样——而基督教义则只是一种群氓化了的柏拉图主义——又如今日还有一半亚洲人在跟随一种被佛陀通俗化了的数论体系。参见本书前言的另一种说法：“基督教就是给民众的柏拉图主义”。——编注

是休息、不受打扰、餍足、无限统一性的幸福，用神圣的修辞学家奥古斯丁（他自己就是这样一个人）的话说，就是“安息日的安息”[①]的幸福。——不过，在这样一种本性里，如果对立和战争像生命之刺激和挠痒那样起更多的作用——，从另一方面看，如果除了那些强劲而不肯和解的冲动之外，那种在自己跟自己作战方面真正的精通和精细，即对自己施以统治和欺诈，竟也得以继承和养成的话：那么，那些有魔力的不可把握者和出乎意料者，那些预定了要去获胜、去诱惑的谜一般的人，便诞生了，他们最美好的体现就是阿尔喀比亚德和恺撒（——我很乐意把那位按我的趣味讲是第一个欧洲人、霍亨斯陶芬家的腓特烈二世[②]跟他们并列），在艺术家中也许是列奥纳多·达·芬奇。他们正是出现在那些相同的时代里，那时，那种较为虚弱的类型带着他们对安静的期望走到了前台：两种类型相辅相成，源自那个相同的起因。[③]

① “安息日的安息”：奥古斯丁把源自犹太教的安息日引申为人类的第七个时代、永恒安息时代（《上帝之城》第22章第30行）：“当我们被上帝的幸福和圣洁充满，被造就为新人的时候，我们自己将变成第七日。[……]上帝使我们复原，上帝巨大的恩典使我们成全，我们将永远安静下来，知道他是上帝，当上帝成为一切中的一切时，我们就被上帝充满了”（参看奥古斯丁：《上帝之城》，王晓朝译，人民出版社，2006年，第1160页）。——译注

② 霍亨斯陶芬家的腓特烈二世（Friedrich der Zweiten）：13世纪著名神圣罗马帝国皇帝，德意志血统而生于意大利南部；统治德意志和西西里，曾东征耶路撒冷，究心文教，史家誉其为“第一个现代统治者”。——译注

③ 那些有魔力的……]准备稿[笔记本 N VII I]：统治性的本性比如恺撒和拿破仑便诞生了。因此，在种族与等级大融合的年代，也就是说，在对群盲幸福拥有大期望的时代，比如伯里克利的雅典，恺撒的罗马，拿破仑的欧洲。最近的阶段则才刚开始；对以后的诸时代，可以想见有一种高等得多的人类，那时将展开种族的大融合，而同时权力的精神和物质手段变得巨大无比。——编注

201

长久以来，道德价值判断中盛行的有用性仅仅是对于群盲的有用性，长久以来，人们的眼光仅止于关注集体的维持，偏要而且只在貌似危害集体之延续的事物中寻找不道德：同样长久的是，“博爱的道德”还没有存在过。假定那时候也已经小规模地持续练习过为人着想、同情、讲情理、温和、互惠互助等，假定在这种社会状况下，所有那些后来尊称为“美德”且最终跟“道德性”概念几乎
122 合为一体的冲动都还活跃着：那么，它们还根本未曾进入道德价值评估的领域——它们还是**道德之外**的。比如，在罗马最好的时代，一个同情的行为既非善的亦非恶的，即非道德亦非不道德；即或它得到称许，一旦把它跟不论哪一种有助于整体——res publica[共和国]——之促进的行为相提并论，这称许最好再搭配上一种不情愿的藐视。“邻人之爱”[①]终归是次要之事，跟**对旁人的恐惧**相比，终归带着几分客套，几分随意和假意。就是这种对旁人的恐惧，当社会构架显得在整体上是稳固的、面对外部危险是安全的之后，将再造道德评估的新视角。在此之前，某些特定的强健而危险的冲动，比如创业的雄心、疯狂的胆量、复仇欲、奸猾、劫掠成性、统治欲，在公共利益的意义上不仅必须受尊敬——被合乎情理地冠以跟我上面所选的不同的称号——，而且还必须被教育和培育壮大

① “邻人之爱”原文为 Liebe zum Nächsten，系 Nächstenliebe（博爱）的字面意思。——译注

（因为在面对整体之敌人的整体危险中，人们无时不需要这些冲
动），而自此以后，人们感到它们的危险性倍增——现在这些冲动
缺乏排泄渠道——并且一步一步地，把它们斥指为不道德，任凭它
们受诬蔑。现在，是那些相反的冲动和倾向获得道德的荣誉；群盲
本能一步接着一步得出它们的推论。现在的道德视角是，在某个
意见中，在某种状态和情绪中，在某个意志中，在某个禀赋中，危及
公共和平等的东西是多还是少：恐惧在此也又一次成为道德之母。
面对那些最高级和最强健的冲动，当它们激烈地迸发出来，冲得单
个人远远越出群盲良心的平均和低级范围之外和之上，集体的自
身感觉便会崩溃，它对自身的信念，脊梁一般碎裂：于是这些冲动 123
将立刻受到最严重的斥责和诬蔑。高远而独立的精神状态、独来
独往的意愿、伟大的理性被感知为危险；一切提升单个人超于群盲
之上并令旁人恐惧者，从此皆称为恶；而讲情理、谦逊、守秩序和平
等待人的态度，**中等程度**的欲望，便得到道德的称号和荣誉。终
于，在一团和气之中，越来越没有机会和迫切性，去把他的感觉教
育得严格和强硬；现在任何一种严格，哪怕是公正的，也开始扰乱
良心；某种超迈和强硬的高尚风范和自负其责之举，则几近折辱并
招惹猜嫌，“羊羔”，甚至是“笨羊”[①]赢得尊重。在社会的历史中，
病态的酥软化和温柔化过程有个关键点，在这个点上社会甚至站
到它的损害者、站到**罪犯**一边，而且是严肃而诚恳地这样做。惩
罚：无论在何处，社会皆以为它不合情理，——肯定是关于“惩罚”
和“应该惩罚”的想象弄疼它、让它恐惧了。“使他**不危险**不就够了

① “羊羔”在基督教中可作基督牺牲精神的象征；“笨羊”原文为Schaf，既指绵羊，亦指温和蠢笨的人。——译注

么？为何要惩罚？惩罚本身就令人恐惧呵！”——群盲道德、懦弱的道德便从这个问题推出它最后的结论。假定人们能够一举消除危险，消除恐惧的根源，那么将会一同消除这种道德：它将不再是必需的，它将不再把**自己当作**是必需的！——谁要检验今日欧洲人的良心，他将不得不从道德的一千个层次和隐蔽中剥开那条相同的律令，群盲之懦弱的律令：“我们的意愿是，总有一天**再也无可恐惧**！”总有一天——**朝着这一天而去**的意愿和道路，在今日的欧洲处处被称为“进步”。

124

202

现在让我们再说一遍我们已经说过百遍的话：因为对于这些真理——对于**我们的**真理——今日的听众并不乐意听取。我们早就知道，如果有人既不机灵又不委婉地把人类算作动物，听起来有多么侮辱；而对秉持“现代理念”的人类持续使用“群盲”、“群盲本能”及类似的表达，差不多要被算作我们的**亏欠**[1]了。这又怎么样呢！我们别无他法：因为我们的新洞见就在这里。我们发现，欧洲，再算上在欧洲影响笼罩下的国家，在所有主要的道德判断上[2]

---

① “亏欠”(Schuld)：通译“罪责”，此译为体现尼采对此词的特殊考量，参见《道德的谱系》第二篇及标题注。——译注

② 现在……]准备稿(笔记本 W I 4)第一稿作：我做出了一个发现，但它不会让人高兴：它有悖于我们的自负。我们这些自由的精神们，无论我们多么喜欢自由地评价自己——因为我们在“我们之间”是自由的——在我们中间，如果有人不机灵地把人类算作动物，还是会有一种受到侮辱的感觉：我这样——非得持续用“群盲”、“群盲本能”诸如此类者来谈论我们不可，几乎是一种亏欠，需要道歉的。可是我的发现就在这里；我的发现就是，欧洲。——编注

已经同心同德起来了：显而易见，在欧洲，人们**知道**苏格拉底以为大家还不知道的东西，那条古老而著名的蛇曾经给出预兆要传授的东西，——今日的人们“知道”，善恶是什么。这时如果我们总是一再坚持下面这一点，听起来一定显得强硬而难以入耳：在这里据信已经知道的，在这里用自己做出的褒贬来美化自己、自称为善的，是人类这种群盲动物的本能：这种本能已经发作，对其他本能取得了优势地位和统治地位，并且按照日益增长的生理学上的近似和相似的程度，这种本能发展得越来越好，它就是那种近似和相似的症状。**道德今日在欧洲是群盲道德**：——也就是说，正如我们对事物的理解，它只是人类道德的一个种类，在它旁边，在它之前，在它之后，可能或本该可能有许多其他道德，尤其是**更高级**的道德。而这种道德却在尽一切力量反对那样一种“可能”，反对那样一种“本该”：它顽固不化地说，“我就是道德本身，此外没有道德。”——当然，有一个听命于那些最精巧的群盲欲望的宗教的帮助，事情因而到了这样一个地步：在政治和社会的组织机构中，我们甚至看到这种道德越来越露骨的一种表达：**民主**运动继承了基 125
督教遗产。① 不过，对于那些更没有耐心的人来说，对于上述本能的病人和上瘾者来说，这运动的速度还太慢太慢，还在磨磨蹭蹭，为此才有日益汹涌的叫嚣，才有无政府主义野狗们越来越不加掩饰地龇牙咧嘴，现在他们正游荡穿梭于欧洲文化的街巷：表面上，他们跟和平勤劳的民主党人和革命意识形态论者相反，跟蠢笨的冒牌哲学家和痴迷于兄弟情谊者（自称为社会主义者，想要“自由

① 继承……］据付印稿：是基督教的继续。——编注

社会”)甚至有更多的相反,其实跟他们一样都从根本上本能地敌视群盲**自治**之外的其他一切社会形式(直到甚至拒绝“主人”和“奴仆”的概念——有一句社会主义口号就叫“没有上帝,没有主人”);一样死硬反抗一切特殊的权利主张[1],反抗一切特殊权利和优先权利(这归根到底就是反对**一切**权利:因为到这时,人人相同,便没有人再需要“权利”[2]了——);一样不信任惩罚的公正性(仿佛那是对弱者的某种强暴,是对一切早期社会的**必然**后果的某种不当处置);而只要有所感觉、有所生活、有所患难,则又全都归于同情的宗教和同感方面(下至动物,上至“上帝”:——“与上帝同罹苦难[3]”的泛滥乃民主时代所固有);一样在同罹苦难时尖叫和无耐心,一样从根本上恨死了苦难,一样简直像女人一样不能在这时保持其为旁观者,**任凭**苦难之所至;一样不情愿地阴郁化和温柔化了,在这两者的驱使之下,欧洲看来正遭受一个新佛教的威胁[4];一样全都信仰**共同地**同罹苦难的道德,仿佛它就是自在之道德[5],就是高度,人类**已经达到**的高度,是未来独一无二的希望,当前之
126 事的安慰药,先前所有亏欠的大清偿[6]:一样全都把共同体当作**救**

① “权利主张”(Anspruch)系法学用语,指要求对某物或某事的权利得到承认;指其主张已得承认则为“权利”(Recht)。——译注

② 此处“权利”原文为 Rechte,亦可表示“法律”。——译注

③ “同罹苦难”即“同情”,原文为 Mitleiden,其字面含义本是“共同罹受(苦难)”。——译注

④ 不情愿地……]据付印稿:良心变得阴沉,直到飘[游]荡到佛教,因为人们没有[不能]摆脱苦难!因为人们预计到跟生命[是解脱不了的]甚至是拴在一起、缠在一起的!。——编注

⑤ 自在之道德]改自唯一的道德。——编注

⑥ 先前所有亏欠的大清偿]付印稿:为所有过去的大赎罪。——编注

世女神[①]来信仰，也即都信仰群盲，信仰“自己”……[②]

203[③]

我们，怀有另一种信念的我们——，认为民主运动不仅仅是政治组织的衰败形式，而且[毋宁]说是人类衰败的形式，亦即渺小化的形式，是人类的中等化和价值贬黜：**我们**必须向哪里抓取我们的希望呢？——向**新哲学家们**，别无选择；向精神们，强健而原初的、足以发动截然相反的价值评估、足以重估和颠倒“永恒价值”的精神们；向被预先派遣者，向未来的人，他们在当前则维系着那个把

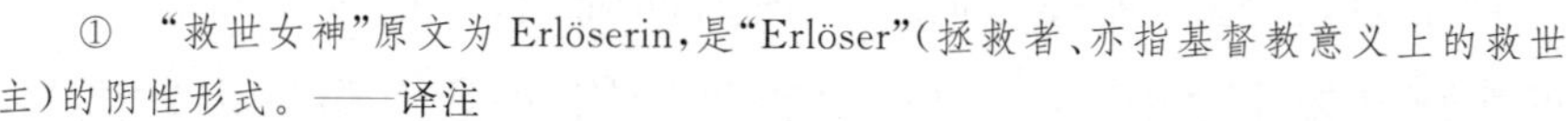

① “救世女神”原文为Erlöserin，是“Erlöser”（拯救者、亦指基督教意义上的救世主）的阴性形式。——译注

② 继承……]准备稿（笔记本 W Ⅰ 4）：是基督教运动的继续：而所有社会主义者的谈话和对未来的梦想证明，相同本能的那些欲望和梦想却并未由此而心满意足：人们只要竖起耳朵来听听。准备稿（W Ⅰ 6）：是基督教运动的继续。而所有社会主义者的悲鸣叫嚣证明，上述本能的那些欲望和希望却并未由此而心满意足。社会主义才是被设想到底了的群盲道德：即“所有人权利平等”这条法则推出“所有人有平等的权利主张”继而推出“一帮群盲，没有牧人”继而推出“羊羊平等”的推论，继而是“大地和平”，继而是“所有人彼此欢喜”。参看《新约・路加福音》第2章第14页和《漫游者和他的影子》。——编注

③ 准备稿（笔记本 W Ⅰ 4）第一稿：**作为前言**——强迫人类做出支配了全人类的全部未来的新决断：为此迫切需要领袖，有着迄今也许无人有过的思维方式的人类。不断在我眼前飘过的，就是这样一些领袖的肖像：手段，那些他们会由之被创造出来的手段，思想，那些他们因之而承担得起这样一项使命的重量的思想，——这些乃是我的事务。——也许没有比看到一位超常的人陷落和蜕变到他的轨道之外更切肤的疼痛了：而谁若一度在灵魂中想象到了那种阴森叵测的偶然性，想象它迄今怎样在大体上支配了民众之命运、民众之关联和分裂，则将苦于一种无与伦比的苦痛：那种令人激动的幸运，通过积聚力量和能量可能做到些什么，某种最大程度的变化者又将突然破碎在哪些可怜的事物上———。——编注

数千年的意志束缚在**新**轨道上的强制和绑索。把人类的未来作为人类的意志、作为依赖于某种人类意志的东西教授给人类，在培养和培育方面为人类准备伟大的冒险和总体的尝试，以此终结那个受着胡闹和偶然的骇人统治的、迄今被称为历史的东西——“最大数量”的胡闹[1]只是这种东西的最后形式——：为此，总有一天将迫切需要一个新种类的哲学家和命令者，在他们的肖像前，大地上隐蔽、可怕而乐行好施的精神们所曾秉有的一切，势将显得苍白而形同侏儒。在**我们**眼前飘过的，就是这样一些领袖的肖像：——你们自由的精神们，允许我大声说出来吗？形势，为了他们的诞生必须一边创设出来一边利用起来的那种形势；探测性的道路和考验，在它们的帮助下，一个灵魂得以成长到那样一个高度、壮大成那样一种暴力，去感受那种逼向这些使命的**强制**；一次价值重估，在它
127 的重压和锤击之下，一个良心将得到煅炼，一段心肠将化为铁石，从而可以忍受这样一份职责的重量；而另一方面，这样一些领袖的必然遭际，那种恐怖的危险，即他们有可能不出现，或是长坏了，或是蜕变了——以上这些，乃是**我们**真正的担忧和苦闷，你们可知道，你们自由的精神们啊？是这些沉重遥远的思想和风暴，在掠过**我们**生命的天空。少有疼痛会这般切肤，当有一天看见了、猜到了、共同感受到了，一个超常的人怎样脱落和蜕变到他的轨道之外：谁若有罕见的眼力看出那个总危险，即“人”本身在**蜕变**，谁若跟我们一样，认识到那个阴森莫测的偶然性，迄今它还在关系人类未来的事体上玩着它的游戏——一场无人能插手、连“上帝之指”

[1] 盖影射民主制及功利主义。——译注

也不能参与的游戏！——谁若猜中那个厄运，那个潜藏在对“现代理念”傻乎乎的不臆不逆和轻信里，更多是潜藏在整个基督教欧洲的道德里的厄运：则他将苦于一种无与伦比的惊恐，——他当然一眼就看得出，若有益地积聚提升力量和功课，**从人类中**还可以**培育出**什么，他凭着良心的全部所知知道，对那些最伟大的可能性，人类还是尚未穷尽的，人类这个类型已经多少次站在奥妙的决定和崭新的道路边上：——凭着最疼痛的回忆他还更清楚地知道，一个最高等级的生成者迄今已经习惯于在那些可怜的事物边上破碎、断裂、湮没和变得可怜。**人类的总体蜕变**，直到变成今日社会主义蠢货和死脑壳所以为的“未来人”——作为他们的理想！——人类向着完美的群盲动物（或者按他们的说法，向着“自由社会”的人）而去的蜕变和渺小化，人类向着平等地享有和主张权利的侏儒动物而去的动物化，无疑是**可能的**啊！谁若把这种可能性一下设想到底，就比其余人等多识得一种恶心，——也许也就多识得一项新的**使命**[①]！……

128

① “使命”（Aufgabe）亦有“认命、放弃”的意思。——译注

129

第六章　我们学者

204

今日在科学与哲学之间，恐怕就要悄无人知地和心安理得地来一次过分且有害的等级对调了，对此我愿冒险抵制；所冒之险乃在于，这时，道德化又会表现出它向来所是的那样——也就是，按照巴尔扎克的说法，表现为一种不依不饶的伤口展示[①]——。我
160 认为，人们必定有权根据经验——鄙意以为，经验总是意味着恶劣的经验——参与谈论这样一个高层次的等级问题：不是像盲人关于颜色或者女士和艺术家反对科学那样去谈论（“哎，这个糟糕的科学！他们的本能和羞耻心叹息道，它总是想看透！”——）。科学人的独立性声明，他从哲学的束缚下解放出来，是民主的所作所为和胡作非为所留下的较为细微的效应之一：今天，学者们的自身美化和自身抬举遍地盛开，正迎来他们最好的春天，——这样说的意思可不是指自夸之花闻起来是香的。[②]“摆脱一切主人！”——在

---

① “伤口展示”原文为法语，montrer ses plaies，据《尼采频道》，参见斯塔尔：《詹福的故事：生平与著作》，巴黎，无出版日期，第 32 页。——译注

② 此反用德国谚语“自吹自嘘，臭不可闻”（Eigenlob stinkt）。——译注

这里群氓的本能亦作如是想；科学在极为幸运地成功击败它作为“婢女”久居其下的神学之后，现在傲然无知地要再进一步，为哲学制定法则，自己扮演一回“主人”①——我在说什么呢！是扮演一 130
回**哲学家**。在我的记忆里——一位科学人的记忆，请允许我这样说！——，充斥着从年轻的自然研究者和年老的医生（姑且不论所有学者中因其职业而最富有教养也最自以为富有教养的语文学家和语文教师们——）那里听来的关于哲学和哲学家的浅妄之说。他们时而是个专家和徜徉于角落者，在一切综合的任务和能力面前都会出于本能地自卫；时而是个勤奋的劳动者，听说哲学家的otium［悠闲］②的名声，他灵魂家园的高尚蓬勃，便自觉受了贬损，变得渺小。时而是那种讲求有用性的人的哲学色盲，什么也看不到，只看到一系列**受批驳的**体系和一种对谁都“没有用”的大肆挥霍。时而是在面对乔装打扮的神秘主义和认识边界的调整时陡生恐惧；时而是对单个哲学家的不相信被任意普遍化为对哲学的不相信。最后，在年轻学者傲然菲薄哲学的背后，我最经常发现的是一位哲学家自己的恶劣影响，大家虽然已经全都宣布不再听从他，却走不出他对其他哲学家们不屑一顾的评价所误导的迷途：其结果是，对一切哲学全然扫兴。（在我看来，比如说，叔本华对最近德国的影响就是这样的：——他对黑格尔不明智的怒火烧得最近一

① 此处加引号的“主人”（Herr）既可表示丈夫（对应上文所谓“婢女”），又可表示主宰者，对应于本节末尾加黑体的“统治”。——译注

② Otium在拉丁语中则指与公共事务相对的休闲，亦为对希腊词σχολή的拉丁译语，该希腊词可指研究学问之闲暇，拉丁转写为schole，即后之school［学校］与scholar［学者］之词源。——译注

整代德国人冲破了跟德意志文化的关联，这个文化，全盘考量起
131 来，在**历史感**[1]上达到了一个[2]高峰，达到有预见力的精细：但恰恰在这一点上，叔本华本人之贫乏、鲁钝和非德意志，到了天才的地步。）总的说来，最彻底地打破对哲学的敬畏并为群氓本能打开大门的东西——这可能首先是这个新哲学家本人那种人性的、太人性的东西，简言之就是他的穷困潦倒。人们向自己坦白了吧，在我们这个现代世界，赫拉克利特们、柏拉图们、恩培多克勒们所属的整个种类，按照所有这些君王般的雄壮的精神隐居者们曾经拥有的称号，已经稀缺到怎样一个程度：看看今天这帮由于时尚而既被捧得很高又被看得很扁的哲学代表们——在德国的例子是柏林的两头狮子，无政府主义者欧根·杜林和混金术士[3]爱德华·封·哈特曼[4]——，相比之下，一位老实的科学人有多么充分的权利，**可以**自诩是更好的种类和出身。特别是那些自称为“现实哲学家”或“实证主义者”的杂烩哲学家给人的观感，足以在某个野心勃勃的年轻学者的心底投下一份危险的不信任：要知道他们本身最多只是学者和专家，这是明摆着的事！——要知道他们可都是被制

① “历史感”原文为 historischen Sinns，通译是“历史理解力”或“历史方面的感受力”。尼采在第 224 节中实将之比作一种感官。——译注

② 叔本华……］据付印稿：叔本华的影响：——他用自己对黑格尔的不讲理破坏了最近一整代德国人跟德意志精神所达到过的最后和真正的高峰的关联。——编注

③ “混金术士”原文为 Amalgamist，盖为尼采从 Amalgam［汞合金］一词生造，当时汞合金常用来提炼贵金属。——译注

④ 看看今天这帮……］据付印稿：看看今日这帮哲学代表们是怎样既被捧得很高又被看得很“扁”的——比如英格兰的赫伯特·斯宾塞，德国的爱德华·封·哈特曼和欧根·杜林。——编注

爱德华·封·哈特曼（Eduard von Hartmann）：与尼采同时期哲学家，著有《无意识哲学》（*Philosophie des Unbewussten*，1869 年）。——译注

服者，是退居科学管辖之下的倒退者，曾几何时，他们指望从自己这里得到更多，却并没有权利拥有这个“更多”，没有权利对它负责——而现在就是他们，郑重、愤懑、充满报复欲地，在言语和行动上以代表的身份表示，不相信哲学的统治使命和统治地位。最后：事情还能怎么样呢！科学在今日风头正盛，心安理得之态溢于言表，而同时，全部新近哲学正在逐渐沦落成为的那个东西，那个今日之哲学剩余物，却踊跃引发反对自己的不信任和不愉快，如果不是引起嘲弄和同情的话。哲学降为“认识论”，实际上无非就是种
小心翼翼的分期学[1]和戒止学说[2]：一种根本还没有跨过门槛就极 132
力拒绝自己入门权利的哲学——这是奄奄一息的哲学，一个终结，一次垂死挣扎，某种引人垂怜的举动。——这样一种哲学怎么能够——统治呢！

205

哲学发展面临的诸种危险在今日真的如此多样，以至于人们会怀疑，这个果实到底是否能够成熟。科学之塔的地盘和高度已经增长得极其庞大，与此同时亦极有这样的可能，即哲学家已经倦于充当学习者，或者让自己被随便固定在某处，被“专业化”：以至于他不再上到他的高度，也就是不再去眺望、环顾和俯察。或者

① “分期学”原文为 Epochistik，盖据地质学上用于分期的 Epoch（“世”）所造。——译注

② “戒止学说”原文为 Enthaltsamkeitslehre，字面意思为“禁欲学说”或“节制学说”，即戒止“逾越（感性）”的学说。——译注

是，他上升得太迟，其时他最好的时期和力量已经逝去；或者是，他已经受损伤、磨粗糙，已经蜕变，使他的目光、他的总体价值判断不再有多少意味。恰恰是他的知性良心的精细，让他也许是在半路上延宕和延迟了；他怕被诱引成为业余爱好者，成为千足虫和长着千般触角的东西，他深知，一个人若失去对自己的敬畏，则作为认识者也不再下命令，不再是**领袖**了：他本来肯定想要成为伟大的演员，成为哲学上的卡里奥斯特罗和精神的勾魂者[①]，简言之，成为诱惑者。这些，最终都是一个趣味问题：倘若它并非甚至是一个良心问题的话。此外使哲学家之困难再增加一倍的是，他向自己企求的不是一个对于科学，而是对于生命和生命之价值的是或非的判断，——他并不乐于学会相信，他已拥有做出这一判断的权利或义务，而是必须只从最广阔的——也许最具捣乱和捣毁作用的
133 的——体验出发，常常得犹疑地默然寻找通向那个权利和那个信念的道路。事实上，群众已经长期混淆和误会了哲学家，把他们要么当作知识人和理想的学者，要么当作宗教上高蹈的、去感性的和“去世界的”[②]的上帝之痴迷者和沉醉者[③]；今日人们甚至于听到某个人由于生活得“有智慧”或者“像位哲学家”而受到称赞，其意思差不多只是活得“聪明和超脱”。智慧：在群氓看来它是某种逃避

① “勾魂者”原文为 Rattenfänger，直译为“捕鼠人”，源自中世纪德意志关于“哈美恩的捕鼠人”（Rattenfänger von Hameln）的传说，一位笛手曾以笛声帮哈美恩市市民引走城中所有老鼠，却没有得到应有的报酬，便又以笛声诱走城中所有儿童，以为报复。后引申为“蛊惑民心者”。——译注

② “去感性的和‘去世界的’”原文为 entsinnlichten und “entweltlichen”，即“去掉感性内容的和‘不在世界之中的’”。——译注

③ 据考夫曼，“上帝之沉醉者”（即沉醉于上帝的人）当暗指斯宾诺莎。——译注

方式，从一场恶劣游戏中抽身出来的某种手段和把戏：但正当的哲学家——在我们看来，是吧，我的朋友们？——生活得很“不哲学”和“不智慧”，尤其是不聪明，并且感到有那种恶习和义务，去百般地尝试和蛊惑人去尝试生命：——他不断以身试法[①]，他玩着那场[②]恶劣的游戏……

206

相比于一个天才，即相比于一个要么生育要么孕育（两个说法都取其最大的意义范围[③]）的造物——，学者，即科学上的平庸之辈，总有几分老处女的味道：因为他和老处女一样，都不擅长这两样人类最有价值的事务。事实上，人们仿佛为了补偿，承认这两者，即学者和老处女，是值得尊重的——在这种情况下人们会强调其值得尊重之处——而这种承认之勉为其难同时立刻让人们懊恼。让我们更仔细地来看：科学人是什么？首先是人类中一个有着一种不高尚美德的不高尚种类，即一个非统治、不权威也未自足的种类的人：勤劳，在行列和环节中耐心遵守秩序，所能与所需相称且适度，会凭本能找到同类及同类亟需之物，比如那种小块的独 134

① “以身试法”原文为(sich)risquirt，盖为尼采据法语词 risquer（冒险，犹指冒着违犯习俗、为众不齿的危险）生造出的动词，原形当为 risquiren。——译注

② “那场”原文为 das，定冠词表示独一无二。——译注

③ “生育”原文为 zeugt，有两个义项：“证明，为……作证”和“生育、结出（果实）”；“孕育”原文为 gebiert，指“分娩、生出、产生”，与其原形 gebären 相近则有 gebaren，表示“有（不太好的）举止，行为”。同样表达“生孩子”时，前者用于表达男人或夫妇二人生养一个小孩；后者专指女性分娩生育。——译注

立区域和碧绿牧场，没有这牧场就没有工作后的休息，比如那种对荣誉和认可（要求一眼从最面上就被辨别出来，假定辨别得出来的话——）的权利主张，那种好名声的光辉，那种对他的价值和有用性的持续盖章确认，人们必须永远反复用这种确认来克服内在的不信任，即克服一切依赖性的人类和群盲动物的心灵基础。合乎情理地，学者还有属于一个不高尚种类的毛病和坏习气：他[①]满怀微小的嫉妒，对自己达不到其高度的那些天性，他警觉于其低下的部分。他是老练的，但只像一个率意而行却非率性奔流之人；而恰恰是在那种宏伟奔流的人面前，他越发冷淡和封闭，——他们的眼睛便如一汪平滑的不情愿的湖，上面再也泛不起一点欢欣和同感的涟漪。一位学者所能做的最恶劣和最危险之事，皆出于他那个种类对于中等状态的本能：出于那种信奉中等状态的耶稣会主义，它本能地为了消除不同寻常的人而工作，试图打破或者——更愿意！——放松每一口拉紧的弓。放松，当然就是顾惜地、用爱护的手放松，——用老练的同情放松：这是耶稣会本来的技艺，它一贯擅长把自己引为同情的宗教。——

207

无论人们对客观精神——难道还有谁没有对一切主观者及其受诅咒的本己性[②]腻烦得要死么！——再多么感激迎合，最终，他

---

① 坏习气：他］准备稿：坏习气（这个种类，照它对自己的理解，因而可能向来都是值得重视和不可或缺的种类［为驴子而作的注释！］）他。——编注

② “本己性”原文为 Ipsissimosität，直译可为“最属于自己的状态”或“最本己状态”，盖为尼采生造自拉丁文 ipsissima［最自身、最本原］，即 ipse［自己］的中性复数最高级。——译注

们还是要学会对自己的感激有所提防，防止感激过头，就是由于
这种过头的感激，人们仿佛将精神的去自身化和去个人化当作 135
目标本身，近来甚至当作拯救和光彩来庆祝：这就像悲观主义学派内部常有的情形，他们也自有充分的理由，把最高荣耀送给“无利害的认识”。跟悲观主义者，即**理想的**学者——在他们身上，在千百次完全或部分的挫败之后，科学本能曾一度绽开和凋谢——一样，那种不怨不嗔的客观人，一定是现有最珍贵的工具之一：但是他应该用在某位更有权势者的手中。我们说，他只是一件工具：他是一面**镜子**，——他不是“自身之目的”。客观人事实上是一面镜子：习惯俯首于一切愿被认识者之前，唯一的乐趣只在，给出认识，给出“映照”，——他等待着，直到某些东西到来，同时细敏地准备着，即便是精神造物的轻盈足迹和溜滑的行踪也逃不出他的镜面和皮肤。在他这里还剩下的属于“个人”的东西，在他想来，是偶然性的，经常是任意性的，更经常是干扰性的：就是在这样一种程度上，他自己把自己变成陌生形态和陌生事件的通道与映像。他退回来沉思自身，用力甚勤而错误匪鲜；他容易混淆自己，涉及自己的迫切需求时把握不准，并且唯独在这方面不精细，犯马虎。折磨他的，也许是健康状态，或是女人和朋友们的小里小气和居家扰嚷，或是缺乏伙伴和社交，——当然，他会强迫自己思索所遭受的折磨：徒劳无功！从**更为普遍的**情况来看，他的思维本来就已游走开去，到了第二天，对于如何帮助自己，他所知道的和前一天一样少。他丧失了对自己的严肃，以及对时间的严肃：他乐呵呵，**不是**由于没有迫切需要，而是

由于，他对**他的**迫切需要没有插手和着手之处。惯于迎合一切事物和体验，遇到所有事物都待以灿烂的、无拘无束的友好，他
136 那种无所顾虑的热心，那种面对是非时危险的毫不忧虑：哈，对他的这些美德，有够多的事例让他不得不后悔！——作为人类一般[①]，他可太过轻易地变成了这些美德的 caput mortuum[残骸][②]。如果人们想从他这里得到爱和恨，我指的是上帝、女人和动物所理解的那种爱和恨——：他将做出他所能做的那些，给出他所能给的那些。然而如果那些不多，——如果恰恰是在这时，他显得不真切、脆弱、可疑和腐朽，人们不该奇怪。他的爱是有意为之，他的恨是矫揉造作，更多地是在着力卖弄[③]，是一种小气的虚荣和夸张。他就只在他可以做得客观的范围内是真切的：只有在他那乐呵呵的总体主义[④]中，他还是“自然”和“自然的”。他那镜面般映射着的永远平滑的灵魂，不再知道肯定，也不再知道否定；他不下命令，也不摧毁。“我几乎什么也不轻视”[⑤]——他用莱布尼茨的话说道：可别漏掉和低估了这个 presque[“几乎”]！他也不是模范人；他并不走在谁前面或者谁后面；他根本站得太远，以至于他

---

① “人类一般”(Menschen überhaupt)连读，下同。——译注

② caput mortuum[残骸]：该拉丁短语的字面义为“骷髅头”，在中世纪炼金术士用以指蒸馏等反应过程后留下的残渣。——译注

③ “着力卖弄”原文为 tour de force，在今日法语(及英语)中皆指有意为之、难度极大的“壮举”或“绝技”；用于德语中则尤指花费力量的行动。——译注

④ “总体主义”原文为 Totalismus，盖为尼采所自造。——译注

⑤ 引文原文为法语：Je ne méprise presque rien；参见莱布尼茨 1714 年 1 月 3 日致路易·布尔盖(Louis Bourguet)的信：“我几乎什么也不轻视(除了星相学以及类似的欺诈术)”，参见《莱布尼茨哲学文集》第 3 卷，第 562 页。——译注

没有可以在善和恶之间抓住一个立场的根基。要说这么久以来，人们都把他同**哲学家**混淆了，混淆为那恺撒式的文化培育者和文化强人[①]：那么，人们已经给他太高太高的荣耀，并且忽略了他身上最本质之处，——他是一件工具，一个奴隶，尽管肯定是最精巧的一类奴隶，可就自身而言却什么——presque rien［几乎什么］——也不是！客观人是一件工具，一件贵重的、容易折损和模糊的测量工具和镜类艺术品，人们应该爱护他，尊敬他；但是他不是目标，不是出路和上升之路，不是**其余的**此在[②]可藉以正当化的那种补足他人的人，不是结论——更不是开端，不是生育，不是第一原因，不是什么意愿做主人的粗壮者、有权势者、立于自身者；而毋宁只要当一个细腻、苍白、精致、可移动的模罐[③]，这模罐首先必须等待某一个内容和内涵，才能照它赋以自身“形态”，——按习惯，他是一个没有内容和内涵之人，一个“无私”[④] 137

之人。从而，in parenthesi［顺便说一句］，对于女人而言他什么也不是。——

① “强人”原文为 Gewaltmenschen，义为“行事不顾他人感受者”，字面意思则是“暴力人”。——译注

② “此在”(Dasein)：此为直译，更符合此处的通译为“人的生活”。——译注

③ “模罐”(Formen-Topf)：字面义为“制模(赋型)的罐”，盖指制陶的印坯工具，本身并无完整形状，只在印制坯体(“内容”、“内涵”)时体现自己的“形态”。——译注

④ “无私”(selbstlos)：字面义为“没有自身、失去自身”。——译注

208[①]

如果今天有一位哲学家要让人明白他不是一个怀疑论者，——我希望，从上面刚刚给出的对客观精神的描摹中，人们已经听出这一点来了罢？——那么，整个世界都不会喜欢听；人们因此有些胆怯地打量他，不禁有那么多东西要问，要追问……不错，在现在成群出现的怯懦听者当中，他从此时起就意味着危险。对他们而言，一旦他拒绝了怀疑论，他们就仿佛远远地听到不知哪来的某种邪恶而吓人的声响，仿佛有不知哪一种新型爆炸物在试爆，

① 参看科利版第 11 卷，34［67］准备稿第一稿（笔记本 W 16）：我们 19 世纪在高度和深度上都表现为一个怀疑论世纪，也就是说，一个被延长、被稀释了的 18 世纪。几乎所有较精细的学者和艺术家在今日都是怀疑论者，尽管他们不愿意对自己和别人承认。诚然，悲观主义，作为一种说不的思维方式，是一个例外：人们可以把它回溯到那种每个民主年代皆特有的对舒服状态的偏好上。当怀疑论者蜕变了，也就是说变懒了，他们就变成了悲观主义者。一个清醒的、知道为自己保持一些知识和良心的自由的脑袋，在今天不会说“不”，而是说“这一点上我没有自信”。或者：“这里有些门道，为何这下就要踏进去呢？为何要这么快立假说呢？为何非要把弯曲的东西扳直？为何非用哪块破絮把漏洞塞死呢？我们确实还要等等：未知者也有它的魅力；斯芬克斯也是一个喀耳刻”。一个怀疑论者如是安慰自己；这是真的，他亟需一些安慰。怀疑论，乃是某种特定的多层次心理样态的表达，就像它从某次突然的种族和等级的大交汇中发展起来的那样。那些来源各异的被败坏了的价值评估在相互争战，它们在生长、变强健时相互对立和干扰，在身体和灵魂中缺乏均衡和重点，缺乏垂直线般的稳靠。在自然的这样一些混合尝试中，最严重地变得碎散和虚弱的是意志：决断时那种古老的独立性和原初性完结了。再也没有人能自己对自己说好。于是有一种对大小职责普遍的莫名恐惧，于是有把自己的脑袋和良心藏到不管哪一群多数里去的强烈偏好。时至今日，谁若遗传了一种强健的发号施令的豪迈意志，——偶然允许有诸如此类的例外——则比以前有更大的希望获得统治权。这种不安全的大多数渴望那样一些绝对地下命令的人。——编注

某种精神的达纳炸药[①]，也许是一种新发现的俄罗斯式虚无[②]，一种 bonae voluntatis[善意]的悲观主义，它不仅仅说“不”和意愿“不”，而且——想想都恐怖！去做“不”[③]。针对这样一种“善良意志”[④]——一种从现实和事实上否定生命的意志，今天没有比怀疑论更好的助眠剂和镇静剂了，那种绵软、娇媚、向人哼唱的怀疑论罂粟；今天，甚至哈姆雷特也拿到时代医生们针对“精神”[⑤]及其在地下的异响所开的处方。“人们的耳朵里难道不是充满了难听的声响？”怀疑论者说道，作为安宁的爱好者，并几乎是作为某种安全警察[⑥]：“这种地下的‘不’令人恐怖！静一静，你们这些悲观主义密探！”怀疑论者，这些温柔的造物，可太过容易受惊吓了；他的良心自小被教育要对每一个“不”，当然也对每一个决断的、强硬的“是”都抽搐一下，要觉得像被什么咬了一口那样。“是！”和“不！”——

① “达纳炸药”(Dynamit)：诺贝尔据以命名他在 1866 年发明的炸药(瑞典语 dynamit)，源自希腊语“dunamis”(力)。——译注

② “虚无”(Nihilin)：盖转写自俄语“нигилин”；据考夫曼，系由 nicotine[尼古丁]所造。——译注

③ 本节中所有带引号的“不”或“不是”原文均无引号，加引号为表明该词原文首字母大写作“Nein”，它通常作 nein，与上下文中的 Nichts(“无，虚无”)、Verneinung(“否定”)同根。——译注

④ “善良意志”原文为 dem guten Willen，此为直译，它通常用以表达“善良意愿、好意”。——译注

⑤ 在德语中“精神”(Geist)亦可解作“鬼魂”，此处指哈姆雷特父王的地下亡魂。——译注

⑥ “安全警察”原文为 Sicerheits-polizei，今通译“公安部门”或“保安警察”。尼采的时代它与“行政警察”(Wohlfahrtspolizei，后作 Verwaltungspolitzei)一起构成主要警察部门；其职能是保护国家和公共安全，亦对社会活动进行监督和侦查。参见《迈耶尔辞典》1908 年版。——译注

这对他来说有悖于道德；相反，他喜欢用高贵的节制让他的美德欢欣鼓舞，其方式大概是像蒙田那样说：“我知道什么？”或者像苏格
138 拉底那样说：“我知道，我什么也不知道。”或者是：“在这一点上我没有自信，我看不出门道。”或者是：“假定有些门道，可为什么这下就要踏进去呢！”或者是：“为何要做所有这些仓促的假设呢？根本不做假设会很容易被看成好趣味。你们难道非要把什么弯曲的东西彻底扳直不可吗？非要把每个漏洞都用哪块破絮塞死不可吗？难道没有时间了吗？难道时间没有时间了吗？唉，你们这些莽汉就不能**等等**吗？即便是未知者，也有它的魅力，即便是斯芬克斯，也是一个喀耳刻，即便这个喀耳刻，也曾经是一个女哲学家。”——一个怀疑论者如是安慰自己；这是真的，他亟需一些安慰。怀疑论，乃是某种特定的多层次心理性状、普通而言即神经衰弱和病弱状态的最精神性的表达；每一次，当长期彼此分离的种族或等级以一种决定性的、突然的方式交汇在一起的时候，都会产生怀疑论。新的世系，仿佛其血脉中得到诸种不同的尺度和价值的遗传，这里一切都是不安、纷扰、疑虑、尝试；那些最好的力量起的是阻碍的作用，那些美德则彼此不让自身去生长和变强健，在身体和灵魂中缺乏均衡和重心，缺乏垂直线般的安定，而在这样的混血儿中最深切地病变和蜕变的，乃是**意志**：他们根本再也认识不到决断时的独立性，意愿时的勇猛快感，——就算在梦里，他们对“意志自由”也抱有疑虑。今日我们的欧洲，这座戏台正上演一场荒唐地突然出现的尝试，要在等级、——**从而**——在种族之间作一次激进的混合，因此，它在一切高度和深度上都是怀疑论的，时而随着那种灵活

的、着急而贪婪地从一根树枝跳到另一根树枝上的怀疑论，时而像一片载了过多疑问的云团般阴沉，——而它的意志，常常餍足欲死！意志瘫痪：今天人们在哪里看不到这些残废在呆坐着！经常还像做了一番装扮！扮出一副多么诱人的样子啊！对付这种病有最美丽的华而不实的衣服；比如说，今日作为“客观性”、“科学性”、 139
“为艺术而艺术”、“纯粹意志自由的认识”站到展览摊位上去的那些东西，其中大部分只是着意打扮好的怀疑论和意志瘫痪，——我愿意为这样一个欧洲病的诊断负责。——意志之病不平衡地传遍了欧洲：在文化已经最长久地融于乡土的那些地方，这个病显得最严重，花样最多，而如果西方教化的空荡外衣下，有“野蛮人”的法律还在——或者重新——生效，则按其生效的程度，这个病也有所消退。照此说来，在现在的法国，正如人们可以轻而易举地推断和辨识出来的那样，意志病得最厉害；法国总是拥有一种大师般的灵巧，它的精神所发生的那些即使最后患无穷的转折，总能倒转为某种撩拨和诱惑，在今天，它作为一切怀疑论魔法的学校和展台，才真正恰当地表明了它在欧洲的文化优势。意愿的力量，更确切说是长久地去意愿某个意志的力量，在德国大概还是要强一些，在德国北部又比中部更强一些；而在英格兰、西班牙和科西嘉则强得非常明显，在德国力量系于黏液[①]，这里则系于坚硬的颅骨，——且不提意大利，它还太年轻，不知道它意愿什么，它必须首先证明自

① “黏液”原文为 Phlegma，意为“鲁钝、漠然”，源于希腊语 phlégma（体液、热量），后亦因古希腊医学区分的四种体质（多血质、胆汁质、忧郁质和黏液质）而表示一种鲁钝、滞重的脾性。——译注

己能否意愿——，而意志最最强健和最惊人的，是那个仿佛让欧洲由之涌回到亚洲的庞大无比的中间地带，即俄罗斯。在那里，意愿的力量从很久以前就被留存和积蓄起来，在那里，意志——还不确定是否定的意志还是肯定的意志——以威胁性的态势，等待着被引发（借用今天物理学家们的惯用语）。欧洲倘若要减除它最严重的危险，可能不仅印度的战事和在亚洲的牵制是必需的，而且还需
140 要内部的崩溃，需要让领土散裂成小块，尤其需要引入议会制的蠢事，再加上每个人在早餐时看报纸的义务。我说的这些不是我的愿望：我打心眼里宁愿是相反的情形，——我指的是俄罗斯的威胁有了这样一种增长，以至于欧洲为此必须作个决断，具有与之平衡的威胁性，亦即**得出一个意志**，通过一个新的欧洲统治种姓，得出一个长期的、恐怖的、自己特有的意志，能够为自己设立跨越千年的目标的意志：——这样一来，那出编得老长的小国林立的喜剧，以及无论王朝制还是民主制下的三心二意，才会最终有个了断。小政治的时代过去了：下一个世纪终将进行对地球统治权的争夺，——**不得不**走向大政治。

209[①]

在我们欧洲人显然已经步入的这个新的战争年代，怀疑论的另外一个更强健的种类也许倒在某种程度上是有益的，对此，我想暂时姑且通过一个譬喻来加以阐明，研究德国史的朋友们该能理

① 参看科利版第 11 卷，34[157.221]。——编注

解它。那个一味要步兵长得高大健美的狂热者[①]，作为普鲁士的国王，他曾使一个军事和怀疑论天才——从而在根本上使那个新的、现在正胜利诞生的德意志类型——得以成人，他，腓特烈大帝那可疑而疯狂的父亲，曾经在一个关键点上甚至是这位天才的把手和幸运之钩：他知道，当时德国欠缺什么，是怎样一种欠缺，比教化和社会形式方面的某种欠缺更加可怕和要紧百倍，——他对年轻的腓特烈的反感就来自这个出自某种深切本能的害怕。**缺乏男人**；他的疑心最后直变成最苦涩的懊恼：他的亲生儿子可能不是一个十足的男人。他在这一点上欺骗了自己：可谁在他的位置上不 141
会欺骗自己呢？他看见他的儿子沉溺于无神论，沉溺于性灵[②]，灵气十足的法国人那种快意的潇洒：——他在这背后看见那个厉害的吸血女鬼，那只怀疑论蜘蛛，他怕一个心灵和一个破碎的意志正陷于不治的困顿，那心灵无论好坏，再也不够强硬，那意志再也不下命令，再也不**能够**下命令。然而在这期间，在他儿子身上，那个危险而强硬的新型怀疑论生长起来了——谁知道呢，它在**何等程度**上恰恰得益于对父亲的恨，得益于一个被孤独地造就的意志的冰冷忧郁？——这种源于果决的男子气概的怀疑论，它跟战争和征服的天才有着最近的血缘，以伟大的腓特烈的形象，它第一次进驻了德意志。尽管如此，这种怀疑论却蔑视和撕扯自身；它侵蚀，占领；它不相信，但是不自失于不相信；他给予精神以危险的自由，但是保持心灵的强硬；这是怀疑论的**德意志**形式，作为某种持续推

① 指普鲁士国王腓特烈·威廉一世(Friedrich Wilhelm I)，曾搜罗身材高大的士兵建立“巨人掷弹兵团”。——译注

② “性灵”，原文是法语 esprit，既有“机智、风雅”之义，也有“精神”之义。——译注

进的、向着最精神性之物上升的腓特烈主义，它让欧洲在相当长一段时间内臣属于德意志精神及其批判性的、历史性的疑虑。多谢那些伟大的德意志语文学家和历史批判者（正确看待的话，他们还统统是精于毁坏和瓦解的艺人）不可遏制的强健而坚韧的男人性格，尽管有音乐和哲学中的浪漫主义，德意志精神的一个新概念依然缓慢地稳固下来了，在这个概念中决定性地展开了向具有男子气概的怀疑论的进军：比如目光的无畏，或是摧毁之手的勇敢和强硬，或是进行危险的勘探旅行的坚韧意志，在广漠而危险的天空下做精神化的北极考察。如果恰恰在这种精神面前，温血而肤浅的人道人[①]要画十字，那倒是有很充分的理由的：米什莱[②]不无战栗
142 地称之为“宿命论的反讽的梅菲斯特精神”。不过，如果人们愿意感受一下，这样一种面对这个具有德意志精神的“男人”（欧洲将因他而从“教条主义假寐”[③]中被唤醒）的恐惧有多么突出，那么，人们应该回想一下先前那个一定已经被他消除的关于德意志人的看法，——正如在不久以前，一个男性化的女人[④]还敢僭妄地把德意志人当作柔和、好心肠、意志虚弱和诗人样的蠢货，提醒欧洲人要关切他们。最后，人们确实应该至深体察一下拿破仑得见歌

① “人道人”（Menschichkeits-Menschen），盖与本书中出现的“科学人”“客观人”“平均人”“实验人”“问号人”等同为尼采自造的表达。——译注

② 米什莱］出处未详。——编注［译按：儒勒·米什莱（Jules Michelet）：19 世纪法国史学大家。］

③ “教条主义假寐”（dogmatischen Schlummer），康德自言休谟的学说惊醒了他在教条主义假寐。——译注

④ 此当指德·斯戴尔夫人（Madame de Staël），她的《论德国人》（*De l'Allemagne*）首版于 1813 年。——译注

德时的那种惊异：它透露出，数百年来人们本来是怎么想那个“德意志精神”的。“Voilà un homme[这是一个人]!”——这句话想说的是：“这真是个男人！我还以为只会见到一个德意志人[①]呢！”[②]——

① 他在这一点上欺骗了自己……]准备稿(笔记本 W I 5)第一稿：他在这一点上骗过了自己，对这个物种的偏见欺骗了他：他这个局限于一个农民(或者军士)程度的人，不知道怀疑论有两种相反种类，虚弱的怀疑论——和勇气与傲气的怀疑论。他看见他的儿子醉心于无神论，醉心于性灵和审美的宴享：——也许一种朝这个方向逆转的危机并非不值得关注。但是在他身上第一次进驻德意志的，是跟战争和征服血缘很近的第二种怀疑论，一种新的豪迈的男人气概，它到头来却不只意味着结实的四肢、颀长的形体和一切不过是步兵式的男子气概的东西。这个勇敢物种包括了德国从那时以来在精神领袖和精神探险家方面产出的一等品；而德国要多亏了它的批评家、语文学家和历史学家在欧洲才有的那个压倒性的影响，也离不开这个勇敢物种和一种特定的精神性的“军国主义”和“腓特烈主义”所具有的那种不无危险的元素。这个拥有莱辛、赫尔德、康德、弗利德里希·奥古斯特·沃尔夫、尼布尔的美丽豪迈的种族，正如所有这些勇者所意味的，可归于[编按：原稿动词为复数形式]一个日益成长的德意志男子气和男人样的标志，腓特烈大帝的士兵们上演的是这个男子气和男人样的序曲：这可是一个缓慢诞生、日益强健的新种族的标志。在此期间，老德意志人那个变得虚弱和枯萎的类型[——今天还存在]也把自己保存了下来，甚至有时还重新占了上风(尤其是作为德意志浪漫派和德意志音乐)；而他国则观望不已，不知道应该按照哪一种尺度来衡量德意志人(——现在德国蓦然获得的成功[也许]多亏了这种观望和犹疑)。几个世纪以来人们在比如某位德意志学者和“诗人”上有过的想象——他们有最好的理由这样做——，可以从拿破仑遇见歌德时所说的那句值得注意的惊异之语中认识到：“这真是个男人！一个真正的男人！我还以为只会见到一个德意志诗人。”——编注[译按：弗利德里希·奥古斯特·沃尔夫(Friedrich August Wolf)，为德国古典学(Altertumswissenschaft)的奠基人；尼布尔(Barthold Georg Niebuhr)，在德国古典史学中地位亦颇似沃尔夫。]

② 最后………]参看科利版第 11 卷，34[97]；歌德：《与拿破仑之会晤》，1808 年，随写(1808 年 10 月 2 日)“他注意地打量了我之后说道：‘Vous êtes un homme[这是个人]。’我鞠了一躬。”《1749—1822 年的年报或日记和年记》；亦参见《作为教育家的叔本华》第 3 节。——编注

210[①]

所以，假定在未来哲学家之肖像中有某处特征，让人以为他们也许未必是刚才所提示意义上的怀疑论者，那也只标识出他们身上的某一点——而不是他们本身。依同样的理由，他们可以让人称自己为批判者；而且将可靠地成为实验人。用这个我冒险用以命名他们的名称，我已经在鲜明强调了尝试和尝试的乐趣：之所以如此，是因为他们，作为身体和灵魂的批判者，喜欢在一种新的，也许是更广阔、也许是更危险的意义上拿自己做实验罢？在认识的激情中，他们必将以诸种果决而痛切的尝试，比一个民主世纪所具有那种软心肠的柔化了的趣味所可能赞同的，走得更远罢？——

① 准备稿(笔记本 W I 6)：把我们自己标识为一群在最广阔的意义上拿自己做实验的新批判者和分析者，——这也许是一个可以允许的、能够说服我们中有些人采取的伪善做法。照我们的评价，具有单凭其本身也许就可以造就出强健的批评者的诸般特性，是我们所是的这样一种造物的前提：[心意已决]随机应变的勇气，独来独往并能够自负其责，说不和肢解时的乐趣，“即便此际心在滴血”依旧操刀的手的沉着。我们与批判者同有一种迅速的、预备好了的恶心：尤其是对于痴迷者、理想主义者、女人气的人、阴阳人；而倘若有人懂得跟随我们直抵我们隐秘的心室，在那里也很难找到那种意图，即让“基督教情感”跟“古典趣味”，甚或还跟那种“现代议会制度”和解(这，在我们这个非常不稳定因而非常要和解的世纪里，在所谓的哲学家这里应该是可能的)的意图。批判性的培养是[如前所述，一个我们就像在坚守]精神事物的[某种]纯净与严格[那样坚守的事物]——我们私下里还会用完全不一样的、更加厉害的话来说这件事——：尽管这样，当我们说：“哲学是批判和科学——此外无他！”那是把这个看作对哲学的不小侮辱。诚然，这种评价今日风头正盛，遍开于德国和法国所有实证主义者、现实哲学家和“科学的哲学家”；但愿它也许迎合康德的心意和趣味。这些赞同批判和科学的人乃是批评者和科学人，本身却不是哲学家：哥尼斯堡的那位伟大的中国人，也只是一个伟大的批判者。——编注

这是没有疑问的：这个正在到来者至少不能有失那些严肃的、令人不无疑虑的特性，那些特性将使批判者从怀疑论者当中脱颖而出， 143 我指的是，价值尺度的可靠，方法上有意识地把持住某种一致性，随机应变的勇气，独来独往、自负其责；是的，他们坦承，自己在否定和肢解中有一种**乐趣**，自己有一种特定的、深思熟虑过的残忍，知道沉着精细地用刀，即使心在滴血。他们将比人道人（humane Menschen）所能愿望的**更为强硬**（而且也许并非总是只针对自己），他们将不会为了"真理"使自己"愉悦"、"崇高"或"激动"便与之为伴：——他毋宁是不怎么相信，为感觉带来这样一些娱乐的正好是**真理**。如果有人说"那种思想提升了我：它怎么不该是真的呢"，或者说："那件作品让我迷醉：它怎么不该是美的呢？"或者说："那位艺术家拓展[①]了我：他怎么不该是伟大的呢？"他们，这些严格的精神们，便会微笑。——在一切诸如此类的痴迷者、理想主义者、女人气的人、阴阳人面前，他们预备的也许不仅是一个微笑，而是实实在在的恶心，而若有人懂得跟随他们直抵他们隐秘的心室，在那里也很难找到这种意图，让"基督教情感"跟"古典趣味"，甚或还跟那种"现代议会制度"和解的意图（好像在我们这个非常不稳定，因而非常要和解的世纪里，甚至在哲学家身上也应该出现诸如此类的和解状态似的）。批判性的培养，造就精神事物的纯净和严格的每一个习惯，未来哲学家将不只是期望自己拥有这些：他们会把这些当作他们特有的装饰品那样佩戴起来，甚至戴给别人看，——尽管这样，他们还是不愿意因此被叫作批判者。像今天这

① "拓展"(vergrössert)：字面义为"使……(伟)大"。——译注

样常常发生的那样，当有人颁布道："哲学本身就是批判和批判性的科学——此外决无他事！"那么在他们看来，这对哲学可不算个
144 小侮辱。且让对哲学的这样一种评价得到法国和德国所有实证主义者的鼓掌欢迎罢(——这评价甚或有可能曾经是迎合**康德**的心意和趣味的：人们可以回想一下他的主要著作的题目——)：我们的新哲学家尽管如此仍然会说：批判者是哲学家的工具，恰恰因为这一点，作为工具，他们本身离哲学家还差得老远呢！哥尼斯堡的那位伟大的中国人，也只是一个伟大的批判者。——

211

我坚持，人们最终应该不再把哲学劳动者和一般而言的科学人与哲学家相混淆，——恰恰在这里人们应该严格地"给予每个人他所应得的"[1]，给前者的不要过分，给后者的不要少得过分。对于真正哲学家的教育来说必需的是，他的侍从们，亦即那些哲学的科学劳动者们所驻留——**必须**驻留——于其上的所有这些阶段，他自己都要驻扎一遍；他自己必须也许曾经是批判者、怀疑论者、教条论者、历史学者，此外还是作诗者、收集者、旅行者、猜谜者、道德主义者、观看者、"自由的精神"以及几乎一切，周游巡遍人类价

---

① "'给予每个人他所应得的'"原文为 Jedem das Seine，当出自拉丁格言 suum cuique[各得其所]，这个根源于古典正义观念的说法见于查士丁尼的《法学阶梯》(*Institutiones Iustiniani*，1：1)："正义是给予每个人他应得的部分这种坚定而恒久的愿望"(Iustitia est constans et perpetua voluntas ius suum cuique tribuendi)，参见查士丁尼：《法学总论·法学阶梯》，张企泰译，商务印书馆，1989 年，第 5 页。——译注

值和价值情感，能够用多种多样的眼睛和良心张望，从高处向每一个远方，从深处向每一个高度，从角落向每一处开阔地带。而所有这一切，只是他使命的前提：这个使命本身意愿某种有所不同者，——它要求他创作[①]价值。那些哲学劳动者，遵照康德和黑格尔的高贵模范，要把一种宏大的、关于诸种价值评估——即以前一度占统治地位并且在某一时代被称为“真理”的价值设定和价值创造——的事实要件固定下来，挤压到公式里去，或是在逻辑领域，或是在政治（道德）领域，或是在艺术领域[②]。这些研究者的职责 145
则是，使迄今发生过、评价过的一切可以被看得穿、想得透、把握得定、操作得了，是缩短一切长久者，乃至缩短“时间”本身，制服整个过去：一项艰巨而绝妙的使命，在这样的功绩中，每一个精细的自负，每一个坚韧的心愿都保证能够满意。真正的哲学家是命令者和立法者：他们说：“应该这样！”，他们首先确定人类向哪里去和做什么，并在这些问题上指配所有哲学劳动者、所有制服过去者的前期工作，——他们用创造之手去把握未来，一切现在和过去之所是者，皆在他们这里变为手段，变为工具，变为锤子。他们的“认识”[③]是创作，他们的创作是立法，他们求真理的意志是——求权

① “创作”原文为schaffen，它与下句中的“创造”（schöpfen）同源，但schaffen兼有“完成、实现”之义，在古德语和现在的奥地利、瑞士德语中亦有“劳作”（arbeiten）之义。故该词狭义上固然表示“创作艺术作品”，此处与下处加黑体者当作广义的“创立、作出”解。这里所暗含的“生活（leben）即创作（schaffen）”之义与“劳动者”（Arbeiter，通译为“工人”）的对比，亦可参看第256节。——译注

② 付印稿此处删去如下内容：（历史亦属此列——）。——编注

③ “认识”（Erkennen）此处读为动词；它区别于“知道”（Wissen）。参见192节“知识与认识”、194节“认得”注。——译注

力的意志。——今天可有这样的哲学家么？以前曾经有过这样的哲学家么？难道不是**必须**有这样的哲学家么？

212

在我看来情况越来越是这样了：哲学家，作为明天和后天的一种**必需的**人，在每个时代都与他的当今（Heute）处在、并且**必须**处在矛盾之中：每一次他的敌人都是当今之理想。迄今为止，一切超逾常规的、人们称之为哲学家的人类促进者们，很少自己觉得自己是智慧的朋友，而毋宁觉得自己是让人难受的傻子，是危险的问号——，并且发现，做他们所在时代的坏良心是他们的使命，他们无意得之又无可回避的严酷使命，他们的任务的伟大之处最终竟在于此。他们把活体解剖的刀径直切入**时代美德**的胸腔，由此透

146 露出它特有的秘密是什么：这样做是为了知道人类的**新的**伟大，走一条从未走过的将拓展人类的新路。每一次，他们都揭示出，有多少虚伪、怠惰、率意自为、自甘堕落，有多少谎言藏匿在当代道德性最受尊敬的类型中，有多少美德已经**为生命所超越**（überlebt）；每一次，他们都说："我们必须出发，出去，到**你们**今天最不亲切自在的地方去。"面对一个"现代理念"的世界，一个想把每个人都驱使到某个角落和某个"专长"里去的世界，一位哲学家，倘若今天还能有哲学家的话，将被迫去设定人类的伟大，将偏偏在人的广泛性和驳杂性中、在他由多方面构成的整体性中设定"伟大"这个概念：他甚至将根据一个人能够承载和承担多少东西和多少多样性，能够把他的职责抻得多**宽**，来确定价值和等级。今天，时代趣味和时代

美德使意志变得虚弱和稀薄，没有比意志虚弱更合时宜的了：那么在哲学家的理想中，“伟大”这个概念则恰恰必须包括意志的力量，做出长期决定所需的强硬和能力；基于与此同样充分的理由，跟它相反的学说，一种昏昧、放弃、恭顺、无私的人道的理想，乃适合于一个颠倒的年代，一个跟 16 世纪一样正苦于它久蓄的意志能量和对自身的专注所引发的最狂野的洪水与海啸的年代。在苏格拉底的时代，在那些本能已经疲惫的纯属人类的人中间，在保守的雅典人中间，这些雅典人率意而行——按其所言是“求幸福”，按其所为则是找乐子——，且为此总有满口古老而堂皇的言辞可说，他们的生活早就不再给予他们诉说这些言辞的权利了，就是在这些人中间，也许亟需的是对灵魂之伟大[①]的**反讽**，是古代医生和群氓之辈的那种苏格拉底式的恶毒的沉着，他们用一道目光毫不顾惜地切
入自己的肉，同样亦切入“高尚者”的肉和心，那目光明白说道：“在 147
我面前你们就别装了！在这里——我们是平等的！”今天则颠倒过来，今天在欧洲，唯有群畜可达到荣耀和分配荣耀，“权利平等”可以轻而易举地翻转为平等地不公[②]。我想说，变为向一切稀有者、陌生者、有特权者、高等的人类、高等的灵魂、更高级的义务、更高级的职责、创造性的权力扩张和统治状态（Herrschaftlichkeit）的宣战——今天“伟大”这个概念包括，做高尚者，意愿独立自为，能

① 据考夫曼，“灵魂之伟大”（Größe der Seele）可追溯至亚里士多德在《尼各马可伦理学》中称赞的 megalopsychia［大气］，该词字面义为“心灵宽广”，正与后 267 节所引中文之“小心”相对。——译注

② “平等”原文为 gleich，亦可解为“相同、相像”；故下文“平等地不公”亦可解为“相同地无权”（参见第 42 节“不公的权利”译注）。——译注

够有所不同，独来独往并一定要独当一面地生活；而哲学家自己的理想，则将在下面这样的建言中有所透露："那能够成为最孤独者、隐藏最深者、偏离最远者的，超然于善恶彼岸的人类，自己美德的主人，意志充沛者，应该是最伟大者；这些就应该叫作伟大：能够既多样又完整，既宽广又饱满。"再问一句：在今天——伟大是否可能？[①]

213[②]

哲学家之所是，之所以是学不来的，乃因为这是教不来的：必须从经验中去"知道"，——要么就应该有不去知道的自负。可是时至今日，全世界都在谈论他们不能够拥有其相关经验的事物，就哲学家而言，就哲学的形势而言，这种状况最广泛、最严重：了解和可以了解哲学形势的是极少数者，所有关于它的流行意见都是错的。所以，比如那种真正哲学意义上的并举[③]——一边是果敢恣肆的精神状态，踏着快板疾走，一边是辩证法的严格和必然性，从

① 且……]付印稿中不作此句，却有下面这些被删去的内容：有一只新眼的普洛透斯，安然在生活中潜得越来越深的生命潜水者。再问一句：[就在今天哲学家还是否可能]今日这样一种伟大还是否可能？———可是再问一句：诸如此类者在今日如何可能？。——编注

② 准备稿（笔记本 W I 2）第一稿：有一个把许多人碰壁的贵族制问题。这使得，这个问题关系到与少数人才有的高级和超常的状态。什么都知道一点的灵活脑袋（比如爱德华·封·哈特曼）或者不太活络的老实的经验论者们（比如欧根·杜林）要处理这样的问题时，完全不值一提。他们的天性是不允许进到这里来的：门始终关着，或者——人们微微一笑。——编注

③ "并举"原文为 Beieinander，既表示"并排、并列"，也可以表示"状况"，即关联上句说的"形势"（Zustände）。——译注

不会走错步——，就是大多数思想家和学者从他们的经验出发无法了解的，而万一有人要在他们面前谈论这个，他们又以为不可信。他们把每个必然性想象为窘迫，想象为那种尴尬的“必须遵 148
循”和“被迫勉强”；而思想本身对他们则是某种缓慢、犹豫之事，近于一种辛劳，并且相当常见地被认为“值得流些贵族的汗水”——而完全未将它当作一种轻盈、神性之事，最亲近于舞蹈和狂欢之事！在他们那里，“思考”与“严肃对待”、“沉重对待”某事——是一回事情：他们对此只有过这样的“体验”——。在这方面艺术家们则喜欢有一种更精微的氛围：他们知道得太清楚了，恰恰当他们对所有事物都不再“专断地”而是“必然地”去做的时候，他们那种自由、精妙、全权在握的感觉，创造性地设定、支配、赋形的感觉，才达到其高点，——简言之，这时，必然性和“意志自由”在他们这里合而为一。终归会有一个灵魂状态的等级序列，它与问题的等级序列相对应，每一个没有通过其精神状态的高度和权力被预定为最高问题之解决者的人，会在最高问题上无情碰壁。什么都知道一点的活络脑袋，或者不太活络的老实的机械师和经验论者们，正如今天如此频繁地发生的那样，怀着他们的平民虚荣心朝着最高问题旁边挤过来，仿佛要挤到这个“宫廷中的宫廷”上来，这又有什么用呢！那些粗脚板是永远不允许踏上那样的地毯的：在事物的元法则中就已经对此做出了安排；对此等纠缠不休者，门始终是关上的，让他们把脑袋往上面撞吧，哪怕撞碎了！对于一切高等世界，其人必须是为它而生的；更确切地说，必须是为它而培育的：即使在这里，对哲学——就这个词最广泛的意义上讲——的权利亦只能凭借其人的出身，即他的祖先和“血统”，来决定。必定有许多世

系已为哲学家的诞生做了前期工作；哲学家的每一种美德都必定是单独地被获得、照料、传承和化为血肉的，不仅限于思想上果敢、
149 轻盈、细致的运转推进，首先更在于对重大职责的热心，统治时张望和俯视的威严，对自己脱略于群众及其义务与美德之外的感觉，为受到误解和诽谤者（可以是上帝，也可以是魔鬼）的亲切维护与辩护，对伟大公正的兴致和熟习，命令的艺术，意志的广阔，罕有惊讶、罕有仰视、罕有爱意的悠缓的眼睛……

第七章　我们的美德 151

214

我们的美德？——很有可能，我们也还拥有我们的美德，虽然已经不是祖辈们率真粗朴的、我们会因之尊敬但也因之疏远他们的那种美德了，这本是合乎情理的。我们这些属于后天（Übermorgen）的欧洲人，我们这些20世纪的初胎儿们，——带着我们所有危险

的好奇、我们在伪装上的花样和艺术、我们在精神和感官中酥软 187
的、泛着甜味的残忍，——**倘若**我们应该拥有美德，我们估计将只拥有这样一些：它们会学习跟我们最亲熟、最衷心的偏好，跟我们最热烈的需要最好地相处：来吧，让我们到我们的迷宫里找找看吧！——在这个地方，正如人们知道的，好些是找不到了，好些是完全消失了。有什么事比**寻找**自己的美德更美妙的吗？这岂不是已经近于：**信仰**自己的美德吗？——从根本上说，这跟人们从前称之为其“好良心”[①]者不是同一个东西吗？不就是那根值得尊敬

① “好良心”原文为“gutes Gewissen”，此为直译，通译为“心安理得”；相应地，“坏良心”（schlechtes Gewissen）即“良心不安”。基于尼采的视角，一般人从道德角度说的良心之安或不安，不过体现出良心本身品地之好或坏。参见《论道德的谱系》第二论“坏良心”注。——译注

的、拖得长长的概念辫子吗？我们的祖辈们不就是把它垂在脑后，至为常见的还是垂在他们的理智后面吗？由此看来，尽管我们自以为无论怎样都不算老式了，不像祖父们那样正经了，但是，在总
152 体上我们还是这些祖辈们的称职子孙，我们这些有好良心的最后的欧洲人：我们也还拖着他们的辫子。——嘿！但愿你们知道，很快就会、竟然这么快就会——有所不同了！……

215

正如在星球的王国中，有时是两个太阳规定一颗行星的轨道，正如在特定的情况下，不同颜色的太阳绕着同一颗行星发光，时而是红光，时而是绿光，还会又同时照在上面，泛出斑驳色彩：我们这些现代人也是这样，借助我们“星空”的复杂机械装置——我们受到**相异的**道德的规定；我们的行为在相异颜色的轮番照耀之下，少有单一的意义，——有足够的情形，让我们做出些**斑驳**的行为。

216

爱他的敌人？我相信，这件事已经学得够好了：今天已经大大小小地发生过千百遍了；甚至偶尔有更高明、更精妙的事——当我们在爱、恰恰在我们最爱的时候，我们学着**蔑视**：——不过所有这一切都是无意识的，不喧哗，不张扬，带着那种对善意的羞耻和隐藏，以杜绝堂皇的说辞和美德的套话挂在嘴上。以道德为态度——今天对我们来说有悖于趣味。这也是一个进步：正如我们

的父辈曾经取得的进步，在他们手上，以宗教为态度，包括反对宗教的敌意和伏尔泰式辛辣（以及此前属于精神自由不羁者专用手势语言的一切事物），终于也不容于趣味了。所有清教徒连祷[①]，所有道德布道和乡愿之音都不愿对之奏响的，就是我们良心中的音乐，是我们精神中的舞蹈。

217 153

有些人很看重别人信任他们能做出道德行动，能做出精细的道德区分，在这些人面前可要注意啊！当他们有时在我们面前出差错（或者甚至在我们身上出差错）的时候，他们从不体谅我们，——即使跟我们还是**朋友**，他们也不可避免地成为我们的本能诽谤者和损害者。——健忘的人有福了：因为他们还能“对付得了”[②]他们的愚蠢。

218

法国的心理学家——此外今天哪里还有心理学家么？——在对那些资产阶级愚蠢[③]辛辣而花样百出的戏弄上，总是不曾尽兴，

① 连祷（Litanei）：基督教以一启一应的形式所做的连续性吁求的祈祷。——译注

② “‘对付得了’”原文为（mit）fertig（werden），兼有“了结”与“对付”之义。——译注

③ “资产阶级愚蠢”原文为法语，bêtise bourgeoise，出自福楼拜，《通信集》第六卷，1871年10月4日或5日致乔治·桑的信。——译注

仿佛如果……尽了兴,他倒暴露出某些东西。比如福楼拜,这位老实的卢昂市民,最终再也不会看到、听到和嗅到什么别的东西:无非是他那个种类的自我折磨和较为精细的残忍。现在我建议沉醉于另一种不同的事物,以供调剂——因为否则会无聊的——:这就是那种无意识的狡猾,所有善良厚重老实的中等精神都用它来对待更高级的精神及其使命,那种精细的勾缠着的耶稣会式的狡猾,它比这个中间等级状态最佳时的知性和趣味——甚至也比他们的牺牲品的知性——要精细一千倍:这又一次证明了,在迄今所发现的一切种类的才智中,"本能"是最有才智的。简言之,你们这些在对"例外"的斗争中研习"常规"哲学的心理学家们:这里你们有一出戏要演,对诸神和神性的恶毒来说,这可是够好的一出戏!或者说得更清楚一些:这里你们要对"善良的人"做活体解剖,对"homo bonae voluntatis[1]"[善良意愿的人]……对**你们**自己!

154 219[2]

道德判断和判决的精神狭隘者最喜爱对那些为数较少者的复仇,这也是一种损失补偿,因为他们从自然得到的馈赠很差,现在终于有了一个机会,可以得到精神并且**变得**精细了:——恶意被精

---

① homo bonae voluntatis[善良意志的人],语出《新约·路加福音》第 2 章第 14 行:"在至高之处荣耀归于上帝!在地上和平归于他的喜悦的人!"尼采使用了正确的拉丁译文,(武加大版作:Gloria in altissimis Deo et in terra pax hominibus bonae voluntatis)今人考证"他的喜悦的人"(即上帝之"善良意志"所加者)当为"善良意志的人"。——译注

② 参看科利版第 9 卷,3[69];第 11 卷,25[492]。——编注

神化了。让他们从心底里感到痛快的是，有一个尺度，在它面前，即使是那些精神中堆满财富与特权的人，跟他们也是平等的：——他们为了“在上帝面前人人平等”而斗争，并且几乎是为此而需要信仰上帝。无神论最有力量的对手就在他们中间。谁若对他们说“一种高级的精神状态，与只剩下道德的人的无论哪一种老实和可敬，都是不可比较的”，那会惹恼他们：——我会防止自己这样做。我毋宁要用我的话来恭维他们说：一种高级精神状态本身只是作为诸种道德品质最后生就的怪材才持存下来；它是一个综合，当那些在“只有道德”的人那里广受传颂的状态单个地、经过长期培养和练习、也许是在一连串完整世系中被获得之后，对所有那些状态的一个综合；我还要说，高级的精神状态恰恰是公正的精神化，是那种善意的严格的精神化，那种严格知道自己被授权，在事物本身中——而不仅仅是在人类中，维持世界上的等级秩序。[①]

220

关于当今如此符合民众口味的对“不计利害者”[②]的称赞，人们必须——也许要颇冒一些危险——意识到，民众所指利害究竟

① 惹恼他们：……]准备稿：惹恼他们。我的命题是，一切高级精神只是作为道〈德〉诸品质的最后生就的怪材而持存下来；它把所有那些在“只有道〈德〉”的人那里广受传颂的状态统一起来，使之发挥根本的功能。——编注

② “不计利害者”原文为 des uninteressirten，与后面所引法语词“déintéressé”皆有二义：“不感兴趣（者）、淡漠（者）”或“不自私自利（者）、不偏不倚（者）”。此节中该词以及“利害”（Interesse，亦可译为“兴趣”）、“无关利害”（uninteressant，亦可译为“不让人感兴趣”）和“使……觉得有利害”（interessiert，亦可译为“让人感兴趣”）皆可作此二解。——译注

为何，普通男人所透彻而深入关心的，究竟是什么事物：包括那些受过教育者，甚至学者，如果并非一切都是假象的话，大概还包括
155 哲学家们。这样事实就会清楚：使更精细和更受娇惯的趣味，使一切更高等本性觉得有利害、有刺激的那些东西，在那种平均人看来，绝大多数是完全“无关利害”的：尽管如此，平均人在这些事物中注意到一种献身，他称之为“不计利害”（déintéressé），并且惊诧地想知道，这是何以可能的。曾经有过一些哲学家，他们还知道赋予这种民众惊诧以一种诱惑性的、神秘彼岸的表达（——也许因为他们对那种更高等本性并没有出自经验的认识？），而避免把那种裸露的、平心而论合乎情理的真理摆出来，说什么“不计利害”的行为是一种十分有利并且得利的行为，只要假设……“那爱呢？”——怎么！难道连出于爱的行为也应该是“非利己”的么？你们可真是些蠢货呀——！“那对牺牲的称赞呢？”——可是，谁若真正牺牲过，就会知道，他是为此意愿某种东西并且得到了某种东西，——也许是为了某种自己的东西而意愿并且得到了某种自己的东西——他在此处献身，为的是在别处拥有更多，为的是也许从根本上成为更多，或者感觉到自己确实“更多”。不过，这已到了一个提问和回答的领域，一个被娇惯坏了的精神不喜欢在此逗留：到这里，真理已经那么困，不得不强忍住哈欠，如果它必须回答的话。真理终归是一个女人：人们不应该对她施暴。

221

事情是这样的，一位道德主义方面的学究和拘泥于细节者说，我尊敬并且推崇一个不自私自利的人：但不是因为他不自私自利，

而是因为，他在我看来拥有一种权利，以自己额外的付出而对另一个人有益。够了，他是谁，而那个人又是谁，这还一直是个问题呢。比如说，倘若一个人已经被确定为、并且被造就成命令者，则自我否认和退让就不是美德，而是对美德的滥用：在我看来就是这样。156
每一种自认为绝对的、面向每个人的非利己道德，都不只是有罪于趣味：它们会刺激引发渎职罪，毋宁是仁爱（Menschenfreundlichkeit）面具下的一种诱惑——而且恰恰是对那些高等者、更稀有者、有特权者们的诱惑和损害。人们必须强迫这些道德从一开始就遵从等级顺序，人们必须诫止它们僭越行事，——直到它们最后彼此明白，“推己及人”[1]这种话是不道德的。——也就是说，我所说的道德主义学究和老好人：当他那样念叨着那些道德的道德性时，人们笑话他，不亦宜乎？不过，当人们想用笑话把观众争取到自己这边来的时候，不应该太过正确；有一丁点不正确，甚至算得上好趣味呢。

222

在今日人们为同情布道之处——确切说来，现在人们不再为其他宗教布道了——心理学家该竖起他的耳朵了：透过此等布道者（同所有布道者一样）的全部虚荣和全部喧哗，他将听见一阵沙哑而真切的哀鸣，诉说着自身蔑视。自身蔑视属于那个到现在已

① “推己及人”原文为 was dem Einen recht ist，ist dem Andern billig，德国谚语，直译为“对一个合适的，对另一个也公道”，表示一个规则既然适用于一方，也当适用于另一方。——译注

推进了一个世纪之久的欧洲的阴郁化和丑陋化过程(其第一个征兆已经记载在加里安尼致德·皮奈夫人[①]的信中了):**如果它不是其原因的话**!那种“现代理念”人,那只自负的猿猴,按捺不住地自己对自己不满意:这一点是肯定的。他在受苦:而他的虚荣意愿他只是在“一同受苦”[②]……

157 223

欧洲混合人——一种丑陋得尚可忍受的平民,总的说来——实在需要一套服饰[③]:历史学作为服饰储藏室于他是必需的。诚然他觉得,这里没有一套合他的身,——他换来换去。看看 19 世纪吧,看看这场风格的化装游行中快速的喜新厌旧吧;再看看那些感到我们“没什么东西站得住脚”[④]的绝望瞬间——。In moribus et artibus[在道德和才艺上]显摆自己是浪漫主义的、古典主义的、基督教的、佛罗伦萨式的、巴洛克式的或者“民族的”,都没有用场:“不好穿”!不过,即使在这样的绝望中,“精神”,尤其是“历史学精神”,也见出自己的优点:总是会再来一件史前或异国的新货,被试穿,套上,脱下,包好,尤其是被**研习**[⑤]:——我们是第一个在

① 德·皮奈夫人(Madame d'Epinay):18 世纪法国著名的沙龙女主人。——译注

② “一同受苦”(mit leidet)亦即“同情”,参见第 202 节“同罹苦难”译注。——译注

③ “服饰”(Kostüme)此处专指特定历史服制下的衣服。——译注

④ “没什么东西站得住脚”,原文(uns)“nichts steht”,同时又可解作“没有什么适合(于我们)”。——译注

⑤ “研习”(studirt):原形 studieren,专指在大学中正规地学习。——译注

"服饰"上作过 in puncto[相关][1]研习的年代,我指的是,为了伟大风格的谢肉狂欢[2],为了精神的谢肉节[3]嬉戏和放情,为了达到胡说八道和阿里斯托芬式世界嘲弄的先验性高度,前所未有地准备好那些道德、信仰纲目、艺术趣味和宗教。也许,我们在此恰恰还揭示出我们的发明领域,在这个领域里,连我们,差不多作为戏仿世界历史的倡优和扮演上帝的笨汉丑角,居然还能是原创性的,——也许,就算今日再没有什么东西拥有未来,恰恰是我们的笑还拥有未来!

224[4]

历史感(或者那种能力,对于某个民众、某个社会、某个人所据以生活的诸种价值评估的等级顺序一猜便中的能力,对于这些价

① in puncto[相关]:该拉丁短语表示"关于",然至尼采时在德语中更多是作为对 in puncto puncti sexti[关于第六条]的戏谑性简称,表示跟十诫第六条("不可奸淫")相关者,即床笫之事。——译注

② "谢肉狂欢"原文为 Karneval,通译"狂欢节"或"嘉年华",原指谢肉节(圣灰星期三),杜登词源辞典以为源于中古拉丁语的 carnelevale[取走肉]或拉丁语的 carne vale[再见,肉]相关。——译注

③ "谢肉节",原文 Fasching,指斋前狂欢节(Fastnachtszeit),系复活节四旬斋期前为期数周的狂欢节庆。——译注

④ 准备稿(笔记本 W I)第一稿:我们的历史感是我们半野蛮状态的一个结果:后者又是从我们有教养等级的平民趣味而来。由此我们得以追随感受过去事物中最伟大的部分,因为这几乎总是半野蛮地进行的:我们的最高者是荷马和莎士比亚(后者是西班牙-摩尔-撒克逊的),但那些最伟大的作品和人如高乃依、拉辛、索福克勒斯等于我们却始终无法通达——那些真正高尚的作品和人,在他们那里,伟大的力量首先驻留于无度量者之上,以及在驯化中和颤动着的稳定中的精微乐趣,就像在喘吁前突的骏马上的骑士。——编注

值评估之间的联系、对于价值的权威和起作用的力量的权威之间
158 关系的“预知本能”[①])：欧洲已经通过等级和种族在民主制下的掺混而跌进**半野蛮状态**[②]里了，作为这种着魔的狂乱状态的后果而来到我们面前的，就是这个历史感，我们欧洲人把它当作我们的特殊性，要求得到它，——直到19世纪才认识这种历史感，它是这个世纪的第六感官。借助于那样一种混合，那个过去，由一切形式和生活方式、由早先彼此紧密接触和交叠的诸种文化所组成的过去，汹涌而至，涌进我们“现代灵魂”，我们的诸种本能从此以后朝着各个方向回流，我们本身成了一种混沌——：精神，如前所言，终于在此看到它的优点。通过我们身体和欲望中的半野蛮状态，我们有了高尚年代从来不曾有过的通往各个方向的秘密通道，尤其是那些通向未完成文化的迷宫和通向一切只在大地上一度存在过的半野蛮状态的通道；只要人类文化中迄今最显著的部分正好是这种半野蛮状态，“历史感”就几近意味着那种施诸一切事物的感官和本能，施诸一切事物的趣味和舌头：由此它立刻证明自己是一种**不高尚**[③]的感性。比如，我们一再享受着荷马：也许，我们懂得品味荷马，是我们最幸运的殊胜之处，拥有某种高尚文化的人类（如17世纪的法国人，像圣-爱尔蒙德[④]，他责备这个世纪“性灵太过”[⑤]，

① 此处“预知本能”原文为 divinatorischer Instinkt，特指由神灵附体（Divination）而得的预言能力。——译注

② “半野蛮状态”（Halbbarbarei），通译为“半开化状态”。——译注

③ “不高尚”，此译意在保持译名一致；“高尚”原文为 vornehm，它还有“讲究”的意思。——译注

④ 圣-爱尔蒙德]出处未详。——编注

[译按：圣-爱尔蒙德（Saint-Evremond）：活跃于17世纪，法国文人，他关于宗教的讽刺性作品《奥克坎库尔元帅与加纳耶神父的对话》与帕斯卡的《致外省人信札》齐名。]

⑤ 所引原文为法语，esprit vaste，无引号；esprit[性灵]亦即“精神”。——译注

甚至还有他们的殿军伏尔泰）以前或现在都不会那么容易就知道如何精通荷马，——他们几乎不允许自己去享受他。他们的腭[1]所做的“是”或者“否”的断然判定，他们那准备随时吐露的恶心，他们在涉及一切异类事物时那犹疑的矜持，他们对缺乏趣味之事（甚至对活泼的好奇心）的羞怯，说到底，一切高尚和自足的文化都有的那种不甘愿，不愿坦白还有一种新的贪婪，不愿坦白对自身的不满意和对陌生事物的钦慕：所有这一切，都使他们毫无益处地跟世界上最好的事物相对立，唱反调，倘若这些事物不归他们所有或者 159
不能为他们所掠取，——对这样一些人类来说，恰恰没有比那种历史感及其卑下的平民好奇心更不可理喻的感性了。莎士比亚所处的情形也一样，对这个令人震惊的西班牙-摩尔-撒克逊的趣味综合体，一个古雅典人出于对埃斯库罗斯的情谊，会要么笑个半死，要么气得半死：但是我们——以一种莫名的亲切和由衷，恰恰接受了这种狂野的斑斓，这种最细腻者、最粗俗者与最做作者的相互混杂，我们将之当作专门留给我们的艺术精粹来享受，呛人的烟雾和凑到跟前的英国群氓（莎士比亚的艺术和趣味就活在他们中间）于我们的享受几乎无所干扰，犹如在那不勒斯的基艾亚[2]：这时，我们着了魔一般乖乖跟随自己的所有感官一路走去，不管群氓棚区下水道的气味熏塞四空。[3] 我们这些具有“历史感”的人：我们就

① “腭”（Gaumen）在德语中又引申为“味觉、口味”。——译注

② 基艾亚（Chiaja）为那不勒斯的一个区。——译注

③ 我们……］笔记本 W I 1：莎士比亚和巴尔扎克：那附近总是多少污秽和粗野，多少平民！作用在我身上，犹如在有魔力的那布勒斯的基艾亚散步。平民棚区的下水道气味充塞四空。参看科利版第 11 卷，25[123]。——编注

是这样拥有我们的美德的，毋庸争辩，——我们无所希求，无私，谦逊，勇敢，充分地克服自身，充分地献身，非常感激，非常耐心，殷勤迎合：——尽管有这一切，但我们也许不是非常“富有趣味”。让我们最终向自己坦白吧：对我们这些具有“历史感”的人来说，最难以把握、感觉、品味、爱慕者，于我们从根本上有偏见且几乎有敌意者，恰恰是任何一种文化和艺术中的完满者和最后成熟者，是作品和人的真正高尚，那海澹风宁、静穆自足的时刻，所有已经完成的事物都会发出的金光与寒气。也许，我们伟大的历史感美德处在一种跟**好**趣味的必然对立之中，至少跟最好的趣味是对立的，恰恰对于人类生活中那些小的、短暂的、最高程度的欣幸和光华，对于
160 它们怎样有时于某处闪现一下，我们力所能及者，只是拙劣地、只是犹疑地、只是勉强地在自己身上来描摹：那样的瞬间和奇迹，当一股伟大的力在无尺度者和无界限者面前心甘情愿地驻留之际——，当人们在那个骤然的驯化和石化过程中、稳稳立定并把自身固定在一块尚且颤动的地面上尽情享受着精微乐趣之际。**尺度**对我们是陌生的，我们供认不讳；我们的痒就是无限者和无度量者的痒。犹如骑士在吁喘前突的骏马上，我们在无限者面前放下缰绳，我们现代人，我们半野蛮人——唯当我们处于最大的——**危险中**时，我们才处于**我们的**福祉中。

225

或是享乐主义，或是悲观主义，或是功利主义，或是幸福主义：所有这些根据**乐**与**苦**，亦即根据伴随状态和附带之事来衡量事物

价值的思想方式，都是前台思维方式，都是天真，每一个于自己身上意识到**赋形**力量和一种艺术家良心的人，都将不无嘲弄，也不无同情地卑视之。同情**你们**啊！这诚然是跟你们所见的不一样的同情：这不是对社会性“窘迫”①、对“社会”及其患病者和不幸者、对一开始即沾染恶习者和支离破碎者、对他们围着我们四周躺倒在地的样子的同情；这更不是对愤懑不平的受压迫而好造反的奴隶阶层（他们争求统治权而称之为“自由”）的同情。**我们的**同情是一种更高超更有远见的同情：——我们看见，**人类**是如何自行渺小化的，**你们**是如何将他渺小化的！——而有些时刻，我们恰恰怀着难言的担忧注视着**你们的**同情，同时抗拒着这种同情——，那时我们 161
觉得你们的严肃比无论哪一种轻率都更加危险。你们要尽可能地——再没有比这个更狂乱的“尽可能”了——**消除苦难**；而我们？——看来恰恰是，**我们**宁可要比以往任何时候都更高和更严重的苦难！安乐，按你们所理解的那样——可决不是目标，在我们看来倒是一个**终结**！是一种使人类迅速变得可笑可鄙的状态，——它使人以他的没落为**愿望**！苦难、**伟大**苦难的培养——你们不知道么，唯有**这种**培养做到了迄今为止对人类的所有提高？灵魂在不幸中的紧张，那种使之养成强健的紧张，它在目睹伟大毁灭时的战栗，它在承受、挺过、阐发、耗用不幸时的善于发明和勇敢，以及那些向来只通过深度、秘密、面具、精神、狡计和伟大而馈赠给它的东西：——这些难道不是在苦难之下、在伟大苦难的培养之下被赠予灵魂的么？在人类中**创造**与**造物者**合而为一：在人类

① “社会性‘窘迫’”原文为 der Socialen “Noth”，通译“社会贫困”。——译注

中有材料、碎块、富余、粪土、胡闹、混沌；在人类中却也有造物者、教化者、铁锤之强硬、观者之神性和第七日：——你们理解这种对立么？你们理解么，**你们的**同情，对人类中的造物者来说，就是必须被塑造、摧折、锻打、撕扯、灼烧、淬火、滤清的东西，——就是迫不得已而必须罹受和**应该**罹受的东西？而**我们的**同情——你们难道领会不了么，我们这颠倒了的同情就适用于你们，同时又抗拒你们的同情，就像抗拒一切柔化和弱化中最恶劣者？——也就是**反对**同情的同情！——不过，再说一次，存在着比一切关于乐与苦、关于同情的问题更高级的问题；每一种只往这些问题上奔跑的哲学，都是一种天真。——

162

226①

我们非道德论者！——这个与**我们**相关的世界，这个**我们**不得不在其中怕和爱的世界，这个精细地命令又精细地服从的世界，几乎看不见听不到，一个在一切方面都是“几乎”的世界，多钩、窘促、尖利、温柔：对笨拙的旁观者和亲昵的好奇心，它倒是防护得够好的！我们被包裹在一套严密缝制的义务衬衣里了，不**能**出来——，我们就在其中成了“承担义务的人”，那就是我们！间或，说真的，我们也在我们的“链条”里、我们的“剑”丛中跳跳舞；同样不假的是，更多时候我们在里面喀喀作响，对我们命运所有那些隐秘的强硬全不耐烦。但是，我们喜欢做我们所意愿的事：蠢货和视

① 参看科利版卷12，1[168]；2[185]。——编注

觉假象则反对我们说,“这是些不承担义务的人”——我们总会有反对我们的蠢货和视觉假象!

227[1]

正直,假定它是我们摆脱不掉的美德,我们自由的精神们——那么,让我们带着所有的恶意与爱意躬行之,并且不倦地在我们的、只在我们这里还残存的美德上使自己“完满”:但愿它的光辉,就像一道镀金、发蓝、嘲弄的霞光,曾在这个老迈的文化和它沉闷而阴郁的严肃上停留过一次!而且,即便有一天我们的正直疲倦了,哀叹着伸展肢体,觉得我们太强硬了,想要变得更好、更轻盈、更温柔,就像某种舒适的恶习:我们依然保持着强硬,我们这些最后的斯多亚主义者!我们要把我们身上仅有的魔鬼行径送给它,以为帮助——给它我们对笨拙之物和含混之物的恶心,我们的“nitimur in vetitum[求不当求之事]”[2],我们的冒险家勇气,我们机巧的、惯坏了的好奇心,我们那最精细、裹得最严实、最精神性的求权力和求征服世界的意志,那贪婪地扫荡和席卷未来的一切国 163

① 准备稿(笔记本 N VII 2)第一稿:我们应该把我们的诚实弄精细并推到高处,好让它像一节金顶留在这整个沉闷阴郁的年代之上。它若变得虚弱,或者显得踌躇,我们愿意把我们的好奇、我们的冒险勇气、我们的残忍,我们的 nitimur in vetitum[求不当求之事]以及我们那属于我们唯一和最后的美德的所有魔鬼行径,都送给它:就让人们把我们这些帮助弄混淆吧,这跟我们有什么相干!。——编注

② 据考夫曼,引文见奥维德《爱歌》(Amores)第三卷第四哀歌。奥维德原文为:“我们总是求不当求之事,要不许要的东西;正如病人就想喝医生不让他喝的水。”其旨盖言人欲之难遏。——译注

度的意志，——让我们带着所有“魔鬼”前去帮助我们的“上帝”吧！人们大概会于此错认和混淆我们：这有什么相干！人们将说：“你们的‘正直’[①]——这是你们的魔鬼行径，根本不是什么别的东西！”这有什么相干！就算人们真的有理由这样说又如何！迄今所有神祇不都是这般被神圣地施洗改名的魔鬼么？我们对我们自己到底知道些什么呢？引领我们的那位神灵[②]应该叫什么呢？（这是一项跟命名有关的事体。）我们庇护着多少神灵啊？我们的正直，我们自由的精神们，——我们关心的是，它不会变成我们的虚荣，我们的饰物和排场，我们的界限，我们的愚蠢！每一种美德都倾向于成为愚蠢，每一种愚蠢亦倾向于成为美德；“愚蠢到神圣的地步”[③]，在俄罗斯人们这样说，——我们关心的是，我们会不会从正直出发最终还是成了圣徒和无聊之徒！生命岂不是要长上百倍才够我们——无聊[④]于其中么？人们必定已经相信了永恒的生命，为了……

228

原谅我做的揭示吧：迄今全部道德哲学都是无聊的，都属于安眠药物——并且，在我眼中，对“美德”损害之大，莫过于它的鼓吹

① “‘正直’”原文为“Redlichkeit”，今偏指道德上的正直，而旧时多强调人之行为“表里如一”（参见《标准德语口语辞典》1798 年版和《皮埃尔辞典》1861 年版），尼采用此词时多偏重其“刚直不阿”之义；参见第 244 节“正直”译注。——译注

② “神灵”，原文 Geist，亦即“精神”，同时可解作神灵、精灵、幽灵等。——译注

③ 据《尼采频道》，参见伊万·屠格涅夫：《怪人》，威廉·朗格译，载于《从礁到海》，斯丕曼图刊，第一卷，1881 年 10 月，斯图加特 1881 年，第 228—241 页。——译注

④ “无聊”，原文 langweilen，字面义为“漫长的间隔”。——译注

者们的这种**无聊**；虽然我还是想承认这些鼓吹者的普遍有用性。其原因大半在于，人们对道德是尽可能少去思索的，——其原因又**很**大程度上在于，道德引起的兴趣大概不会超过一天！然而不要担心！这种情形今日一如既往：我在欧洲看不到任何人对下面这一点有过（或者**给出过**）概念：对道德的思索或许能够被搞得危险、棘手、诱人，——**厄运**有可能就在这里！人们可以观察一下比如那 164
种不知疲倦和不可避免的英国功利主义者，看他们是怎样笨拙而可敬地跟着边沁的足迹绕来绕去（荷马有个比喻说得更清楚），就像边沁本人跟着可敬的爱尔维修的脚印绕一样（不，这不是一个危险的人，这个爱尔维修！[①]）。不是新思想，不是旧思想细微的权变和褶皱，也从来不是一门关于早先所思考过的东西的真正历史学：整体上只是一部**不像样的**[②]文献，假如人们不善于带着一点恶意把它腌渍起来的话。因为就是这些道德主义者（万一**必须**读他们的话，人们无论如何要带着附加意图来读），竟也悄然养成了那种古老的英国恶习，名曰 cant[③][套话]，是**道德的伪善**，这一次则藏到科学性的新形式之下；即使在这里，也不乏良心愧疚所做的秘密抵抗，一个当年清教徒组成的种族，尽管在对道德做着科学论述，依然合乎情理地苦于这种愧疚。（道德主义者，难道不是清教徒的

① 爱尔维修！]自用样本：爱尔维修，这个波谷居朗泰元老，用加里安尼的话说；参见加里安尼：《致德皮奈夫人的信》第一卷，第 217 页，尼采图书遗藏书。——编注[译按：波谷居朗泰元老（sénateur Pococurante）系伏尔泰小说《老实人》（第 25 章）中一个人物，字面义为“不管事的参议员”。]

② “不像样的”，原文 unmögliche，它最主要的义项是“不可能”。——译注

③ “cant”，英文，既有“行话、套话”之意，也有“饰伪之辞、陈辞滥调”之义。——译注

对照么？也就是说，作为一个认为道德是值得一问的、值得打上问号的，简言之就是把道德当问题的思考者，难道道德主义者不应该是——非道德的吗？）最终他们全都愿意，**英国式**的道德性占了理：只要它正好被用来服务于全人类，或曰“普遍有用性”，或曰“大多数人的幸福”，不！是服务于**英格兰**的幸福；他们想尽一切力量证明，对**英国式**幸福的追求，我指的是对舒适和时髦[①]（以及在最高阶段对一个国会席位）的追求，同时也是正确的美德小径，乃至要证明，迄今世界上有过的如许多美德都已经包含在这样一种追求之中了。在所有这些滞重的、良心不安的群畜（他们的事业是把利己主义之事当作普遍福利之事来经营——）中，没有一个人愿意对
165 下面这些有所知晓或者嗅到点气味：“普遍福利”不是理想，不是目标，不是以任何方式可以把握的概念，而只是一剂催吐药，——对一个人来说合乎情理的，绝对还不**能**说对另一个人亦然，提倡唯一一种为一切人的道德，恰恰对高等的人类来说，是损害，简言之，人和人之间是有一种**等级顺序**的，因而在道德和道德之间也有。这是一个谦逊的、全然中等的种类的人，这些功利主义的英格兰人们，而且如前所述：鉴于他们是无聊的，对他们所起的功利，人们怎样评价也不算高。人们应该再**鼓励**他们：这正是下列诗句的部分用意。

埋头苦干的老实人，你们好呀，
一直是“干得越久，越喜欢”呀，
脑袋和膝盖，一直越来越僵呀，

① “舒适”原文为 comfort；“时髦”原文为 fashion，均为英文。——译注

没什么好激动，也没什么好玩耍，
经久耐用的中等货色呀，
不用天赋也不用灵气[①]。[②]

229[③]

在后来那些对人性可以感到自豪的年代里，遗留着这么多的恐惧，这么多出于对"野性而残忍的动物"（人性年代的那种自豪正

① 末句原文为法文，Sans genie et sans esprit，"灵气与天赋"在18世纪时见用于描述杰出人物。——译注

② 在付印稿中删去如下诗行：德意志人呐，此等英格兰人的/群畜般的知性/你们竟也尊为"哲学"？/把［歌德］斯宾塞跟［达尔文］黑格尔并列——/——你们真可耻，德意志人！这叫作/对天才威严的冒犯。参看科利版第11卷，28［45.46］。——编注［译按：上引诗节中最后一句"天才"原文为genii；原形可为genie（神明、鬼怪）或genius（天才、守护神）。］

③ 誊清稿（笔记本WⅠ6）第一稿：谁若作为认识者认识到，在所有生长的当中和之外，同时是毁灭的法则在掌管，为了创设，毫不留情的解决和消灭是必需的：则他为了受得了这般景象，必定学会对之感到欢乐——不然，他今后便不宜于认识。这就意味着，他必须擅长一种精细化了的残忍，以断然的心把自己造就成那样。一旦在诸种力量的等级顺序中，他的力量处于更高的位置，则他自己亦成了创设者中的一员而不只是一个观看者，那么，擅长在目睹众多苦难、蜕变和消亡时的残忍还不够：一个这样的人必须擅长享受地让自己疼痛，他必须用手、用做而不只是用眼来识得残忍。很有美德的虚伪会矢口否认这样的话：一切较高等的文化皆建立在对残忍的造就和精神化之上，看悲剧时的痛楚享受，跟面对斗牛、火刑堆竞技场上的角斗一样，皆可归于残忍，几乎一切今日面对所谓悲剧之同情而舒适地作用着的东西，其甜味皆得自于掺杂其间的残忍成分。认为对残忍的享受只有在看见他人受苦难时才会产生，这是一种很笨的想法；倒不如说有一种对本身的苦难、对自作自受的苦难的充分和过分的享受，比如在所有宗教中，它们皆要人自残，在忏悔中抽搐，苦修，要求良心的切齿自责，即或只是要求知性的牺牲，——通过那种自己针对自身的残忍的引诱性的秘密和战栗，它们说服人类去做这一切。最后，人们或该思量，每个认识者都强制他的精神违背精神的偏好，大多数时候也违背他心灵的愿望而工作，也就是说，在他想肯定、想爱、想尊崇的时候说不，这种深刻和彻底的对待方式本身就是一种与精神之基本意志相对的矛盾和残忍，那种精神意志意求的是显像和表皮，也就是说，在作为残忍艺术家的人类的最精神性活动中它也要掌管。——编注

是来自对这些动物的征服）的恐惧的**迷信**，以至于一些触手可握的真相甚至长达几个世纪一直未被道出，宛如有了约定，因为这些真相貌似会帮助那种野性的、终于灭绝的动物重新活过来。我也许要冒些风险，如果竟让这样一种真相从我这里溜走的话：但愿其他人会重新逮住它，从它那里多多汲取“虔诚心态的乳汁”[1]，直到它僵直地躺在它的古老角落里被人遗忘。——对于残忍，人们应该
166 重新学习，睁开眼睛；最终应该学习不耐烦，别再让这样一些不知客气的肥大谬论（比如在关于悲剧的问题上，新旧哲学家们把这些谬论喂得多肥）在周围合乎美德地肆意晃荡。几乎一切我们称之为“高等文化”的，都基于对**残忍**的精神化和深刻化——这是我的命题；那种“野生动物”从来没有灭绝过，它活着，它欣欣向荣，它只是——把自己神化了。造就悲剧那种痛楚的欢悦的，就是残忍；所谓的悲剧之怜悯，从根本上说甚至一切崇高事物，直至最高级和最细腻的形而上学战栗，那里面起着舒适作用的，其甜味无非得自掺杂其间的残忍成分。竞技场上的罗马人，迷狂于十字架的基督徒，目睹火刑柴堆或斗牛时的西班牙人，如今争赴悲剧的日本人，如有乡愁一般念念不忘流血革命的巴黎近郊的工人们，那些瓦格纳女信徒们，她们有意张扬地“忍受”特里斯坦和伊索尔德，——所有这些人在享受的，他们在充满秘密的发情期中所开怀畅饮的，都是那

① 所引语出席勒《威廉·退尔》，第四场第三幕，直译为“虔诚思维方式的乳汁”（die Milch der frommen Denkungsart），后成为德语中一句惯用语，指虔诚无猜嫌的心态。——译注

伟大的喀耳刻[1]之“残忍”所制的调味汁。这里当然要撵走早先那种笨拙的心理学，它只知道教导人们说，残忍是在目睹**陌生人**罹难场景时产生的：是有一种对本身的苦难、对自作自受的苦难的充分和过分的享受，——但凡人类让自己被说服而在**宗教**意义否认自身，或者如腓尼基人或苦修者那样自残，或者说到底就被说服而去除感性，去除肉身，受愧怍之噬啮，像清教徒那样在忏悔中痉挛，作良心的活体解剖，作帕斯卡尔式的知性的牺牲，则他已暗中为他的残忍所诱，被那种危险的**自己反对自己**的残忍所引发的战栗逼着向前。最终，人们或该思量，即便是认识者，当他强制他的精神以**违背**精神之偏好、同时也频频违背他心灵之愿望的方式——即在 167
他想肯定、想热爱、想礼赞的时候说不——去认识之际，他也是作为残忍的艺术家和增饰光华者在掌管；每一种深刻对待和彻底对待都已是一种强暴[2]，是一种被弄疼的意愿，要被精神（它持续不断地向着显像和表皮意愿着）的基本意志弄疼，——每一种认识意愿中都已带有一分残忍。

① 喀耳刻为希腊神话中女神，美艳善歌，曾将魔药伴在甜酒中把奥德修斯的伙伴变成猪；其名在希腊语中（Κίρκη）表示鹰隼，亦属于尼采所言“残忍”的食肉禽兽。奥德修斯是从她这里知道在面对塞壬女妖时要封住耳朵，故下节提到“被封住的奥德修斯之耳”。——译注

② “强暴”，原文 Verwaltigung，与本句中的“掌管”（walten）同根。——译注

230①

人们也许一下理解不了,我在这里关于“精神的基本意志”说的是什么:且允许我做一种解释。——有某种下命令者,民众称之为“精神”,它意愿在自身中并围绕自身成为主人,意愿将自己感觉为主人:它有要从多样变为简单的意志,一个要把东西全部收束在一起、要驯化、要寻求统治并且确实有统治气概的意志。在此,它的需求和能力,跟生理学家们就一切活着、生长着和繁衍着的东西所列出的需求和能力,是一回事。精神把陌生者化为己有的力量,显露在一种强健的偏好中,好使新者与旧者相像,好化繁多为单一,好忽略或推开与之全然矛盾者:正如它会专断地对陌生者、对“外部世界”的每个片段勾上特定的笔画与线条,加以强调、突出并且伪造停当。在这里,它的意图趋向于吞并新的经验,把新事物排入旧的序列之中,——也就是趋向于生长;更为肯定的是,趋向于生长之**感觉**,力量增多的感觉。服务于那同一个意志的,是精神的一种貌似与此相对立的冲动,一种突然迸发出来的要无知、要断然

① 准备稿(笔记本 N VII 1)第一稿作:把人类回译为自然,使之成为迄今人类的虚荣在“人”这个自然文本之上和之外所涂和所绘的众多虚假含义和次要意义的主人;使人类面对人类时,就像面对自然一样,对那阵向他吹来的声音掩上耳朵:“你是更多的! 你是更高的! 你是有不同出身的!”——以上这些是一个艰辛和近乎残酷的使命。谁若从事于它,就使自己成为自己的对手和同人(Mitmenschen)。而为什么他要从事于这个意图呢? 首先他可不会摆出“爱真理”、“诚实”、“为认识而牺牲”以及诸如此类的漂亮话,他在此之前已经指出,以上所有这些只是虚荣的废料装饰,简言之,他太虚荣了,乃至不让虚荣得这样微小的满足:——为什么? 一个这样的人是一个问题。——编注

锁闭的决心，它窗户的一次关闭，对这个或那个事物内在地说一声 168
不，不让事态自行发展，一种针对众多可知之物的防护状态，对昏暗、对闭合的视野的一阵满足，对无知状态的肯定与叫好：以上所有这一切皆为精神所必需，其所需之程度则每每依照精神那化为己有的力量之强弱，形象地说就是它“消化力”之强弱——“精神”实在最像一只胃了。同属此类的，还有精神偶尔有之的要让自己受骗的意志，也许怀着一种不怀好意的揣度，想着事情**并非**如此这般，人们只不过承认它是如此这般罢了；还有他从一切不安定和多义性中得到的一种乐趣，对蜗居一角的那种专任己意的狭隘和隐秘的一种欣幸的自行享受，享受那些靠得太近、居于前台、被放大、被缩小、被推移和被美化的东西，享受所有这些权力外现的专断状态。最后，属于此类的还有精神那种并非不假思索的随时准备状态，准备去欺骗其他精神，在他们面前装假，那种由一股能创作、能成形和善变化的力量所做的持续的压和挤：精神从中享受着他面具的花样和狡猾，还从中享受着他的安全感，——就是由于他这普罗透斯[1]式的艺术，他才得到最好的防护和隐藏！——**这种**[2]求假象、求简化、求面具、求外套，简言之求表皮——因为每层表皮都是一件外套——的意志，**对立于**之前那种属于认识者（他深刻、多层次、彻底地对待事物，并且**意愿**这样对待事物）的精巧偏好：那种偏好，作为知性的良心和趣味所生的一种残忍，每一个勇敢的思想者

① 普罗透斯（Proteus）：希腊神话中海怪，能预言，为躲避回答而变形为动物，见《奥德修纪》4:410 以下。——译注

② “这种”，即自“服务于这同一个意志的，是精神的一种貌似与此相对立的冲动”以下所言者。行文夹杂处可见尼采自己说的，意志是个“复合物”。——译注

都会在自己身上认可它——假如他依照应当做的那样，自己把自己的眼光足够长久地打磨得硬而尖了，并且习惯于严格的培养，也习惯于严厉的言辞了。他将会说，“在我精神的偏好中有某种残忍的东西”：——那些合乎美德、可堪爱戴的人可以去试试看，劝他不要这样说！事实上，要是人们在我们——我们自由、**非常**自由的精
169 神们——身后所传言、念叨和称美的，不是残忍，而是比如“过分正直”什么的，那听起来或许是会顺耳一些罢：也许有一天我们身后果然会被**如此**——称美？在这期间——因为到那时还有段时间——我们自己倒真就可能至少有这样的倾向：用诸如此类道德的言辞晶片和穗线装饰自己：可我们迄今为止的整个工作恰恰要扫这个兴，不让这种趣味在我们身上成长。这是些美滋滋、亮晶晶、响当当的喜庆言辞：正直，对真理的热爱，对智慧的热爱，为认识而牺牲，真诚的英雄气概，——这里有种东西会让一个人的自负膨胀起来。不过，我们这些隐居者和穴居动物，我们早就在隐居者良心的全部隐秘当中说服自己了：即使上面这般庄重的堂皇说辞，也属于那未被意识到的人类虚荣所敷设的老旧谎言的饰物、废料和金粉；即使对这般谄媚的颜色和敷绘，也必须在底下认出 homo natura[自然人]的骇人底本。也就是说，把人类重新置回到自然之中；使之跃居迄今在自然人的永恒底本之上所涂和所绘的诸般多样、虚荣而纷扰的含义和次要意义之上成为主人；使人类今后面对人类时，就像他今天（被科学培养得强硬了）面对那**另一个**自然那样，以不惊不骇的俄狄浦斯之眼和被封住的奥德修斯之耳，对着古老的形而上学捕鸟者的诱招装聋作哑，他们已经向他吹了好久的耳边风了：“你是更多的！你是更高的！你是有不同出身

的！”——以上这些可能是一个古怪而疯狂的使命，但它却是一项使命[①]——谁会否认它呢！为什么我们选择它，这项疯狂的使命？或者换一种问法：“认识究竟是为什么呢”——每个人都将向我们
追问这个。而我们，被逼到这个地步的我们，已千百次同样自己向 170
自己这么追问过的我们，我们过去和现在都没找到更好的答案……

231[②]

学习使我们变化，学习做的是一切滋养都在做的事，滋养不只是“养活”[③]：生理学家知道这个。然而在我们的根基里，在整个“那下面”[④]，诚然有某种不可教导者，一块磐石，由精神天命(Fatum)、由预先确定的决断和对预先确定、经过挑选的问题的回答所抟成的磐石。在每一个枢要问题上，都是一个不可变的“这就是我”(das bin ich)在说话；例如，关于男人和女人，一个思想者不能重新学习，而只能完成学业，——关于这些只能最后揭示出在他这里“笃定”的东西。人们及时找到对问题特定的、正好让我们有了强大信念的解答；也许今后便称之为他们的“信条”。后来——人们在这些解答中只看到通向自我认识的足迹，通向我们所是的

① “使命”，见第203节末尾译注。——译注

② 在誊清稿(笔记本 W I 8)中标题作：“自在之女人”。——编注

③ “养活”原文为 erhält，同时有“接受”和“维持”的意思；其名词形式 Erhaltung 在本书中出现过多次，即“保存”。——译注

④ “那下面”(da unten)或出自席勒的《潜水者》，其中“那下面真可怕”(Da unten aber ists fürchterlich)一句已成为惯用语，形容深入阴森未知处时的恐惧。——译注

那个问题的路标，——更确切地说，通向我们所是的那种伟大愚蠢，通向我们的精神天命，通向整个“那下面”的不可教导之事。基于那种充分的乖巧，即我怎样偏偏自己干出反对自己的事的那种乖巧，也许更应该允许我对“自在之女人”道出一些真理：假定人们此刻已经先行知道，在何等程度上，这些偏偏只是——我的真理。——

232①

女人想要自立：为此就开始了男人对“自在女人”（Weib an sich）的启蒙——这属于欧洲普遍的丑陋化进程中最恶劣的步骤。要女人合乎科学和自行裸裎，这些粗笨的尝试是要把什么东西大
212 171 白于天下啊！女人有那么多的理由感到羞耻；在女人身上，藏着如此多细谨、肤浅、小规矩、小僭越、小放肆和小不逊——人们可以研究一下她们与孩子们的交道！——，这些迄今为止从根本上都是通过面对男人的恐惧被抑制和驯化的。要是“女人永恒的无聊”——多得很哩！——竟敢放上台面，那是多么不幸啊！假如她开始彻底地从根本上荒废她在优雅、游戏、小心走路的惊怯、让人轻松以及自己轻松行事等方面的聪明和艺术，荒废她趋向舒适欲

① 誊清稿（笔记本 W I 5）第一稿作：对女士们人们思考得还远远不够，不过因此人们倒还不需要对她们作虚假的思考：这里应该极为小心。她们不太可能做到对男人作关于“永恒的女人之事”的启蒙：看来是因为她们跟自己离得太近了——而此外，启蒙本身，至少迄今为止，是男人的事情，男人的禀赋。不管女人们关于“女人”都写了些什么，人们最终还是可以保留一种好心的不信任，不相信女人。——编注

望的精细伶俐，那是多么不幸啊！现在，女人那些（神圣的阿里斯托芬为证！①）令人惊骇的声音行将变得响亮，女人自始至终对男人所意愿的东西，将受到医学的直白表述的威胁。如果女人如此这般着手去符合科学，岂不是最坏的趣味么？幸运的是，迄今为止启蒙都是男人的事情和男人的禀赋——这方面大家都是"自己人"；不管女人们关于"女人"都写了些什么，人们最终还是可以保留一种好心的不信任，不信女人意愿——和能够意愿对自己作真正的启蒙……如果一个女人因而不再去为自己寻找一件新饰品——我倒想，修饰自己恐怕也是永恒女性②的分内事吧？——那么，这时候，她会激起对自己的恐惧的：她也许会因而意愿统治。不过，她不会意愿真理：女人与真理何干！对女人而言，自始就没有什么比真理更陌生、更悖逆、更敌对的东西了，——她的伟大艺术是谎言，她最重要的事务是假象和美。坦然说出来吧，我们男人们：我们于女人所敬和所爱者，正是这种艺术和这种本能：我们，在这方面有困难、本性喜欢与令我们轻松者为伴的我们，在她们的双手、目光和柔软的愚痴中，我们的严肃、沉重和深刻也近乎一种愚
痴了。最后，我提出问题如下：可曾有哪个女人自己承认过，一颗 172
女人头脑会是深刻的，一个女人心灵会是正义的？大致算来，迄今最为女人所轻视者为"女人"，这难道不是真的么？——我们男人的心愿是，女人不要再继续通过启蒙让自己出丑：这便是男人对女

①　当指阿里斯托芬的喜剧《公民大会妇女》(*Ecclesiazusae*)。——译注

②　"永恒女性"(Ewig-Weiblichen)可能是对歌德《浮士德》(第二部结尾)中"永恒女性"(das Ewigweibliche)的戏仿。——译注

人的照顾，男人对女人的爱护，正如教会所颁布的：mulier taceat in ecclesia[女人应该在教会中沉默][1]！这样做是为了女人好，就像拿破仑让过于能言善辩的德·斯塔尔夫人[2]理解的那样：mulier taceat in politicis[女人应该在政治方面沉默]！——而我想，一个在今天冲女士们这样喊的人更称得上女性之友：mulier taceat de muliere[女人应该在女人问题上沉默]！

233[3]

如果一个女人偏要引用罗兰夫人或德·斯塔尔夫人或乔治·桑先生[4]，就仿佛由此就证明了某种于“自在女人”有裨益[5]之物似的，那就暴露出本能的腐化——且不说暴露出了坏趣味。在男人们中间，上述几位乃是三个滑稽的自在女人——不过如此！——而且不经意间适成反驳解放[6]和女人关爱自身的最好的反面论证！

---

① 见《新约·哥林多前书》第14章第33—34行：“在圣徒的众教会中，妇女应该闭口不言。”——译注

② 引文出处不详；然德·斯塔尔夫人与拿破仑的冲突当时相当有名，并为前者带来挑战独裁的美名。——译注

③ 参看科利版第11卷，25[422]。——编注

④ 乔治·桑(George Sand)：此笔名本为男性名字，故尼采称之为先生。——译注

⑤ “裨益”(Gunst)，同时亦可解为“宠爱”。——译注

⑥ “解放”(Emancipation)一词在德语中有时专指女性解放。——译注

234[1]

厨房中的愚蠢；作为厨娘的女人；在照料家庭和家长们的营养时那种可怕的漫不经心！女人不理解：饭菜意味着什么：却想做厨娘！倘若女人是一个会思考的造物，那么，做了几千年厨娘的她，肯定早就发现了那些最大的生理学事实，并且同时掌握了医疗的 173
艺术！因为糟糕的厨娘们——因为在厨房中理性的全然缺失，人类的发展受到最为长久的阻滞和最为严重的损害：时至今日情况亦无甚好转。对闺秀们[2]的讲话。

235

精神的一些措辞和脱口之句，一些警句，一小丛话语，会有一整个文化、一整个社会在其中蓦然结晶。朗伯特夫人[3]对她儿子所说的即属此类：“我的朋友，决不允许自己干傻事，除了那种让你

① 准备稿(笔记本 W I 1)作：厨房中的愚蠢；可曾有一所大学足够关心过它的学生的营养么？要有一次健康的性方面的交际？向着厨房插入吧：人们对女人的机智没有足够深入的思考，且思量一下，到现在为止，女人们到处在照料家庭和家长们的营养时的那种漫不经心！女人不理解：饭菜意味着什么：却想做厨娘！倘若女人是一个会思考的造物，那么，做了几千年厨娘的她，肯定早就发现了那些最大的生理学事实！因为恶劣的厨娘们，亦即因为女人，人类的发展受到迄今为止最大的阻滞！。——编注

② 闺秀(höhere Töchter)，指中上层出身的少女们。——译注

③ 朗伯特夫人］出处未详。——编注［译按：朗伯特侯爵夫人(Marquise de Lambert)，活跃在法国启蒙时期，善辞章，多警句，有《给儿子的信》传世。引文原文为法语，据《尼采频道》，可参看斯道尔弗·居斯蒂纳：《记忆与旅行及书信杂编》，巴黎，1830年，第一卷，第187页，“决不要允许自己干傻事，除了那种让你感到极大快乐的傻事”。］

感到极大快乐的傻事”:——大约是向来针对儿子所说的最有母性和最聪明的话了。

236

关于女人,但丁和歌德所相信的——前者吟唱的是“她望着上空,我望着她”[①],后者则把它转写为,“那永恒女性,引领我们向上”[②]——:我不怀疑,每个高贵的女人都将反对这样的信念,因为对于永恒男性,她恰恰也相信这样……

237

女性箴言七则

正如最漫长的辰光[③]在流逝!一个男人向我们匍匐而至!

* *

韶光,哦!还有科学,把力量也赐给虚弱的美德。

* *

黑袍和安静——每个女人穿了——都精明。

* *

我得感激谁,在幸福之中?上帝!——和我的女裁缝。

---

① 参见《神曲·天堂篇》II,22:“贝雅特丽齐望着上空,我望着她”。——编注

② 《浮士德》第二部最后两行。“引领……向上”原文为 zieht...heran,更通用的义项是“培育、照料”;尼采则强调其分缀 heran 的“向上”之意。——译注

③ “最漫长的辰光”,原文 längste Weile 出自 langweilig(无聊、乏味)。——译注

* *

青春：暗室里鲜花簇拥。老年：一条爬出的巨龙。 174

* *

高贵的姓氏，帅气的腿，这就是男人：他不归我归谁！[①]

* *

话虽短，意思长[②]——母驴儿专走在冰面上[③]！

237[④]

迄今为止，女人们都是被丈夫们当作鸟儿一般来对待的，她们迷了路，从高处某个地方落到他们这里：被当作某种更精致、更容易受伤、更有野性、更奇异、更甜蜜、灵魂更饱满的东西来对待，——但也当作某种必须关起来的东西，这样它就飞不走了。

238 175

错误地领会“男人和女人”的基本问题，否认其中深不见底的对抗和一种永恒敌对的紧张的必然性，梦想在这里也许有相同的权利、相同的教育、相同的权利主张和义务：这些是头脑浅薄的典

① 此节付印稿作：金丝鸟儿，小心点儿！。——编注

② 据考夫曼，此句反用德国习语“话虽短，意思长”(Lange Rede, Kurzer Sinn)，本出自席勒剧作《皮柯洛米尼父子》(第一幕第三场)。——译注

③ 德语中有“蠢驴溜冰”的谚语，讽刺人得意忘形，终吃苦头；“冰面”(Glatteis)且有“陷阱”之义。——译注

④ 此节与上节都标为237，盖本书最初版式。——译注

型标志，而一位[1]在这个危险立场上证明自己浅薄的思想者——本能方面的浅薄！——，终究可以被视为有嫌疑的，甚至被视为已经暴露和已经被揭露的：有可能，对于所有跟生命（包括未来的生命）相关的基本疑问，他都“太短”了，不能下到深处。一个与之相反的男人，在其精神方面是有深度的，一如在其欲望中，也有那种乐行好施的深度（这深度擅长于严格性和硬度，并且容易被人混同于这两者），对于女人他能够总是仅以东方方式思考：他必然把女人当作占有物、可以锁上的财产，当作某种预定要去服侍并且在服侍中完善自身的东西来把握，——他在此必定是站在阴森叵测的亚洲理性上，站到亚洲的本能优势一边：从前希腊人已经这样做过了，这些亚洲最好的后裔和学生，众所周知，从荷马直到伯里克利的时代，他们的文化和力量范围越增长，对女人也一步步地越来越严格，简言之，变得越来越东方。这些曾是那样必然，那样合乎逻辑，甚至在人性上是那样可愿望：但愿人们在自己身上思索这一点！

239[2]

从来没有一个年代像我们这个年代这样，那个较弱的性别从

① 准备稿（笔记本 W I 7）此后有：按照斯·密尔或者欧根·杜林的方式。——编注

② 准备稿（笔记本 W I 4）：关于德意志的女士们：我不认为还应该对她们以“文化”之。首先，她们不应该弹钢琴，这会腐蚀她们的神经（而且，作为女人式的饰物和卖弄风情，这会激怒那种真正的音乐之友）并且使她们生不出强有力的孩子。她们应该被教育得虔诚：在一个深刻而不信神的男人的眼里，一个不虔诚的女人是某种十足可笑之物——如果唯一一种她们能够在上面繁盛地生长为优雅的好植物失却了架栏和防护，会把他气坏的；而如果在女士们身上竟超出期望地见到了最严重地依赖于诸种统治力量、依赖于某种自身改善的东西，则是件可怕的事，她们会立刻从中再为自己安排一件“头饰”或者一场“闲谈”。——编注

男人这边得到如此尊重的对待——这属于民主的偏好和基本趣味，正如对老人的不恭敬——：这种尊重即将被再次滥用，这有什 176
么好奇怪的呢？人们想要更多，人们学着提要求，人们最后发现那样一笔尊重税已经几乎是病痛了，人们会宁愿围绕权利进行竞争，甚至是进行真正的战斗：够了，女人正失却羞耻。让我们紧接着加上一点：她也正失却趣味。她荒疏了对男人的**恐惧**：而这种“荒疏了恐惧”的女人，付出的代价是她那最富女人性的本能。当男人身上能灌输恐惧的东西，让我们说得更确定些吧，当男人内部的**男性**[①]不再被意愿和培育壮大的时候，女人之敢于上台面，是相当合乎情理的，也是相当可以理解的；而比较难以理解的是，恰恰随之——女人蜕变了。这就发生在今天：我们别在这一点上欺骗自己了！只要是工业的精神对军事的精神和贵族的精神取得胜利的地方，现在女人便在努力争取一个帮工所应有的在经济和法律上的自立：“作为帮工的女人”站在一个正在形成的现代社会的山口上。她这样去强夺新的权利，争取当“主人”[②]，并在她的大小旗帜上写下妇女之“进步”，由此便以骇人的直白挑明了那句反话：**女人在退化**。在欧洲，自法国革命以来，女人的影响变得越来越**低微**，与她权利和权利主张的增加正成反比；“妇女解放”，只要这是由女士们自己（而不只是由那些男性化的浅薄头脑）所要求和支持的，这种情形本身便表明，这是一个值得注意的症状，兆示着那种最富

① “男人内部的男性”原文为 der Mann im Manne，如同中文，这里的 Mann[男人]也可表示配偶。——译注

② “主人”原文为 Herr，亦指与“女士”相对的“先生”（男士）。——译注

女人性的本能的日益弱化和钝化。一个长得很好的女人——也总是一个聪明的女人——将从心底里为之感到羞耻的，正是这种运动中的**愚蠢**，一种近乎雄性的愚蠢。那种能嗅出在怎样的地面上最有把握取胜的嗅觉丧失了；忽视练习使用自己真正武器的技艺；
177 在男人面前撒野，也许甚至撒“到书本上”，早先人们是在那上面管教自己、学会精细而狡狯地谦恭的；合乎美德地跟男人的信念——相信在女人中**掩藏**着一个迥异的理想，相信总有一种永恒和必然的女性——肆意作对；苦口婆心地叨劝男人不要把女人比作一只很温柔、带着奇异野性且通常讨人欢心的宠物，不要以为她就必须被保养、照顾、保护和爱惜；笨手笨脚而愤愤不平地四下搜寻一切关于奴隶和人身依附之事，一切跟女人至今的社会地位曾经和仍然有几分联系的东西（仿佛对每一个更高等文化和文化的每一次提升来说，奴隶制竟然是一个反面论据，而非毋宁是一个条件）：——上述所有这一切如果不是意味着女性本能的销蚀，一种去女性化，还能意味着什么呢？诚然，在那些性别为男的博学的驴子中，有够白痴的女性之友和败坏女人者，建议女人这样将自己去女性化，去模仿欧洲的“男人”、那种欧洲式“男子汉”所患的愚蠢病——这些人想要带坏女人，一直带到“普遍教化”里，乃至带到读报纸、搞政治的地步。有时，人们甚至想把女士们造就为自由思考者和文人：仿佛对一个深刻而不信神的男人来说，一个不虔诚的女人竟然还不算十足的悖逆或笑料——；人们几乎到处在用一切音乐中最最病态和最危险的种类（我们的德意志新音乐）来腐蚀她的神经，使她成天歇斯底里，而不能胜任她最初的和最后的天职，就

是生育强有力的孩子。人们还想进一步彻底地以“文化”[1]之，并且如他们所说的，把这个“弱者性别”通过文化变得**强健**：仿佛历史不是已经尽可能急切地教导过，人类之“文化”和弱化——即**意志力**的弱化、碎裂和消损，总是交替迈进的，世界上最有权势和最有影响力的女士们（最后一位是拿破仑的母亲）对男人们的权力和优势正是归功于她们的意志力——而不是归功于那些教书先生！——。那向女人们灌输敬意、屡屡还灌输恐惧者，是她的**本性**[2]，那比男人之本性更“本然的”的本性，她那当真是食肉动物的狡狯的柔软，她手套下的虎爪，她在利己主义方面的天真，她的不可教育和内在野性，她在欲望和美德方面那不可捕捉、遥远超忽之处……而不管她有多么恐惧。这只危险而美丽的猫“女”惹人怜悯之处在于，比起任何一种动物，她显然要遭受更多苦难、更容易受到伤害、更需要爱和更加注定了要失望。恐惧和怜悯；[3]迄今为止，男人是带着这两种感觉面对女人的，一脚已经踏入了悲剧，那由迷狂而撕裂的悲剧——。怎么？事情就应该这样结束么？对女人的**祛魅**正在进行吗？女人的无聊化就是这样来到的么？哦，欧罗巴！欧罗巴！人们认得那只有角的动物[4]，那只永远最让你着

178

① 此句（cultuviren）及下句（Cultivirung）加引号的“文化”皆读作动词，即“以文教化”之意；德文中（正字法作 kutivieren）本义则为“耕作、栽培”。——译注

② “本性”，原文 Natur，兼有“自然”与“本性”两义；“本然的”（natürlich）通译为“自然的”。——译注

③ 亚里士多德在《诗学》认为悲剧带来的效果即此二者，“怜悯”原文为 Mitleiden，在批评基督教道德的语境下乃译为“同情”。——译注

④ 用宙斯化为公牛诱走腓尼基公主欧罗巴的神话。——译注

迷的、你永远被它威胁的动物！你古老的寓言或许能够再一次成为“历史”，——再一次，一种巨大的愚蠢或许能够成为你的主人，把你从那里拖走！在它下面没有藏着任何神祇，没有！只有一个“理念”，一个“现代理念”！……

第八章　民众与祖国 179

240[①]

我听了，又是第一次听——理查德·瓦格纳的献给**工匠歌手**的序曲[②]：这是一种饰满华彩、负载过多的繁重而迟暮的艺术，它骄傲地认定两百年的音乐还是活的：——让德国人荣耀的是，这样一种骄傲居然没有落空！诸种汁液和力量，季节和分野，还有哪些

①　誊清稿（笔记本 Mp XVI 1）第一稿：我听了献给工匠歌手的序曲：这是一种饰满华彩、负载过多的繁重的迟暮的艺术，它很骄傲，照自己的理解，预设两百年的音乐还是活生生的：——让德国人荣耀的是，这样一种骄傲居然没有落空！在这里还有哪种金属没有被混在一起啊！它时而让我们觉得老气，时而朝气，时而博学，时而反复无常，任性使气，时而好摆阔，时而和气粗壮，有男人味——它有着无辜，腐朽，一次性给出全部的秀节，各种各样花蕾式幸福，各种各样的虫蛀和晚秋。还有些瞬间，发生了说不清的犹豫，仿佛是些开裂在原因与效用之间的裂缝，不乏有场小小的魔梦，以及与之类似的我们在梦中曾经遭遇的东西：而现在一道快意的流波重新流得宽广远长，包括艺术家对他的手段的大师水准的自我享受，对此他毫不隐讳；而从整体上看，不是美，不是南方，毫无天空和心灵之神圣，没有舞蹈，甚至没有逻辑，而甚至是一种特定的、还得到强调的粗笨，仿佛艺术家想对我们说："这是我故意的"；是一堆滞重的褶皱，由博学的瑰宝们发出的一阵颤音。——编注

②　指瓦格纳的歌剧《纽伦堡歌手》，通译所谓"歌手"者（Meistersinger）原指专事吟诵工匠歌（Meistergesang）的工匠诗人。——译注

没有被混在这里头啊！它时而让我们觉得老气，时而陌生、酸涩而过于年轻，既任性又习于摆阔，不乏捉狭之笔，更多的是粗壮和粗糙，——它有火焰与勇气，同时也有成熟得太晚的水果那干瘪灰暗的皮。它流淌得宽广而充沛：突然会有一刻说不清楚的犹豫，仿佛一道缝，开裂在原因与结果之间，一阵厌抑，令我们入梦，几乎是一场魇梦[①]——，但依然流得宽广远长，这道由快意、由驳杂的快意、由旧和新的幸福汇成的陈腐水流，其中**相当程度上**也包括艺术家自己身上的幸福(对此他毫不隐讳)，包括他惊奇而又幸运地跟我们同等地知道他在此所用手段的大师水准，那些新颖的、新掌握的、还没有排练透的艺术手段(一如他仿佛向我们透露的那样)。总而言之，不是美，不是南方，毫无南方精微的天空之神圣[②]，毫无
180 优雅，没有舞蹈，几乎没有一个求逻辑的意志；甚至是一种特定的、还得到强调的粗笨，仿佛艺术家想对我们说："这是我故意的"；是一堆滞重的褶皱，一种任性野蛮而又庄重之物，由博学而可敬的瑰宝和领袖们发出的一阵颤音；是某种德意志(在这个词最佳和最劣的意义上)的东西，其多层次、无定形、难以穷尽都是德意志式的；是灵魂的某种特定的、德意志式的强劲和充沛，这灵魂竟不怕把自己藏在衰颓的精致里面，——或许在那里面它才感觉最完好；这是德意志灵魂的一个恰当的货真价实的标记，这个既老迈又年轻、既已折损得酥脆又前景广阔的德意志灵魂。这种音乐最好地表达出

① "魇梦"(Alpdruck)与"厌抑"(Druck)在德文中同根(Druck，"压")，汉译姑以"厌"(兼取"压抑"与"厌恶"之义)表之。——译注

② "天空之神圣"(Helligkeit des Himmels)作一气读。——译注

我关于德意志人的看法：他们是昨天的和后天的，——**他们尚未有今天**。

241

我们“好欧洲人”：甚至连我们也会在某些时分允许自己来一点热心肠的祖国情怀，砰的一下摔回到那古老的爱与狭隘中去——我甚至曾这样试验过一次——，在某些时分搞点民族的澎湃，爱国的忧愤，以及其他形形色色的情感泛滥[①]。在我们这里只是定时操演完毕的那些事，比我们更加滞重的精神则宁愿在一个更长久的时间段里去完成它们，各按其消化和“新陈代谢”的速度和力量的不同，有的精神要花半年，还有的要花半辈子。是的，我能够设想，即使在我们这快步的欧洲，沉闷、犹豫的诸种族也必需半个世纪，方能克服祖国情怀和乡土情怀（Schollenkleberei）的那样一种返祖式发作，再次回归理性，我想说的是，回归“好的欧 181
洲气质”。因为我过度耽于这个可能性，因此竟不期亲耳见证了两个老“爱国者”之间的一段对话。——他们的听力都很差，因而越说越大声。“**此人**[②]对哲学的看法与知识跟一个农夫或学生

---

① 泛滥。］准备稿（笔记本 N VII 2）：泛滥。这一点在根本上正是我们向祖先所表露的一种礼貌。——编注

② “此人”（Der）盖指下面对话中讨论的大众时代的治国者（Staatsmann），亦可译为“这种人”；《尼采频道》注以为指俾斯麦。——译注

团团员[①]一个水平,”——其中一个说道——:“他还太清白。但在今天这有什么关系呢!今天是大众的时代:大众面对一切庞大众多之物都会匍匐在地。在政治[②]上也是。一位治国者若为他们垒起一座新巴别尔塔,即不管哪一类的庞大财富和权力,对他们来说皆可称作‘伟大’:——我们这些更谨慎和更矜持者在这期间还不放弃旧的信念,还以为唯有伟大的思想才把伟大给予一次行动和一件事情:这又有什么用呢?假定一位治国者将他的民众带入这样的境遇之中,即从今而后必须搞‘大政治’,而这族民众生性对此等大政治的资质和准备都很差:以至于或将为了一种新的值得怀疑的中等状态,被迫牺牲他们古老而可靠的美德,——假定一位治国者勒令他的民众全体去‘搞政治[③]’,而他的民众一直都有更好的事情可以做,可以思考,而且他们的灵魂对于真正在搞政治的那些民众的不安分、空洞以及喧嚣的健讼陋习[④],从骨子里摆脱不了一种谨慎的恶心:——假定这样一位治国者蜇醒了他民众的那些沉睡的激情与贪欲,使他们以往的羞怯和乐于旁观成为他们的一

① “学生团团员”(Korpsstudent)指被选入某所大学学生团的大学生。学生团(Korps,旧作 Corps,亦可指军事单位)起源于 18 世纪德国大学,后发展为学生自主管理和选拔的精英学生组织,以人格培养和心性锻炼为宗旨,遍布各大学。19 世纪上半叶的德意志各地的政治风潮有许多革命人士即是学生团团员,亦有许多在政府中任高职。跟拿破仑入侵时涌现的青年社(Burschenschaft)不同,学生团早期的立场不是以民族为本位的。在尼采写作此文的帝国时期,学生团团员已被公认为青年精英,许多政界人物(如俾斯麦和德皇威廉二世)都曾经是各自大学的学生团首领。——译注

② 此处“政治”用了英文词 politics。——译注

③ “搞政治”原文为 Politizieren,亦可译为“政治化”。——译注

④ 陋习]誊清稿此处删去如下内容:——他们在一切地方留眼留心,再也不会也不允许自顾自地“待在家里”。——。——编注

个污点，使他们的异国情怀和暗中的无限性成为一个亏欠，贬低他们最真心的偏好，扭转他们的良心，使他们的精神狭隘，使他们的趣味变得‘民族’，——怎么！一位将以上一切付诸实施的治国者，或将把他的民众在未来（如果有未来的话）所有日子里必须为之赎罪的那些事体全都干尽，这样一位治国者会是**伟大的**么？”“毫无疑问！”另一个老爱国者激烈地回答他说：“除非他不**能**做到这些！想
要那样一些事，也许是疯了？但也许一切伟大者在开始时都纯属 182
发疯呢！”——“乱说乱说！”跟他谈话者喊着反对：“——是强大！强大！强大而发疯！**不是**伟大！”——这两个老男人这样把自己的“真理”当面喊出来的时候，他们显然激动起来了；而我，则在我的幸运和超然里忖度着，多快就会有某位更强健者成为那些强健者的主人；还有，有一种做法可以对某一族民众的精神浅薄化做一种补偿，那就是让另一族民众深刻起来。——①

242②

现在欧洲人受嘉许的那些方面，就让人们把它们叫作“文明化③”或者“人性化”或者“进步”罢；就让人们简单地、不含褒贬地用一句政治习语称之为欧洲**民主**运动罢：在此类习语所指向的所

① 而我……］付印稿：而我，在我的幸运和角度上，忖度着，在［一种］所有这些个人问题上不被引诱着做出是或者否的回答，这在何种程度上是［一种幸运］智慧，关于［这些］上述问题，只有一个立场漠然的遥远未来才会略微合乎情理地做出裁定。——编注

② 参看科利版卷12，2［13］。——编注

③ 文明化］付印稿：文化。——编注

有道德前台和政治前台的背后，一个庞大的**生理学**进程正在展开，正在汇成潮流，——欧洲人趋向某种相似化的进程，他们日益脱离了那些条件，那些使受到气候和等级束缚的诸种族得以产生的条件，越来越出离于每一种**确定**的境况，那种本该历经几个世纪用相同的期望刻进灵魂和身体里去的境况(milieu)，——也就是说，一个在本质上超民族的和游牧种类的人类在缓慢降生，这个种类从生理学上讲，具有最高的适应术和适应力，算是对他们的典型嘉许。**变化着的欧洲人**的这一进程，可能通过大倒退而在节奏上被延缓，却也许恰恰因此赢得并增加其猛烈和深沉——目前势头正盛的“民族感情”的狂飙突进[①]，即属于此类，刚刚出现的无政府主
183 义也是——：这一进程大概会导致它那些天真的推动者和赞颂者、那些“现代理念”的门徒们最不愿意看到的结局。人类的某种平衡化和中等化——一种有益、勤劳、用途广泛和办事干练的群畜人类——将在新的条件下平均地形成，而同样是这些条件，在最高的程度上亦适宜诞生有着最危险和最迷人品质的特立独行者。而同时，那种适应力，那种经受得了永远变换的条件的检验并在每个世系、几乎在每个十年都开始一种新的劳动的适应力，使得这个类型完全不可能有**权势**[②]；这种未来欧洲人造成的总体印象，大概就是对各种各样意志贫乏而极为干练的贫嘴工人们的印象，他们**需要**主人和下命令者犹如每日的面包；欧洲的民主化于是将诞生一种为最精细意义上的**奴隶制**做准备的类型：而与此同时，在单个和例

① 狂飙突进]付印稿：返祖遗传。——编注

② “权势”原文为 Mächtigkeit，字面意思为“有权力(的状态)”。——译注

外的情况下，强大的人类必须超过他迄今为止也许一度有过的生长势头，必须长得更为强大，更为丰富，——这要归功于他所受的训练是不带成见的，归功于在练习、技艺和面具方面的繁多花样。我本来想说的是：欧洲的民主化同时是为培养霸主（Tyrannen）而做的一次不自觉的部署，——从任何意义上来理解“霸主”这个词，同样也在最精神性的意义上。

243

我惬意地听到，我们的太阳正处于朝向赫拉克勒斯星座的急速运动①中：我并且希望，这片大地上的人类也在此对太阳做同样的事。让我们前进吧，我们好欧洲人！——

244 184 229

有一段时间，人们曾惯以“深刻”嘉许德国人：现在，新德意志气质的最成功类型则贪求完全相反的荣耀，也许在向往一切有深度者所不具的“剽悍”，这时来怀疑一下，人们莫非是用先前那种夸奖在自欺，就庶几合乎时宜而且爱国了：够了，德意志的深刻莫非在根本上是某种异样和劣等的东西，——某种但愿上帝保佑大家成功摆脱的东西。既然如此，让我们努力学习对德意志的深刻转

① “赫拉克勒斯星座”即“武仙座”（Herkules），古希腊八十八星座之一。现代天文学认为，太阳带着太阳系在自转和公转之外，还以每小时约 19.5 公里的速度向武仙座方向移动。这一发现首先在 1783 年由赫舍尔（Sir William Herschel）提出。——译注

变看法吧。为此所必需者，不过是对德意志灵魂来一次活体小解剖。——德意志灵魂首先有着多种多样的不同起源，聚合重叠而成甚于实际生长而成：这跟它的出身有关。一个德意志人倘若竟斗胆主张："嘿，我的胸膛里有两个灵魂[①]"，那他可大大曲解了真相，更确切地说，离真相还差得远呐，差好几个灵魂。作为一个经过最狂暴的种族混杂与搅拌、也许甚至前雅利安元素还占着优势的民众，作为无论怎么理解的"中间民众"[②]，比起其他任何民众，德国人之于自身更不可捉摸，更包罗万状，更充满矛盾，更未被认识，更未被估量，更惊人甚至更骇人：——他们溜出**定义**之外，凭这一点就已经使法国人绝望了。识别德国人的标志是，在他们那里"什么是德意志的"这个问题从未消停过。科策布厄[③]对他的德国同胞的认识肯定够好的了：他们对他欢呼道："我们认识嘛"，——不过，**桑德**[④]也自以为认得他们呢。当让·保尔[⑤]气愤地表示反对

① 嘿……］参看《浮士德》第一卷，1112 行。——编注［译按：此名句已几成浮士德精神之代名词。故前则编注准备稿中提到梅菲斯特。］

② "中间民众"原文为 Volk der Mitte，既可解为"（欧洲）中央的民众"，又可解为"折中的民众"。——译注

③ 科策布厄（August von Kotzebue）：拿破仑入侵时代德意志有名的文人，尤以喜剧和评论闻名，曾在自己主办的文学周刊上讥讽倾向自由主义的德国学生组织和民族运动。科策布厄的戏剧在当时的德意志各地备受公众喜爱；而把他当作"叛国者"和"蛊惑人民者"刺杀的桑德亦自视代表了德意志人民的意愿。——译注

④ 桑德］卡尔·路德维希·桑德（Karl Ludwig Sand）：神学系学生，在拿破仑入侵时期组织学生会党，持国家主义和自由主义理想，刺杀科策布厄后被处死，一度被公众视为民族理想的化身。——编注

⑤ 让·保尔］见他关于费希特《对德意志民族的演讲》的评论，海德堡年鉴 1810 年。——编注［译按：让·保尔（Jean Paul），活跃于歌德时代的德国小说家，他有一部小册子《费希特的钥匙》（*Claivs Fichtiana seu Leibgeberiana*，1800）讽刺费希特哲学。］

费希特那些撒谎却爱国的谄媚和夸大之辞的时候，他知道自己在做什么——而歌德①在费希特这件事上固然支持让·保尔②，对德意志人的看法大概却跟他不同。歌德到底对德意志人是怎么想的呢？③——可是，他对他周围的许多事物从来未曾有过清楚的说 185
法，终其一生他都擅长那种精微的沉默：——他这样做自有其充分的理由罢。诚然，“自由之战”④是不会让他欣喜地仰望的，法国大革命也不会，——那个使他对自己的浮士德，也就是对整个关于“人”的问题做出*重新思考*的事件，是拿破仑的出现。在说有些话的时候，歌德好像是从外国来的，以一种不耐烦的严厉抨击德意志人所引为骄傲的那些东西：有一次他把著名的德意志性情⑤定义为“容忍他人和自身的弱点”⑥。他这样说可是不公的么？——德意志人的标志就是，人们很少完全不公正地对待他们。德意志灵魂是朝向自身内部的通道和过道，它的里面是孔洞、藏匿之处和城堡地牢；它的无序颇有些奥妙的媚惑，德意志人擅长走通往混沌的

---

① 歌德]据付印稿：德意志青年。——编注

② 支持让·保尔]出处未详。——编注

③ 气愤地……]据付印稿：怒不可遏地反对费希特无耻撒谎的谄媚之态的时候（事实上，为了趟过一个跟费希特对德意志民族的谈话相似的由僭妄、含混和所谓德意志气派所堆成的沼泽，人们必须往下走，一直走到瓦格纳和他的拜洛伊特月刊那里去。）歌德是怎么想德意志人的呢?。——编注

④ “自由之战”(Freiheitskriege)：指1813—1815年间在德意志及中欧反抗拿破仑军队的战争。这个名称主要为以宪政立国为理想的民族主义者所用；而既反拿破仑亦反民主的复辟势力则称之为“解放战争”(Befreiungskriege)。——译注

⑤ “性情”原文为Gemüth，据诺尔曼，该词暗示一种丰富、热忱的内心活动，或和于中文所谓“性情中人”者，而后言“好性情”(gemütig)者，字面义为“(富)有性情”。——译注

⑥ 引文参见歌德：《格言和反思》，第340条。——编注

秘径。正如一切事物皆爱其与它成类比者，德意志人亦如此爱着云雾和一切不清晰的、变化着的、乍明还暗的、潮湿和朦胧的东西：每一种不肯定者、未外化成形者、无章法者、自行延宕者、正在成长者，他都感觉为“深刻”。德意志人本身尚未**是**，他将**成为**[①]，他在“发展自身”。因此，“发展”在哲学习语的伟大王国里成了真正德意志的发现和壮举：——某个统治性的概念，与德意志啤酒与德意志音乐一道，联手致力于把整个欧洲德意志化。外国人吃惊而入迷地站在这些谜语面前，这些向他们扬弃着德意志灵魂根子里的那个矛盾本性（黑格尔将之筑入体系，理查德·瓦格纳最终还放到音乐中去）的谜语面前。“好性情而工心计”——这样一种并置，用到任何其他民众那里皆有悖情理，可惜在德意志则太经常地被证明是正当的：人们且在施瓦本人[②]中间生活一段时间看看！德意
186 志学者的滞重，他在社交方面的乏味，跟某种踏绳而舞的内在灵活和轻率的果敢（对此类事物一切神祇皆预先学习过惧怕）骇人地融洽搭配在一起。人们若要亲眼见证德意志灵魂，则只需朝德意志的趣味、德意志的诸艺术和诸礼教中看去：怎样一种农民般的对“趣味”的漠然啊！最高贵者和最平庸者是怎样地并肩而立啊！这整个的灵魂家族，是怎样的无序而又丰富啊！德意志人在他的灵

① “是”（ist）和“成为”（wird）亦可分别译为“存在”和“生成”；与后面的“发展自身”（entwickelt sich，又可译为“展开自身”）均属于后面所谓“哲学习语的伟大王国”，出自下文提到的黑格尔。——译注

② 施瓦本（Schwaben）：位于德国西南部巴登-符腾堡州和巴伐利亚州，德国民间多有嘲笑施瓦本人轻谋好利的传说。黑格尔是施瓦本人，图宾根神学院和纽伦堡皆位于施瓦本地区。——译注

魂上流浪[1];他在他所有的经历上流浪。他对他的事件消化得很差,从来没有"了结"[2]过,德意志的深刻经常只是一次困难重重、犹疑不定的"消化"。如同一切习惯性疾病,所有消化不良者皆有对舒坦的癖好,德意志人亦如此爱着"坦诚"和"笃实"[3]:坦诚和笃实,是多么的舒坦[4]啊!——德意志人所擅长的,在今天也许正是这种最危险而最幸运的伪装,这些怀着德意志式正直[5]的信赖于人、迎合于人、把牌放到桌子上来的人们呐:正直是他们真正的梅菲斯特艺术[6],他们凭此艺术"还要成就远大的前程"[7]呢!德意志人信步而行,用那忠实的、蓝色的、空洞的德意志眼睛[8]看着路——外国人马上把他跟他的睡袍混淆了!——我愿意说:"德意志的深刻"想是什么就是什么,由它去吧,——完全是在私下里,且允许我们嘲笑一下它吧?——我们今后仍然尊重它的假象和好名

① "流浪",原文的原形 schleppen 在此处同时可作"拖曳"和"流浪、亡去"解。——译注

② 参见第 217 节"了结"译注。——译注

③ "坦诚"(Offenheit)、"笃实"(Biederkeit)与下面的"正直"(Redlichkeit)及上文的"深刻"皆为当时德意志人用以自许民族特性的赞辞。——译注

④ "舒坦"原文为 bequem,同时有"舒坦"和"怠惰"二义。——译注

⑤ 此处"正直"偏重"正派、规矩"之义,与他处不同,参见第 227 节"'正直'"译注。——译注

⑥ "梅菲斯特艺术"(Mephistopheles-Kunst),或出自《浮士德》第一部 1433—1435 行:梅菲斯特说可用自己的法术(Kunst,亦即艺术)来取悦浮士德,使他的感官在片刻获得比一年更丰富的享受。——译注

⑦ 引文出自歌德:《浮士德》,第一部 573 行。——编注[译按:引文上下文为:瓦格纳:[……]沉浸到各个时代的精神里去,/ 看看先贤在我们之前怎样思想,/ 看看我们最后怎样成就远大的前程,/ 这些都是莫大的欢悦。//浮士德:是的,远到星星上去吧![……]。"成就远大的前程"盖接应上文"流浪"与"从来没有'了结'"而言。]

⑧ 德语中"蓝眼睛"亦指天真无邪的目光。——译注

声，不要把我们作为有深度的民众的古老声誉变卖得太便宜，去换来普鲁士的“剽悍”和柏林人的诙谐和桑德[1]。对一族民众来说，使自己显得——**让**自己显得——深刻、不机灵、好性情、正直、不聪明，这种做法是聪明的：甚至还可能——是深刻的！最后：人们应该为他们的名声争取荣耀，——这群“刁意志”[2]民众的称呼可不是白白得来的，这群刁猾的民众……

187

245

234

“好的旧”时代完了，在莫扎特那里就已经唱完了：——**我们**是多么幸运，他的洛可可风还在对我们说话，他混迹的“上流社会”，他那温文的陶醉，他对中国文字和涡漩图案的孩童般的兴趣，他心灵的彬彬有礼[3]，他对妩媚、热恋、舞蹈、热泪滂沱的渴望，他对南方的信念，这些都还可以唤起我们中间的某种**余绪**！唉，这终归会在某个时候消逝！——但谁能怀疑，对贝多芬的理解和品味，将消逝得更快！——贝多芬其实只不过是一场风格过渡和风格断裂的绝响，而**不**像莫扎特，构成一种长达几个世纪的伟大的欧洲趣味的绝响。一边是古老的酥脆的灵魂在持续碎裂，一边是未来的过于年轻的灵魂在持续**到来**，贝多芬中兴于其间；投在他音乐上的是那

---

① 此句可做二解，译文为一解，则“柏林人的诙谐”做一气读；据考夫曼，可将“桑德”(Sand)译为“沙子”，盖在柏林周边的勃兰登堡地区土质多沙而贫，尝被称为“神圣罗马帝国的沙园”。——译注

② “刁意志”原文为 tiusche，或为“德意志的”(deutsch)在中古德语中的一种拼法，而与“Täusche”(欺骗)谐音。——译注

③ “心灵的彬彬有礼”即第 122 节中“心灵的礼貌”。——译注

道在永恒的失落和永恒的过分希望之间的微光，——欧洲，当它随着卢梭做梦，当它围着革命的自由树[①]跳舞，当它最后在拿破仑面前几乎膜拜的时候，就沐浴在这道光线之中。然而，现在，恰恰是**这种**感觉褪色得多么快，对这种感觉的**知晓**在今天已经多么难得，——那些卢梭、席勒、雪莱、拜伦们的语言，我们的耳朵听起来多么陌生，欧洲的命运，那个在贝多芬那里知道怎样歌唱的欧洲命运，就是在他们那里找到**共同**表达的呀！——那之后在德意志音乐中出现的东西属于浪漫派，也就是说，从历史上看，属于一个比那段从卢梭到拿破仑以及民主兴起的欧洲过渡期、那场伟大的幕间剧还更短暂、还更仓促和还更肤浅的运动。韦伯：可是，今天什么是**我们的**魔弹手和奥伯龙呢！或者马施纳的汉斯·海令和吸血鬼！[②] 或者甚至是瓦格纳的唐怀瑟[③]！这是已经渐趋末响的音乐，
即使还不是已被忘却了的音乐。反正，整个浪漫派音乐还不够高 188
雅，不够音乐，在戏院和群众之外即不中听；它从一开始就是不太入真正音乐家法眼的二流音乐。此外还有菲利克斯·门德尔松，

① “自由树”(Freiheitsbaum)，亦可译为“自由之竿”，起源于北美革命，后传到欧洲，多以一支挑着旗帜或自由帽的高竿的形式，象征自由，在法国大革命和德国1848年革命中均使用过。——译注

② 此处所举皆为浪漫派音乐家，分别为卡尔·韦伯(Carl Maria von Weber，代表作有歌剧《魔弹手》和《奥伯伦》)，马施纳(Heinrich Marschner，著有歌剧《汉斯·海令》和《吸血鬼》)，其题材皆取自欧洲中古传说：魔弹手，德国民间传说操纵魔弹的射手，据说有七颗由魔王掌管的魔弹，射手若以灵魂向魔王交换前六颗，可保百发百中，但第七颗则由魔王控制；奥伯伦，中古欧洲神话中的精灵之王；汉斯·海令是德意志中古神话中的侏儒。——译注

③ 唐怀瑟(Tannhäuser)：瓦格纳同名歌剧的主人公，原型为中世纪一位吟游骑士。——译注

那位静穆的大师，为了他那更轻松、更纯粹、更讨人喜欢的灵魂，他迅速地受推崇又同样迅速地被遗忘：此乃德意志音乐的美丽意外。而至于罗伯特·舒曼，他把事情看得太艰难，从一开始也被接受得很艰难——他最后一次建立了一个流派——：这种舒曼式浪漫派今天刚刚被克服掉，这在我们中间岂非一件幸事、一次深呼吸、一次解脱么？舒曼，逃进他灵魂的"萨克森瑞士"[①]中，半做维特状，半做让·保尔状，但肯定不是贝多芬式的！肯定不是拜伦式的！——他的曼弗雷德音乐[②]是一次臻于不公正地步的误会和误解——，舒曼和他的趣味，一种根本上更小的趣味（亦即一种危险的、在德意志人中又加倍危险的对于静谧的抒情诗和感觉的醉醺醺状态的偏好），在持续地靠边站，在羞怯地溜开和退场，一个沉湎于纯然无名的幸福与痛楚的娇贵宠儿，从一开始就是一种少女般的东西，一种"别碰我"[③]：这个舒曼已经只不过是音乐上的一个德意志事件了，不再像贝多芬那样是欧洲的了，也不再像莫扎特当初在更为广阔的规模上那样是欧洲的了，——在他这里，德意志音乐面临巨大的危险，失落了为了欧洲灵魂的声音，而降格为一种纯然的祖国情怀。——

① 萨克森瑞士（die sächsische Schweiz）：德国东部山区著名山地风景区，舒曼年轻时曾游历其间。——译注

② 《曼弗雷德》（*Manfred*，1817 年）是拜伦的一部诗剧，舒曼曾改编为一部同名音乐诗剧（1852 年）。——译注

③ 少女……］付印稿：徜徉于角落者和畏葸不前者；参看科利版第 11 卷，《新约·约翰福音》第 20 章第 17 行。——编注

"别碰我"（noli me tangere），当耶稣复活后遇见玛丽·蒙大拿时对她说的话。——译注

246 189

——对有着**第三只**耳朵的人来说，用德语写成的书是何种磨难啊！他是多么不情愿站在这个缓慢地涡漩着的泥潭旁，没有声响的乐声，没有舞蹈的韵律，这种被德意志人叫作“书本”[①]的东西！可曾有**读**书的德意志人么！他读得多么懒惰，多么不情愿，多么差劲！有多少德意志人知道而且是自己要求知道，在每一个好句子中都蕴含着**艺术**，——只要句子愿意被理解就会被猜出的艺术！比如，一种对句子节奏的误解：那么句子本身就被误解了！对于在韵律上起决定作用的音节决不允许有所怀疑，把对过于苛严的对称性的打破感受为刻意和刺激，对每一个跳音和弹性乐段[②]都竖起一只精细而不耐烦的耳朵，在元音和复合元音的序列中猜测意义，听出它们在其前后相继中能够多么细致而丰富地着色和改色：诸如此类的义务和要求，在阅读书籍的德意志人中，有谁会乐意认可，有谁会在语言中倾听这么多的艺术和意图？人们最终恰恰长着“不是为这些而长的耳朵”：于是，那些最强烈的风格对比未被听见，最精妙的艺术性（Künstlerschaft）就像在聋子面前一样**被浪费**掉了。——以上这些曾是我的想法，当时我注意到，人们是

---

① 德语中“书”（Buch）的原义是装订成册的一叠纸。——译注

② “跳音”（staccato），指每个音符在演奏时略短于标准音长，从而形成非连续的跳荡，演奏上即“跳奏”；“弹性乐段”（rubato，完整表达应为“tempo rubato”，或译“弹性速度乐段”，“自由速度乐段”），让演奏者掌握基本速度的前提下拉宽某个音，又保持整个节奏不变。——译注

多么粗笨而茫然地混淆了散文艺术的两类大师，有一类，词句就像从一个潮湿洞穴的顶层一样，迟迟冷冷地往下滴——他在期算着它们低沉的声响和回响——而另一类，操持他的语言犹如柔韧的剑，从手臂到脚趾都感觉到锋刃[①]的不无危险的侥幸，那颤抖着要啮咬、要嘶吟、要切削的锐利锋刃。——

190 **247**[②]

德意志风格跟声响和耳朵几乎没有关系，这表明一个事实：恰恰我们的好音乐家们写得很糟糕。德意志人没有响亮地读，没有为耳朵而读，而是纯用眼睛读：同时把耳朵放到抽屉里。古代人的读，是在他们自己给自己——这相当少见——朗读一些东西之时，而且是用响亮的声音；如果有人轻声读并且暗中俯首自问，他们会很惊奇。用响亮的声音：意思就是，极尽音调之鼓荡、曲折与翻腾和节奏上的转换，这些是古典的**公共**世界所引以为乐者。当时，写作风格的法则与谈话风格的法则是相同的；这些法则部分依赖于耳朵和喉咙所受的惊人培训和所锤炼而成的需求，部分也依赖于古代人的肺的强健、持久和有力。一个复句，在古人的理解中，首先是一个生理学的整体，只因它是在一次呼吸中完成的。在狄摩西尼、在西塞罗那里，这类复句经过两收两放，在一气中呵成：这对**古代**人是享受，他们在特有的训练中知道品鉴其中妙处，鉴赏在朗

① “锋刃”原文 Klinge，与上文“声响”(Klang)同根，皆源于 klingen(响，鸣)。——译注

② 参看科利版第 11 卷，34[102]。——编注

诵此类复句时的难得和难度：——**我们**则根本没有资格用**大的**复句，我们现代人，我们是一切意义上的呼吸短促者！上述古人则本身在谈话方面个个是业余素习者，从而是行家，从而是批评家，——由此乃推动他们的演讲者登峰造极；其情形恰如过去的那个世纪，那时意大利的男男女女皆知歌唱，声乐名家[①]（还有旋律艺术也随之而——）就是在他们中间达到了高峰。在德意志却真正只有过（直到最近的时期，才另有一种看台雄辩[②]扭捏而粗笨地耸动其稚嫩的羽翼）一种门类的**大致**可用艺术衡量的公开讲话：那就是从宣教台[③]往下所做的讲话。在德意志，唯有布道者才知道 191
一个音节、一个词语的分量，才知道一个句子在怎样的程度上搏动、腾跃、跌宕、飞奔和止步，唯独他的耳朵中有良心，相当常见的是有愧疚的良心：因为由于多种原因，德意志人恰恰很少、几乎总是太晚才获得讲话的才能。因而，合乎情理地，德意志散文的杰作就是德意志最伟大布道者的杰作：**圣经**，是德意志迄今为止最好的书。在路德圣经面前，几乎其余一切都只是“文学”——某种不是在德意志国土上生长出来的、因而过去和现在也不会生长到德意志心灵中去的事物：那是圣经做过的事。

① “名家”原文为Virtuosenthum，在尼采时代已专指以独奏或独唱闻名的音乐表演家。“名家”之称兴起之时亦是现代意义上有鉴赏力的公众（Publikum，即“意大利的男男女女”）兴起之时。——译注

② “看台雄辩”（Tribünen-Beredtsamkeit）盖指面对看台（Tribüne，指露天的大型层垒式座席）的演讲。——译注

③ 宣教台（Kanzel）指教堂中专用于弥撒时布道的高架讲坛。——译注

248

有两个种类的天才：一类主要是授孕和意愿授孕，另一类则乐于让自己受孕和分娩。天才之民族亦然，有那样一类民族，怀孕这样的女人问题，这种赋形、孵熟、完成的秘密使命，就落到他们身上——比如希腊人就是这样一个民族，法兰西人亦然——；而另一类民族则必须去授孕，成为生命新秩序的根源，——如犹太人、罗马人以及——十分谦逊地问一下——德意志人？——这些民族受着莫明高烧的煎熬而迷狂，从自身内部向外突进，热恋和贪欢于异族（那些“让”自己“受孕”的种族——），而同时跟所有知道自己充满生殖力因而“受神恩典”的东西一样，他们寻求统治。这两个种类的天才寻求对方，犹如男人和女人；但他们也相互误解，——犹
240 如男人和女人。

192

249

每个民族都有自己独特的伪善，并且将之称为它的美德。——人们不认得自己身上最好的东西，——人们不能认得。

250

欧洲有什么要感谢犹太人的呢？——有很多，有优有劣，首要的是一条，既是最优者亦是最劣者：道德方面的伟大风格，无限要

求、无限意义的可畏和威严，道德疑难[1]的全部浪漫和崇高——从而恰恰就是那些变色游戏、那些勾引人去生活的诱惑中最迷人、最棘手、也最受宠的部分，今日我们欧洲文化的天空，这片日落之天[2]，还在它们的余晖中发光，——也许是在发暗。我们这些身处观众当中的艺人，我们这些哲学家，为此对犹太人——心怀感激。[3]

251[4]

如果一族民众患上，或者意愿患上民族神经热[5]和政治虚荣症，——其精神中涌动着若干昏沉与错乱，简言之，小小地犯些愚蠢，那么，人们必须容忍之：比如对今日之德意志人，必须容忍那种时而反法国、时而反犹太、时而反波兰的愚蠢，时而是基督教-罗马式的，时而是瓦格纳式的，时而是条顿的，时而是普鲁士的（看看那

① “道德疑难”原文为 der moralischen Fragwürdigkeit，直译当为“道德上有疑问的状态”或“道德上有疑问之处”。——译注

② “日落之天”，原文 Abend-Himmel，通常作 Abendhimmel，指“暮色、傍晚的天空”，尼采此处盖从 Abendland（字面义为“日落的国度”，特指欧洲）借意。——译注

③ 誊清稿（笔记本 W I 8）删去如下内容：在叔本华思想深处即遍布一种源自犹太的情感，他有度朝我们非道德主义者甩来的，即是一种从根本上是犹太式的诅咒——叔本华这样做是不对的：但我们为此感激他。——编注

④ 参看科利版第 11 卷，41[13]。——编注

⑤ “神经热”或译“热昏症”原文为 Nervenfieber，现代西医亦用以指伤寒，19 世纪西医盖以为其由神经系统受损所致。——译注

些贫困的历史学家，那些西贝尔[①]和特赖奇克[②]和他们订成厚册的脑袋——），以及不管他们叫什么的任何东西，必须忍受德意志精神和良心的这些小糊涂。人们且原谅我罢，连我，在这片重度感染
193 的领土上一次短暂的冒险停留中，也没有完全幸免于这种疾病，并且跟所有世人一样，我亦开始摆弄对跟我无关之事的思想：政治上被感染的头一个标志。比如关于犹太人：且听我说。——我还没有遇到一个善待过犹太人的德意志人；而即使从谨慎和政策出发断然拒绝真正的反闪族行径，这个谨慎和政策却终究不是针对比如这种情感类型本身，而只是针对这种情感的危险莫测之处，特别是针对这种莫测的情感所做出的无趣而可耻的表达，——对这一点，人们不该自欺。德意志的犹太人够多的啦，即使只是把这块“犹太人”份额对付掉——就像意大利人、法兰西人和英格兰人经过一次强健的消化已经对付掉那样——德意志的胃，德意志的血，也会颇感窘迫（这窘迫还将长期存在）：这是人们必须听从、并且在行动中遵守的普遍本能明明白白地道出的一句话。“别再让新的犹太人进来了！快向东（也就是向奥地利[③]）堵住大门！”一族民众的本能发布了这样的命令，他们的种类尚且虚弱和不确定，以至于

---

① 西贝尔（Heinrich von Sybel）：当时德国著名史学家，1859 年创立《史学杂志》（*Historische Zeitschrift*），代表作有《威廉一世创建德意志帝国史》（*Die Begründung des deutschen Reiches durch Wilhelm I*，出版于 1889—1894 年），属于小德意志派（die Kleindeutsche Schule）或普鲁士学派（die Preußische Schule），即主张以普鲁士为主导建立德意志国家。——译注

② 特赖奇克（Heinrich Gotthard von Treitschke）：当时德国著名史学家，为普鲁士学派的中坚，继西贝尔主编《史学杂志》，1886 年继承兰克成为普鲁士王室史官。其著作充满对法国和犹太人的敌意，学院影响及于魏玛时期。——译注

③ “奥地利”（Österreich）字面义为“东土”。——译注

可能被轻易抹掉，被一个更强大种族轻易消灭。而毫无疑问，犹太人是现在生活在欧洲的最强大、最坚韧，也最纯粹的种族；他们懂得甚至在最恶劣的条件下也遂其所愿（做得甚至比在有利条件下更好），其所凭借的乃是人们今天喜欢认定为恶习的无论哪种美德，——首先要感谢的是一种面对“现代理念”毋庸自惭的坚毅信仰；他们在改变，**在这样做的时候**，他们一直只像俄罗斯帝国在掠夺疆土时那样，——作为一个拥有时间而不属于昨天的帝国——：也就是说，总是遵循那条原则，“尽可能地缓慢！”一位把欧洲的未来放在他的良心上的思想者，无论他自己关于这个未来所作的草 194
图是怎样的，都要算上犹太人，正如要算上俄罗斯人，要在多方力量的伟大游戏和斗争中，把他们首先算作最可靠和概率最大的因素。今日在欧洲被称为“民族”（Nation）者，其实与其说是 nata[①]［所生者］不如说是 res facta［所造者］（有时它看上去确实像是混淆于某种 res ficta et picta［所捏造者］），无论怎么看，都是某种生成着的、年轻的、易于飘移的东西，还不是种族，更称不上像犹太种类一样，是那样一种 aere perennius［坚于青铜者］[②]：这些“民族”（Nationen）应该仔细提防一切头脑发热的竞争和敌对！犹太人，倘若他们想要的话——或者倘若人们像那些反闪族者们看上去想做的那样，迫使他们想要的话——，现在已经**能够**取得优势，从字面上不打折扣地说，取得对欧洲的统治了，这一点是肯定的；他们

① 欧洲诸语中“民族”一词皆源于拉丁词 natio，其动词不定式为 nasci（出生、产生），“nata”是它的过去分词；“民族”即“生于斯长于斯者”。就此而言，译为“国族”或许更为合适。此处取通译。——译注

② 拉丁短语，出自贺拉斯的颂诗《我完成了坚于青铜的丰碑》（Ode，3，30）。——译注

没有往这方面做工作和制订计划，这一点同样也是肯定的。在此期间，他们毋宁是愿意和盼望——甚至还有点急切地——被吸纳和擢升到欧洲里来，他们渴望最终能在无论哪个地方稳定下来，得到许可和尊重，给那种游牧生活、给“永恒的犹太人”立定一个目标；对这个势头和这种迫切需要（也许它们本身已经是犹太本能的温和表达呢），人们本该好好重视和迎合：把反闪族的尖叫者们驱逐出境的做法或许是有用的，而且是合乎情理的。极为谨慎、有所挑选地予以迎合；大约就像英国贵族们所做的那样[1]。新德意志气质的最强健和已经最稳固定型了的类型，比如来自马克[2]的贵族军官，就能够最不带疑虑地与他们交往，这是再清楚不过的：倘若能见到在那世代相传的命令艺术和服从艺术之上——在这两方面，上面所称的国度今日都是典范——，是不是能添加和新培育出那种金钱与耐心（首先还是某种精神和精神修养，这些在上面所称

195 的那种地位上都是严重匮乏的）方面的天才，那会带来多方的兴趣[3]。不过在此理应结束我这番俏皮的德意志做派和节日讲话了：因为我已经触及我的**严肃**话题，触及那个“欧洲问题”，按我的

---

① 大约……]改自誊清稿（笔记本 W I 5）：而不是什么“张开双臂”！不要，照那些痴迷者的方式，今天“干杯结义”，明天干架结疤。——编注[译按：“干杯结义”（Brüderschaft zu trinken）指德国一种传统饮酒仪式，两个男人以此订交，彼此以“你”相称。]

② “马克”（Mark）：即勃兰登堡藩区，古称“勃兰登堡马克”（Markgrafschaft Brandenburg），原为神圣罗马帝国时期为了向东扩展势力而建（“马克”本义为边防区），其主称勃兰登堡藩侯，后成为选帝侯，并于腓特烈一世时期与普鲁士合并，被视为普鲁士乃至德意志帝国的龙兴之地。——译注

③ 倘若……]据誊清稿：而我很高兴跟一位著名养马行家对于一个在此要推荐的处方（“基督教的牡马，犹太的牝马”）看法一致。——编注

所引语出俾斯麦，指让德国容克贵族娶富有的犹太女人以解决犹太人问题。——译注

理解,已经触及对一个管理欧洲的新种姓的培育了。——

252[1]

这不是一个哲学的种族——这些英格兰人:培根归根到底意味着对哲学精神的攻击,霍布斯、休谟和洛克则在一个多世纪里意味着"哲学"这个概念的贬低和价值缩减。康德是反对休谟才崛起的;对于洛克,谢林是可以说"我蔑视洛克"[2]的;在跟英国-机械主义式世界笨拙化的斗争中,黑格尔和叔本华(跟歌德一道)同仇敌忾,这一对哲学上敌对的天才兄弟,他们分别追求德意志精神相互对立的两极,不公正地对待对方,正如恰恰只有兄弟才不公正地相互对待。——英格兰现在和以往一直所缺乏的东西,那个半吊子演员和修辞学家是知道得很清楚的,那个无趣的糊涂蛋卡莱尔,此人试图在激情的怪相下隐藏他对于自己所知道的东西:也就是他卡莱尔缺乏的东西——缺乏精神修养的真正力度,缺乏精神性目光的真正深度,简而言之,缺乏哲学。——这样一个非哲学种族的标记是,他们严守基督教义:他们需要他们那种对"道德化"[3]和人性化(Veranmenschlichung)的培养,英格兰人比德意志人更阴郁、

① 准备稿(笔记本 N VII 1)第一稿:英格兰人,比德意志人更加阴郁、感性,意志更强,"更平庸"——从而更虔诚!他们更迫切需要基督教。所有他们的基督教甚至在它文学上的余响卡莱尔那里闻起来也带着使气和纵酒的味道:有很好的理由作为针对此二者的解毒剂。——编注

② "我蔑视"原文为法语 je méprise。席勒在 1803 年 11 月 30 日给歌德的信中提到,有一次当一位法国人想跟谢林提起洛克时,谢林直接以此句回绝之。参见《歌德席勒通信集》编号 923。——译注

③ "道德化"原文为 Moralisirung,亦可解为"讲道德"。——译注

更感性、意志更强、更粗野——恰恰因此，作为两者当中的更平庸者，也比德意志人更虔诚：他们甚至还更加**迫切需要**基督教。对于较精细的鼻子来说，这种英格兰基督教甚至还附带一种地道英国式的使气纵酒的味道，它有一些很好的理由被用作针对这种放纵
196 的治疗手段，——即相对较粗糙者而言的较精细的毒药：事实上在粗笨的民众那里，一次精细的中毒已经是一次进步，是朝向精神化的一次进阶了。通过基督教的手势语言，通过祈祷和唱诗，这种英国式粗笨和农民式的严肃态度还能相当差强人意地被伪装起来，更确切地说：被解说和转释出来；一度在循道宗[①]的暴力下，不久前又作为“救世军”，那些酗酒和放纵的牲口学会了道德酣睡，按照它们的尺度来说，一次忏悔痉挛就是在它们那个比例上所能企及的最高的“人道”成就了：人们可以合乎情理地承认的就是这么多。不过，让最人道的英格兰人受伤害的，还数他们在音乐上的匮乏，打个比方（且不带比方地——）说罢：他们在他们灵魂和肉体的运动中没有节律和舞蹈，甚至没有对节拍和舞蹈的欲望，对音乐的欲望。听听他们说话吧；看看那些最美丽的英格兰女人们**走路**吧——地球上没有任何一个国度有比这更美丽的聋子和天鹅，——最后：人们该听听它们唱歌！但我要求得太多了……[②]

① 循道宗（Methodismus）：或译“卫理宗”，兴于18世纪英国的基督新教宗派，尤重在底层和边缘人群中传教。——译注

② 听听……］誊清稿（笔记本 W I 6）第一稿：在这个意义上的有失节律：——在这一点上，今日英格兰最好的作家和议会演说家是一样的。比如所谓的卡莱尔，他们中最富有的一位，当谈到灵魂的财富时，动作起来真像一个农民和蠢货，即使在他激动起来、发自胸臆地演说的时候——而在这里且不提那些完全没有音乐的或者铁皮制成的灵魂，如约·斯图·密尔或者赫·斯宾塞，他们运动起来事实上就像铁皮人像那样。最后，人们该看看那些最美丽的英国女人**走路**：为了不要求太多，我不想要求人们听她们唱歌。——编注

253①

有的真理，中等程度的脑袋认识得最好，因为最适合它们的尺度；有的真理，只对中等程度的精神具有刺激性和诱惑的力量：——这个也许令人不快的命题，恰恰在现在，自从可敬而中等的英格兰人的精神——我指的是达尔文、约翰·斯图亚特·密尔和赫伯特·斯宾塞——在欧洲趣味的中间地带开始占据优势之后，突然出现人们面前。事实上，谁会怀疑暂时让**此等**精神统治一下的益处呢？以为那些已生就高等的、离世高飞的精神就能分外灵巧地确证、收集许多小而普通的事实并且急着得出结论，这或许是一个谬误：——而毋宁说，这些精神作为例外，对“常规”自始就 197
没有处于有利的地位。最终他们有更多的事要做，而不仅仅是认识——也就是他们要**成为**某种新东西，要**意味着**某种新东西，要**表现出**某种新价值！知道和能够之间的裂缝也许比人们想的更大，也更阴森叵测：有可能，规模宏大的能够者，创造者，将必须是一个无知者，——而在另一个方面，某种特定的狭隘、干枯和用工精勤，简言之，某种英国式的东西，对于用达尔文的方式做出的科学发明，倒可能相当不坏。——最后别忘了，那些英格兰人已经以其深深的平均性，导致了一次对欧洲精神的总体压抑：就是人们称为

① 准备稿（笔记本 W I 1）第一稿：有些真理，中等程度的脑袋认识得最好；我们现在比如就处在英国式中等程度（达尔文，密尔，斯宾塞）的影响之下，且并不怀疑此等精神暂时统治一下的益处呢？以为那些最高等的天性就能分外灵巧地揭示真理，这或许是一个谬误：它们不得不是某些东西，表现某些东西，出于对此的考虑，一切真理它们都根本顾及不到。在**能够**和**知道**之间有着深不可测的**裂缝**——！现在科学揭秘者首先必须是在特定意义上贫穷且片面的精神。——编注

“现代理念”或“18世纪理念”或亦称为“法兰西理念”的那些东西——也就是**德意志**精神以深深的恶心奋起反抗过的东西——它们的起源是英国，这用不着怀疑。法国人只是表演这些理念的猴子和演员，也是它们最好的士兵，可惜同时也是它们最初和最彻底的**牺牲品**：因为，由于那阵该诅咒的盎格鲁风[①]，âme française[法兰西灵魂]已经变得如此单薄干瘦，以至于对她的16世纪和17世纪，她那深切的、激情的力量，她善于发明的高尚，人们今天在回想时已难以置信了。不过，人们必须咬牙坚持上面这个合乎历史情理的命题，并且要在这个时刻，在视觉假象面前，为它辩护：欧洲之noblesse[贵胄]——感觉上、趣味上、礼教上的，简言之，在这个词

198 所具有的一切高级意义上——乃是出自**法兰西**的作品和发明；欧洲的平庸，现代理念的平民主义——则是**英格兰**的。——

254

直到现在，法兰西仍然是欧洲最精神性和最精纯的文化的所在地，是趣味的高等学院：不过，人们必须知道如何找到这个“趣味的法兰西”。属于这个法兰西的人们藏匿得很好：——他们可能只是一个小数目，他们在其中有血有肉地活着，此外他们也许是些并未强健自立的人，一部分是相信宿命的人、阴郁化了的人、病人，一部分是柔化的人、人工化的人，是这样一些人，他们都有要把自己隐藏起来的**野心**。有些方面则他们全都一样：在民主资产阶级那发飙的愚蠢和喧嚣的嘴架面前都要捂住耳朵。事实上，今日在前

① 盎格鲁风(Anglomanie)：指对一切英国事物的过分模仿。——译注

台打滚的是一个愚蠢化和粗糙化的法兰西，——随着维克多·雨果的下葬，它新近搞了一场无趣的、同时也是自赞自叹的狂欢庆典。还有另外某些东西对他们来说也是相同的：一种要反抗精神上日耳曼化的善良意愿——以及一种更加善良的无能！也许，在现在这个精神性的法兰西（同时也是一个悲观主义的法兰西），叔本华会比曾经在德意志时更像在家里，更加亲切；更不用说海因里希·海涅，他老早就化身为巴黎精细而挑剔的抒情诗人中的一员了，或者黑格尔，他今天以丹纳的形象——即**第一个**活着的历史学家——施加着一种近乎霸道的影响。而至于理查德·瓦格纳：法国音乐越是学会根据 âme moderne［现代灵魂］的那些现实需要来塑造自身，它将越来越“瓦格纳化”，这是可以预见的，——现在已经到了相当程度了！尽管趣味上有如许多自愿或不自愿的日耳曼化和平民化，还是有三条，今日之法兰西人仍然能够自豪地表明是他们所继承和特有的，是一种称雄欧洲的古老优越性未曾失落的 199 249
标记：一是有能力发扬艺人的激情，献身给“形式”，就是为了这种能力，人们发明出了“为艺术而艺术”（l'art pour l'art）一说以及其他千百种说法：——与此相类，多亏了对“小数目”的敬畏，三个世纪以来在法兰西从来都不乏——而是一再成就了——一种在欧洲其他地方尚待寻找的文学室内乐——。[1] 法国人能够证明其称

[1] 一是……］准备稿（笔记本 N VII 2）：向文〈学〉形式的审美的激情和献身，三个世纪以来一再塑造了趣味的党派和拥趸，就是为了这种能力，人们发明出了 l'art pour l'art［为艺术而艺术］一词以及其他千百种说法：——与此同时，多亏了对“小数目”的敬畏，三个世纪以来在法兰西从来不乏并一再成就了一种在欧洲其他地方尚待寻找的文学室内乐：——人们真该思量一下，德意志学者们有着怎样伟大的耳朵——如果他们到底有耳朵的话！［估计人们要把这一点看作比如是对我的责备了，即］因为有人对我说，学者们没有时间长出耳朵去听，这归根到底就是说，去过多的期望，与声响和有韵律的箴言。— — —。——编注

雄欧洲的优越性的第二条，是他们古老而多样的道德主义[①]文化，它使得在平均水平上，甚至在微不足道的 romanciers[报纸小说作者们]和偶然有之的 boulevardiers de Paris[巴黎浪荡子[②]们]的身上，都能发现某种心理学方面的敏感和好奇，而比如在德意志，人们则对这些毫无概念(更不用说有这样的事情了!)。要走到这一步，德意志人还要过两三个道德化的世纪，这些世纪，如前所述，法国已经趟过来了；谁若因此称德意志人为“天真”，只是在勉强地赞美。(亨利·拜尔[③]，那个值得注意的先驱人物，跟德意志人在 voluptate psychologica[心理学之乐趣]方面的生涩和无辜——这与德意志人交际方面的乏味是颇为相关的——恰好相反，对于这片细致底战栗的领域，最成功地表达了地道法兰西式的好奇心和发明天分，他以一种拿破仑式的速度穿越了他的欧洲[④]，穿越了欧洲灵魂的许多个世纪，作为这灵魂的一个伺察者和揭示者：——要以无论何种方式赶上他，要把他为之煎熬和痴狂的那些谜语解开一二，需要两个世代，这个令人惊叹的伊壁鸠鲁和问号人[⑤]，法兰西最后一位伟大的心理学家——)。使他们有资格宣称优越性的第三条是：法兰西人的本质中，给出了一个对于北方和南方的半成

① “道德主义(的)”此处不应理解为“对一切问题唯从道德角度苛评”的做法，而应理解为“对道德关注且敏感”；据考夫曼，尼采此处应当指法语 moraliste[道德主义]所指者。——译注

② “浪荡子”(boulevardiers)：本指在林荫大道上闲逛找乐的人。——译注

③ 即司汤达，他原名马利-亨利·拜尔(Marie-Henri Beyle)。——译注

④ 司汤达曾随拿破仑转战欧洲。——译注

⑤ “问号人”(Fragezeichen-Menschen)，系尼采特有的表达方式，参见第 209 节“人道人”译注。——译注

功的综合，这种综合使他们领会了许多事物，并促使他们去做另外 200
一些事，一个英格兰人从来不会领会到的那些事；他们那种定期地转向和逃向南方的性情，时时涌动着普罗旺斯和利古里亚[①]的血液的性情，保护了他们，抵御了那令人毛骨悚然的灰茫茫北方，那种不见阳光的概念幽灵和贫血[②]，——抵御了我们在趣味上的**德意志**病，眼下，针对这种病的泛滥，人们以大决心开出了血和铁的药方，我要说的是："大政治"的药方（这适合一种危险的疗法，教我等待又等待却迄今还没教给我希望的疗法——）。即使到现在，法国尚存一种夙爱，一种殷勤，用以对待那种较为稀有而难得满意的人，那些广博得难以在无论哪一种祖国情怀中得到满足的人，他们知道如何在北方爱南方，在南方爱北方，——用以对待那些生长于中陆的人们[③]，那些"好欧洲人"。——**比才**的音乐即为他们而作，这个最后的天才，已经看见一种新的美和诱惑，——已经揭示出一片**音乐中的南方**。

① 利古里亚(Liguria)其实位于意大利，毗邻法国南部，拿破仑时期曾被法国吞并。——译注

② 保护……］准备稿：这血在好一阵时间里都受不了那种令人毛骨悚然的德意志的灰茫茫，那种不见阳光的概念幽灵和贫血：即使在这个世纪，北方的阴郁和德意志的"诸神黄昏"曾经以及现在都如此强大地在莱茵河上方奏响着。——编注

③ "(生长于)中陆的人们"原文为 Mittelländler，字面义为"其国居于中间者"或"中央之国人"，可与 244 节所云"中间民众"参看；又可解为"远离海岸线、居于内陆的人"，亦"地中海"(Mediterranean)之古义。——译注

255

对德意志音乐，我以为宜多加提防。假如一个人是爱南方的，像我那样爱它，把南方当作一所伟大的康复学校，在最精神性和最感性之处去爱它，当作一派蓬勃阳光的充盈和润泽，照临在一个独断专行、对自己有信念的此在之上：那么，这样一个人就将学会对德意志音乐有所警惕，因为这种音乐腐蚀了趣味，使之退化，从而也一并腐蚀了健康，使之退化。这样一个不是从出身而是从**信念**上说的南国人，若他对音乐之未来有所梦想，则一定也是梦想把音
201 乐从北方解救出来，一定已在耳中听到一种更深沉、更强大、也许更邪恶和更隐秘的音乐的序曲，一种超德意志的音乐，在目睹蔚蓝而欢悦的海洋和地中海天空的明亮时，这音乐可不会像一切德意志音乐那样，调低、发黄和变得苍白，一种超欧洲的音乐，即使面对荒原上昏黄的日落，这音乐依然是正当的，它那与棕榈树相亲缘的灵魂，懂得在那些高大、美丽而孤独的食肉动物中间安居和徜徉……我可以设想一种音乐，它最稀有的魔力在于，它再也不知道善和恶，在它这里时不时掠过的，也许只是一阵水手的乡愁，某些金色的影子和温柔的虚弱：一种艺术，它看见，一个没落的、几乎已变得无法理解的**道德**世界的诸般色彩，从极远处向自己奔逃而来，而它亦有足够的好客和深沉，来接纳这些迟暮的逃亡者。

256[①]

多亏了民族主义疯癫曾经和现在在欧洲各民众之间造成的病
态的疏离，同样亦多亏了目光短浅而手脚毛躁的、借助这种疯癫于
今身居高位的政治家们，他们完全没料到，他们所推动的分离性政
策，在何等程度上必然只是幕间剧式的政策，——多亏了所有这一
切以及有些在今天完全不可言表的东西，现在，那些确凿无疑地表
明欧洲**意愿统一**[②]的迹象将被忽略掉，或者被专断而虚诳地周纳
出别种含义。而在本世纪一切深刻广博之士那里，他们灵魂的奥
秘工作中的真正大方向，乃是准备通向那种新**综合**的道路，尝试性
地率先做那个未来的欧洲人：只有从他们的前台来看，或者在较虚 202
弱的时刻，大概是在老年，他们才属于“祖国”，——当他们成为“爱
国者”的时候，他们只是让自己休息。我想到的是像拿破仑、歌德、
贝多芬、司汤达、海因里希·海涅、叔本华这样的人：如果我把理查
德·瓦格纳也归入其列，人们该不会责怪我罢，对他，人们不应该
被他本人的误解所误导，——他那个种类的天才很少有资格自己
理解自己的。当然更不应该被那种不合礼教的喧闹，即现在人们
在法国用来阻碍和抗拒瓦格纳的那种喧闹所误导：——事实一点
也没有变，依旧是：40 年代的**法国晚期浪漫派**[③]和理查德·瓦格

① 参看科利版第 11 卷，25[184]。——编注

② 意愿统一］据付印稿：就它的需求的深处和高处而言是统一的。——编注

③ 法国晚期浪漫派：今日音乐史晚期浪漫派在时间上一般指 19 世纪下半叶甚至更晚，尼采在此所指具体未详。——译注

纳，在最紧密和最内在之处是声气相投的。在他们需求的一切高度和深度方面，他们有根本上的亲缘关系：欧洲就是一个欧洲，通过他们驳杂而奔放的艺术，欧洲的灵魂向外和向上突进和追慕——朝向何处？是要到一片新的光明里去么？是朝向一个新的太阳么？然而，上述所有这些运用新的语言手段的大师们，他们不知道如何明确说出的东西，又有谁说得明白？确凿无疑的是，同样的狂飙和突进[1]在折磨着他们，让他们以同样的方式去搜寻，这些最后的伟大搜寻者们！皆受文学的统治，哪怕是其眼与耳——第一批有世界文学修养的艺术家——大多数甚至自己也是写作者、撰述者、艺术与感性的中介者与混合者（瓦格纳作为音乐家当归入画家，作为诗人则当归入音乐家，作为艺术家则从根本上当归入演员之列）；统统是“不惜一切代价”表达[2]的狂热信徒——我尤推德拉克洛瓦，这个瓦格纳的近亲——，统统是崇高之国度以及丑陋和丑恶之国度的伟大揭示者，在效果方面、在展览、在展示兜售的艺
203 术方面尤其伟大，统统有远远超越其天才的禀赋，——是不折不扣的名家，对于一切诱惑、逗引、强制、翻覆之事，有着玄妙莫测的领悟，是逻辑和直线的天生敌人，贪婪求索陌生者、外来者、阴森者、扭曲者、自相矛盾者；作为人类是意志的坦塔洛斯[3]，是已经爬上来的平民，自知不善于以一种高尚的节奏、一种慢板去生活和创

① 尼采此处化用文学史上的术语“狂飙突进”(Sturm und Drang)，此术语在汉译中易被误以为是一个主谓式词组，实则是并列式。——译注

② “表达”(Ausdruck)字面上亦有“向外推压”之意。——译注

③ 坦塔洛斯(Tantalusse)：希腊神话中，宙斯之子坦塔洛斯以蔑视诸神闻名，曾杀子享诸神以测神知。——译注

作，——可以想想比如巴尔扎克——不羁的劳动者，几近于以劳动自毁者；礼教中的反律法主义者[①]和反叛者，是不讲均衡、不求享受的野心家和贪得无厌者；最后统统将粉碎和坠落在基督教的十字架上（这自在情理之中：因为他们中有谁曾经足够的深沉和原初，够得上一种反基督者的哲学呢？——），总的说来，又是高等人中一个鲁莽而冒进、奢华而强劲、高飞和向高处曳引的种类[②]，在他们这个世纪里——就是这个群众的世纪！——第一次教授了"高等人类"[③]这个概念……理查德·瓦格纳的那些德意志朋友们且仔细斟酌一番吧，在瓦格纳式的艺术中是否有某些全然德意志的东西，或者，这种艺术的优异之处是否恰恰在于，它是从超德意志的泉源和动力中涌出的。这里切莫低估了下面这一点：要造就他这个类型，巴黎是不可或缺的，在最具决定性的时候，他本能的深度叫他渴望巴黎，他出场和自我布道的整个方式，只有按照法国的社会主义榜样才得以完成。也许，出于对瓦格纳的德意志本性的尊敬，人们通过一番精细的比较将会发现，19 世纪的法国人所可能搞的东西，他在一切方面都更强健、更鲁莽、更强硬、更高超地搞过了，——多亏我们德意志人比法兰西人离未开化状态更近些——；也许甚至，理查德·瓦格纳所创造的东西中最值得注意的

① "反律法主义者"（Antinomisten）：由希腊词根 anti（反）和 nomos（诺谟斯、律法）组成。16 世纪在德意志宗教改革者内部有过"反律法主义论战"（Antinomistischer Streit），持反律法主义者不以严持本诸《旧约》的律法为然，而专重信仰本身与本诸《新约》的福音恩典。后亦泛指反对一切威权管制的无政府立场。——译注

② 最后统统将……］付印稿：一个奢华、精明得病态、高飞而强暴的人类种类。——编注

③ "高等人类"］付印稿："艺术家"。——编注

204 部分，对于这整个如此迟暮的拉丁种族来说，将永远地而不止在今日是无可企及、无从感受、无法模仿的：事实上，西格弗里德[①]的形象，那种**非常自由**的人类的形象，对老迈而酥脆的文化种族的趣味而言，可能自由、强硬、畅快、健康得太过分了，太过于**反正教**[②]了。他甚至可能是一桩有违浪漫派的罪，这个反浪漫派的西格弗里德：而今的瓦格纳，在他阴沉的晚年，开始——率先采取一种此间已变为策略的趣味——用他特有的宗教上的澎湃[③]，即使没有走上，也确实是在以布道劝人走上**通向罗马的大道**，这时，他是绰绰有余地结清那桩罪了。——为了使人们不会因为上面这些最后的话而误解我，我想借助于一些有力的韵脚，虽然只会有少数精细的耳朵能从中听出我想说的东西，——也即我**针对**这个“最后的瓦格纳”和他的帕西法尔[④]音乐想说的东西。

——这还是德意志的吗？——

从德意志心灵中传出的就是这般的闷声尖叫么？

德意志肉体就是这般对自身的去肉体化么？

德意志就是教士们这般叉开双手么，

是这般圣香沁鼻的感性刺激么？

这样的停滞、扑倒、踉跄是德意志的么，

① 西格弗里德，系瓦格纳歌剧及其所取材的中世纪传说《尼伯龙根指环》中的男主人公。——译注

② “正教”即通常所称“天主教”者。——译注

③ ——率先……]据付印稿：用他的帕西法尔以一种模棱两可的甜蜜方式。——编注

④ 帕西法尔：瓦格纳最后一部同名歌剧的主人公。可参看《尼采反瓦格纳》。——译注

这种未知的咣当晃荡？

这种修女的眼波，万福钟声的叮当，

这样完全虚迷假醉地登上天堂？

——这还是德意志的吗？——

好好想想！你们还站在入口：——

因为，你们听到的是罗马，——罗马无言的信仰[①]！

① 无言的信仰]盖根据门德尔松的《无言歌》。——编注

205

第九章　何为高尚？

257[①]

迄今为止，“人”这个类型的每一次提高都是某个贵族社会的作品——而且永远都将如此：该社会信仰人和人之间有一条等级

---

① 参看科利版卷 12，1[7.10]；2[13] 付印稿上划去了这则格言的续篇：此类野
258 蛮人的人化——部分地是一个无意为之的进程，发端于其自身的权力关系大致固定之时——在本质上是一个虚弱化和温和化的进程，恰恰是牺牲了他们资以去获胜和占有的那些冲动；而当他们如此这般地，也许甚至还带着一种奢华的奔放，跟他们的“劫掠乐趣”（即使在最精神性的事物中也是）相称地，作为老迈的文化、艺术和宗教的制服者，攫取了那些“更加人性的”美德的同时，——在被压迫和被奴役者这边，一个相反的进程也在同样缓慢地展开。他们得到更加温和、更加人性的对待，从而在体力上成长得更为茁壮，在与之相称的程度上，在他们身上发展出了野蛮人，变强健了的人，渴望荒野的半人半兽：——这野蛮人有一天强健得足以察觉，去反抗他那人化了的、也就是说软化了的主人。游戏重新开始。我要说的是：每一次都是在统治着的、更高尚的种姓和文化的压力之下，从下面往上形成了一种漫长的反压力，一种巨大无匹的、[本能的、]说不准的总体阴谋，合乎所有被统治、被压榨、被胡乱丢弃、中等程度的、一半长坏了的人们的利益，作为一股拖得很长、越拖越阴森叵测从而越来越有自身意识的奴隶愤戾和奴隶起义，作为一种抗拒一切种类的统治、最后要反对“主人”这一概念的本能，作为一场抗拒一切从某种更高等的统治性人类的怀抱和意识中发源而来的道德（即这样一种道德，不论何种形式、何种名义下的奴隶制都需要它充当其基础和条件）的生死之战。所有这一切，总是一直要到这样一个奴隶种族变得足够强势——足够“野蛮”！——足以自己使自己成为主人的那个时间点上：然后立刻便出现了相反的原则和道德。因为，做主人跟做奴隶一样，有其本能：二者之中皆有“本性”，——就连“道德”也是一块本性。——　。——编注

顺序和价值差距的长长阶梯，并且在无论何种意义上都以奴隶制为必需。倘若没有**间距之激昂**[①]，没有在融入血肉的等级差别中，经过统治种姓向臣仆和工具的长久眺望和俯瞰，经过对服从与命令、压制与隔离的持久练习而生长起来的那种激昂，那么，也将根本不可能生长出那另外一种更隐秘的激昂，不可能有那种期望，期望灵魂本身内部不断有新的间距之扩张，不可能开成那种越来越高超、稀有、遥远、舒展、广博的状态，简而言之，就不可能有“人”这个类型的提升，不可能有——说句超道德意义上的道德套话——持续推进的“人类的自身克服”。诚然：关于贵族社会(即“人”这个类型的提高之前提)的产生史，人们不应该听信任何人道的欺骗：真理是强硬的。让我们毫不顾惜地说出来吧，迄今大地上的一切高等文化是怎样**开端**的！其本性尚且本然[②]的人类，野蛮人(在这个词一切可怕的意义上)，还拥有未被破坏的意志力和权力欲的肉 206
食人，他们扑在更虚弱、更有礼教、更和平、也许在经商或者畜牧的种族之上，或者扑到那些最后的生命力犹在精神与腐烂的光亮烟火中闪烁的老迈而酥脆的文化。高尚的种姓在开端处总是野蛮的种姓：它的优势首先还不在于生理力量，而在于灵魂的力量——那是些**更完整**的人(此种说法所意谓者，在一切层次上都等同于“更完整的野兽”——)。

① “间距之激昂”原文为 Pathos der Distanz。Pathos[激昂]源于希腊语，本义是“疼痛、痛切、激动”，在古语所谓“憯怛”与“慷慨”之间；在德语中指面对苦难(Leiden)时庄严激昂的情感状态。“间距”(Distanz)则指“礼主别异”意义上的身份距离。——译注

② 参见第 239 节“本性”译注。——译注

258[①]

腐蚀，表达了诸种本能内部正濒临无政府状态，那种被叫作“生命”的基本情绪构造正在坍塌：腐蚀，即当其在某种生命构成上显示出来之际，便是某种根本不同的东西。比如，当一批贵族，像革命伊始的法国贵族那样，带着一种精巧的恶心，丢弃他们的特权，自己使自己成为他们过度的道德感的牺牲品，这样就是腐蚀：——其实只是那个世纪的持续腐蚀的完结行动，这个持续腐蚀令他们一步一步地放弃了统治的权柄，把自己贬低为王国的**官守**[②]（最终竟贬低为王国的饰物和宝物）。可是，一种优秀健康的贵族的本质在于，他们并**不**觉得自己是（无论是王国的还是共同体的）官职，而是觉得自己是它们的**意义**和最高的正当性守护者，——因此，他们心安理得地接受无数人的牺牲，后者**因为其自身之故**，必须被贬抑和降黜为不完满的人，成为奴隶和工具。他们的基本信仰就必须是这样的：社会**不是**因为社会之故而存在的，而
207 只是作为下层建筑和脚手架，以供某种被特选出来的造物朝他们更高级的使命、从根本上说是朝着一种更高级的**存在**攀登上去：可作比附的是爪哇岛上那种向光的攀缘植物——人们称之为斗牛士

① 准备稿（笔记本 W 13）：腐蚀对于一个统治种姓意味着某种对于仆从和臣属种姓来说不同的东西。比如，在前者，腐蚀是洋溢着的温和、意志能量的衰减。在后者腐蚀则是独立性的增加比如欧根·杜林。法国革命那些有特权者就是腐蚀的一个例子。——编注

② “官守”原文为 Funktion，原义为“功能、职能”，盖影指法语词“fonctionnaire”（政府官员）。——译注

藤——,它们用自己的枝条如此长久而频繁地缠住橡树,直到最终能够既高过它,又靠它支撑,在自由的阳光下展开它们的花冠,炫耀它们的幸福。——

259

相互间禁制伤害、暴力、剥削,将自己的意志跟他人的意志设为平等:这在某种特定的、粗略的意义上,是能够成为个人之间的好礼教的,如果有条件这样做的话(即他们在力量集合和价值尺度方面事实上的相似性,和单个群体内部的协调)。可是,一旦人们想把这个原理推广开来,在可能的情况下甚至将之作为**社会基本原则**,那么,它将立刻现出原形:它是**否定**生命的意志,它是灭绝原则和衰败原则。在这里,人们必须彻底从根本上来思考,抵制一切善感的脆弱:生命本身,**在本质上**乃是对陌生者和弱者的占有、伤害、制服,是压迫、强硬、胁迫的特有形式,是吞并,至少也是剥削,——可为什么人们总是偏偏要这样使用这些自古以来就夹带着中伤之意的言辞呢?那样的群体,如前面假设的那样,其内部的单个部分皆以平等自处——在每一种健康的贵族制中都是这样的——的群体,如果是一个鲜活而非垂死的群体,则它里面单个部分彼此禁制而不为的一切,也必然施诸另一个群体:它必将成为拥有肉身的权力意志,它将意愿生长,进占、抢夺、赢得优势,——这 208
不是缘于哪一种道德性或非道德性,而是因为,它**活着**,因为生命**就是**求权力的意志。然而,欧洲人的平庸意识在任何方面都不像在这一点上那么不愿意接受教训;现在,甚至是在科学的伪装之

下，人们到处痴迷于正在到来的、应该不具有“剥削特征”的社会状况：——在我的耳朵听来，这几乎就像是有人许诺发明一种禁制一切有机功能的生命。“剥削”并非某种腐败或者不完美的、原始的社会所专有：剥削，作为有机的基本功能，是有生命者的**本质**，是真正的权力意志、即生命意志的一个后果。——假定上述作为理论是一项革新，——作为现实则是所有历史的**原事实**：人们就应该对自己诚实到这个地步！

260

262

在一次漫游中，穿越了迄今为止大地上曾经或者还在统治的众多或精细或粗糙的道德，我发现，某些特色是有规律地彼此一起重复出现并且彼此相关联的：到最后有两个基本类型向我显露出来，一种基本差异亦豁然可见。有**主人道德**和**奴隶道德**；——我立刻补充，在所有较为高等和较为混合的文化中，调停这两种道德的尝试也都很常见，更常见的则是两者的混乱和相互的误解，且往往是紧挨着并存——甚至是并存在同一个人身上，在一个灵魂的内部。道德上的价值区分，或者是产生于一个统治着的种类，他们感
209 觉良好地意识到跟被统治者的区别，——或者是产生于那些被统治者，各个等级的奴隶和附庸。在前一种情况下，如果规定“好”这个概念的是统治者，那么，它指的就是那些崇高自豪的、被感知为作出嘉许者和确定等级顺序者的灵魂状态。那些体现出这些自豪崇高状态之反面的造物，高尚的人则把自己跟他们分开：他蔑视他们。人们马上注意到，在第一类道德里，“好”与“坏”的对立所意味

的，就是“高尚”和“卑鄙”：——“善”与“**恶**”的对立则另有起源。受蔑视的是那些怯懦者，担惊受怕者，小气者，盘算微利者；同样还有那些视线不自由的不信任者，自我贬黜者，任劳任虐的人中犬类，乞求的谄媚者，首先则是撒谎者：——一切贵族的基本信念是，普通民众是好撒谎的。“吾等真诚者”[①]——古代希腊的贵胄们如此自称。这是一目了然的：道德上的价值标记在一切地方首先都是指**人**的，然后才偏离而指**行为**：因此，道德历史学家把“为什么同情的行为受到赞许”作为开端，是严重失算了。人类的高尚种类感觉到是**自己**在确定价值，他们并不一定要让自己为人称许，他们的判断是“对我有害者，即本身有害者”，他们知道究竟是自己才使事物值得尊敬，是他们在**创作价值**。他们尊敬他们在自己身上认识的一切。最显著的，是那种充盈感，想要涌溢的权力感，高度绷紧的幸福，对一笔财富的想要把它赠予和分发的意识：——高尚的人也

会帮助不幸者，但是不是或几乎不是出于同情，毋宁是出于权力之 210
流溢所产生的某种欲求。高尚的人尊敬自己中间的有权势者，即拥有对自己的权力的人，他既懂得谈论也懂得沉默，乐于对自己施以严格和强硬并且首先敬事那些严格者和强硬者。“在我的胸膛中沃坦[②]放了一颗坚硬的心”，一个古老的斯堪的纳维亚传说唱道：从一个自豪的维京人的灵魂里，是有权吟出这样的诗句的。一个这样种类的人所自豪的恰恰是，他**不**是为同情而造的：因此，传说中的英雄添上一句警告“谁在年轻时尚没有一颗坚硬的心，他的

① 引文参见《论道德的谱系》第一论第5节。——编注

② 沃坦（Wotan）：北欧神话中的“奥丁”在日耳曼语中的称呼。——译注

心就永远不会坚硬了”。这样思考的高尚者和勇士，跟那种恰恰以同情或利他行为或不计利害[①]为有德者之标志的道德，离得最远；自己对自己有信念，自己对自己有自豪，对“无私”怀有某种根本敌意和反讽，对同感和“温暖的心”时则有轻微的贬低和提防，这些都可以肯定地算作高尚的道德。——有权势者是**懂得**尊敬的人，这是他们的艺术，他们在这方面卓有创见。在年岁和出身前的深深敬畏——这双重的敬畏完全合乎公理——厚古薄今的信念和成见，是有权势者道德的典型；相反，秉持“现代理念”的人类则近乎本能地相信“进步”和“未来”，越来越缺乏对年岁的尊重，由此便充分暴露这些“理念”的不高尚出身。对于当前的趣味来说，统治者道德最见陌生和龃龉之处在于这种道德所持的基本法则之严厉，此法则认为，人们只对其同类负有义务，对于更低等造物的级别，对于一切陌生者，则可以自行裁量或者“按照心灵的愿望”行事，而

211 且无论如何都已“处于善恶的彼岸”——：对同情及诸如此类者，即当如此对待。有能力且有义务去长存感激和永志复仇（二者皆只限于对同类），精细不苟地以直相报，对友谊把握得细致入微，拥有敌人亦是一定的必需（仿佛是当作嫉妒好斗狂妄等情绪的宣泄渠道，——从根本上讲，则是为了能够好好地**友爱**）：所有这些，都是高尚道德的典型标识，如前所示，高尚道德不是“现代理念”的道德，因此在今天是很难感同身受，也很难发掘和揭示出来。——第二种道德类型，**奴隶道德**，则是另一种情况。假定那些被强暴者、

① “不计利害”原文为法语词 désintéressement，德语中作 Desinteresse，更常用的意思是“缺乏兴趣，无动于衷”。——译注

受压迫者、罹苦受难者、不自由者、于其自身无所知者和疲乏者在讲道德：那么该种类的道德价值评估会变成什么样的呢？大概会表达出一种对于人类的整体境况的悲观的猜忌，也许是对人类连同其境况的一种谴责。奴隶的目光对于有权势者的美德是忌惮的：对于那里所尊敬的一切“好”，他持怀疑论，他有疑虑，他的疑虑亦**精细不苟**——，他想说服自己，即使在那里，幸福也不是真切的。那些有助于使罹苦受难者的此在变得轻松的品性，会以颠倒的方式被抽取出来，投以光线：在这里，同情、亲切的乐于助人的手、温暖的心、耐心、勤勉、谦恭、友善获得了尊敬——，因为，在这里这些是有用的品性，几乎是承受此在（Dasein）压力的唯一手段。奴隶道德本质上是有用性的道德。产生那一对著名对立物“善”与“**恶**”的病灶就在这里：——权力和危险，某种特定的可怕、精细和强健，即那些不容蔑视的东西，被放到恶之中来感知。于是，根据奴隶道德，“恶人”激起恐惧；根据主人道德，则恰恰是“善人”在激起和想要 212
激起恐惧，而“坏”人则被看作可蔑视者。这个对立最尖锐地表现在，按照奴隶道德的推论，即使具有这种道德的“善人”也沾着一丝贬低的味道——尽管可能是轻松且好意的贬低——，因为，无论如何，在奴隶的思维方式里面，善人必须是**没有危险**的人：他好脾气，容易骗，也许有点儿蠢，一个老好人[①]。奴隶道德占据优势的一切地方，语言都展现出一种把“善”这个词和“蠢”相互拉近的倾向。——一个最终的根本区别：对**自由**的期盼，对幸福的本能，自由感觉的精

① “老好人”原文 bonhomme，出于法语，字面义为“善良的人”，在德语中亦见用，而转有“老实敦厚”之意。——译注

细区分,皆必然属于奴隶道德和奴隶道德性,正如在敬畏和献身方面的艺术与痴迷,是贵族的思维与评价方式的常规特征。——由此马上可以理解,为什么作为**激情**的爱——这是我们欧洲的特产——肯定有着更加高尚的出身:众所周知,其发明可追溯至普罗旺斯的骑士诗人,那些张扬夸诞深通“乐旨”(gai saber)[①]的人,欧洲有这么多东西要归功于他们,几乎连自身都得归功于他们。——

261

一个高尚的人也许最难以领会的事物当中,就有虚荣:他将试着偏要在另一个种类的人想要伸出双手抓住虚荣的场合去拒绝它。他很难设想,会有些造物试图唤起别人对自己抱有一种他们自己本身并不抱有(因而也不“配”拥有)的好评,随后竟然**相信**了
213 这个好评。在他看来,这样做一半会显得自己对自己是那么无趣和不敬,另一半则显得那么巴洛克式-非理性,以至于他喜欢把虚荣认作例外,并在大部分人们谈到它的情况下心持怀疑。比如他会说:“我可能弄错我的价值了,而另一方面,我又期望我的价值就是我所设定的这么一回事情,也期望被其他人所承认,——这可不是虚荣(而是自慊[②],或在更常见的情况下,是所谓“谦恭”亦称为

---

① 参见293节同条译注。——译注

② “自慊”原文为Dünkel,通译“骄矜、自大”;惟此处从上下文考虑,尼采当是就此词的渊源而用之:Dünkel源于dünken[思忖、(自)以为]。他亦常常用“鄙意以为”(es dünkt mir)来同时表达合乎礼教的自谦与精神上的自负,且暗示自己思考时的“诚意”。慊读若惬,表示“(自)足”。——译注

“谦逊”者）。”抑或：“我可能出于许多理由对他人的好评感到高兴，也许是因为我尊敬和爱他们，乐他们之所乐，也许是因为他们的好评是认同而且鼓励着我对我自身所持好评的信念，也许又是因为，即使没有得到我自己的赞同，他人的好评对我仍然有用，或可以预计是有用的，——这一切可都不是虚荣。”高尚的人必然首先有所拘束地，尤其是借助于历史学予以申明，从鸿蒙太古以来，在无论哪一种依附性的民众阶层中，庸人都只是他被当作是的东西：——他根本不习惯自己设定价值，在主人所量度赋予的之外（创作价值乃是真正的主人权利），他也不曾为自己量度其他价值。即使现在，常人也还总是首先等待某个对自己的评判，然后本能地自行屈服于它，这一点，可姑且当作一种阴森难测的返祖遗传的结果吧：但这决不仅限于“好”评，而还包括坏的和不合情理的评价（比如，想想女士们从告解神父那里、说到底是笃信的基督徒从他的教会那里学来的绝大部分自我评估和自我低估）。事实上，那种原本高尚稀有的渴求，即渴求自己根据一个价值对自己做出认定，把自己“想成好的”，随着民主制的事物顺序的逐渐形成（及其原因，主奴混血[①]），如今相应地越来越受到鼓舞和推广：可是，这种渴求在任 214
何时候都包含着一种更古老、更广泛也被更彻底地归并于其中的反对自身的倾向——在“虚荣”这个现象中，这种较古老的倾向凌驾于较年轻的倾向之上。虚荣者对所听到的关于自己的每一个好评都感到高兴（完全不考虑这个评价的有用性，亦不论其真假），而

① 混血]付印稿中之后划去了：—以及在历史上如此频繁地发生过的某些类似的事—。——编注

对每一个恶评也同样感到难过：因为他屈服于这两者，出于他身上发作的那种最古老的屈服本能，他**感觉**自己已屈服于它们。——虚荣者在血脉中是“奴隶”，是奴隶刁钻习气的残余——而现在，比如在女人身上，还残留着多少“奴隶”成分呵！——，这个奴隶会寻求去**诱导**[①]出对自己的好评；同样，事后立即在这些评价面前跪倒，仿佛自己不曾把它们召唤出来似的，这样的人也是奴隶。——再说一次：虚荣是一种返祖遗传。[②]

262

268

一个**种类**产生了，一个在跟诸种本质上相同的**不利**条件的长期战斗中变得坚固而强健的类型。反过来，人们从培养者的经验中知道，得到太丰足养料的，说到底就是受到过多保护和照料的品种，则很快以最剧烈的方式偏向该类型的变种，盛产奇才和畸形（以及畸变的恶习）。且把一个贵族公共体，就比如一个晚期希腊城邦，或威尼斯，看作一次自愿或不自愿地以**培育**为目标的谋划：正是在那里，意愿奋力显达其种类的人类会互相指教并且依靠自己，大多数是因为，他们**必须**使自己出人头地，不然就以一种可怕
215 的方式遭受被灭绝的危险。有利于变种的那种厚爱，那种过度，那种保护，在这里是没有的；这个种类亟须自身成为种类，在跟邻邦、跟造反或有造反威胁的被压迫者的持久战斗中，成为某种恰恰因

---

① “诱导”原文为 verführen，同时也表示“误导”。——译注

② **感觉**……］准备稿（笔记本 N VII 2）：寻求诱导出对自己的好评，从而之后再诱使自己相信这个好评：——这就是不高尚的种类。——编注

其强硬和严整、因其形式的浑一而使自己得以显达得以赓续的东西。形形色色的经验教导他们,他们,无论诸神或人类如何,居然还在那里,居然总是得胜,这首先要感谢哪些特性:他们把这些特性命名为美德,只把这些美德培育壮大。他们做这些时是强硬的,他们甚至意愿强硬;每一种贵族道德都是峻厉的(unduldsam),在对青年的教育上,在对女人的支配上,在婚姻礼教方面,在年长者与年少人的关系上,在刑法上(刑法只关注那些异变者):——他们把峻厉本身归为美德,列在“公正”的名下。一个带有少许然而极强烈特色的类型,一个严厉、善战、守默、团结而木讷的人类品种(并由此而对于社群[1]的魔力和细小层次体认入微),通过这种方式,超越于世系变迁而稳固下来;如前所述,跟永远一样的**不利**条件的持续战斗,是一个类型变得坚固和强硬的原因。不过,有朝一日终于出现一个太平世道,巨大的紧张消释了;也许邻邦中再无敌手,生活用品,甚至是生活享受都过于丰盛了。一朝之间,古老培养的约束和强制一下子开裂了:它感到自己不再是必需的了,不再是人生此在之条件,——倘若它要继续存在,就只能作为一种**奢侈**形式、作为拟古的**趣味**而继续存在。变种,或为异变(变为更高等者、更精细者和更稀有者),或为蜕变和畸形,突然间盛大地云集登场,单个者亦敢于单个存在,与众不同。在这个历史的转折点上将 216
看到,某种壮丽而驳杂的、原始森林般蓬生和涌进的东西,某个在生长竞赛中踏着**热带**节奏的品种,一股趋于末路和自蹈绝境的大

---

① “社群”(Societät)通译为“社会”(或基于一定社会关系的团体),然尼采在此当不是在这个意义上用这个词。——译注

潮，相互并列，常常又相互交错纠缠，这又多亏了那些狂野地相互对冲、仿佛要炸裂一般的唯我独尊的行径，它们“为了太阳和光线”而相互搏斗，再也不知道从此前的道德中能举出什么界限、羁绊、顾惜。那种道德本身是在把那股张弓欲射的力量累积得阴森叵测：——现在，它是、它被“活过去”[①]了。那个危险而阴森叵测的时刻来到了，更伟大、更驳杂、更广阔的生命此时越过旧道德活开去了；此时“个体”的处境是，被迫作一次自己的立法，被迫使出自己特有的那些保存自己、提高自己、解救自己的技艺与狡诈。崭新的“何为”，崭新的“何以”[②]，再也没有共同的程式，误解和轻视互相结合，衰颓、腐败，和那些最高的欲念骇人地勾缠在一起，种族的天才从所有盛满优与劣的丰饶角中漫溢出来，春与秋厄运般地同时出现，充满新的刺激和新的朦胧，专供年轻的、尚未耗竭尚未疲倦的腐败享用。危险再次降临了，这位道德之母，伟大的危险，这一次转而来到个体，来到亲信和朋友，来到小巷，来到各自特有的童年，来到各自特有的心中，来到一切最本己和最隐秘的愿望和意志中：那些应时而生的道德哲学家们，现在会为这些东西作怎样的布道呢？[③] 他们，这些尖锐的观察家和徜徉于角落者，发现，这些将很快结束，他们周围的一切都腐败了或者被弄得腐败了，没有东西能挨到后天，除了一个人类品种：无可救药的中等人。唯独中等

① “活过去”(überlebt)：通译为“幸存”；“是活过去了”表示其本身之幸存；“被活过去了”表示它已为生活本身或活着的人所越过(即下句所说的“活开去”(hinweg lebt))。——译注

② “何为”、“何以”对应两个疑问词 Wozu(为什么)、Womit(凭什么)，即对目的和手段的发问。——译注

③ 的呢？]付印稿此后划去：这是苏格拉底和苏格拉底式人物的时代。——编注

人有前途，可以继续前进，继续繁殖，——他们是未来的人类，是唯 217
一活过去的；“跟他们一样吧！变得中等！”今后，那个仅存的尚有意义、尚有人听的道德会这样叫道。——但是，要为它布道很难，这个中等状态的道德！[①] ——它甚至从来不允许坦白，它是什么东西，它意愿什么东西！它必要谈论适度、尊严、义务和博爱，——它不得不，**把反讽藏起来**！——

263

有一种**对等级的本能**，它比一切都更是一个高等级的标记；有一种细分敬畏的幽微变化的**乐趣**，它透露出高尚的出身和习性。当有一种位列第一等级、不过尚未受到权威所引发的那些战栗的保护、还不免遭到唐突和粗俗的冒犯的东西：某种尚未被标记、未被揭示、尝试性的、也许是被随意遮掩和伪装着的东西，像一块活的试金石那样移动，当它从一个灵魂边上经过，此灵魂的精细程度，它的质地和高度，便受到重大的考验。这样一种艺术，如果有谁的使命和练习在于探究灵魂，准会以种种形式去运用它，以确证一个灵魂的最后价值，确证它所从属的那个不可动摇的天生等级顺序：他会根据灵魂的**敬畏本能**来考验它。差别产生憎恨[②]：无论怎样一种神圣的容器，一件曾密藏于圣匣的宝物，一部载有伟大命

① 道德！］付印稿此后划去：（不管叔本华，这个在这些事情上不精细的人，会怎么说）。——编注

② 原文为法语 Différence engendre haine，实引自司汤达：《红与黑》上卷第 27 章，于连到贝藏松神学院后对生平遭际的一个总结。——译注

运的文字的书，凡当其经过之处，总会有某些本性，其平庸如污水般突然泼出；从另一方面看，则有一阵不由自主的默然，一时目光
218 的屏营，一切手势的肃然止息，它们表明，一个灵魂感觉到最可崇敬者在临近。欧洲迄今为止总体上在圣经面前秉持敬畏的情形，也许是它在礼教之教养和精细化方面最好的一部分，此则归功于基督教：此等包含深度和最终意蕴的书籍，需要某种权威的外来霸权的保护，以赢得穷究和彻悟这些书籍所必需的数千年的赓续。如果大量的群众（一切浅薄褊急的品种）竟养成那种感觉，感到并非一切皆可触碰，感到在有些神圣的体验面前要脱掉鞋子，把不干净的手拿开，这就相当不错了，——这就差不多是他们朝向人道的最高进阶了。相反，那些所谓的有教养者、那些“现代理念”的信徒们，他们身上最让人犯恶心的，也许莫过于他们的缺乏羞耻，他们的手和眼的恬然无忌惮，一切都被他们这样碰着、舔着、品尝着；今日，在民众当中，在低等的民众当中，尤其是在农民当中，比起那个读着报纸的精神风月场，比起那些有教养者，倒还越来越多见出相对而言的趣味之高尚与敬畏之得体。

264

一个人的祖先最喜好和最持久地做过的事情，是很难从他的灵魂中被抹掉的：他们或者曾经是某种孜孜不倦的积蓄者，与书桌和钱箱为伴，在欲念方面，他们是谦逊的和资产阶级的，在美德方面也同样谦逊；或者曾经在生活中惯于从早到晚下命令，扛着[①]粗

① “扛”原文为英语 hold。——译注

野的娱乐,同时也许也扛着更加粗野的义务和责任;或者,作为怀有一种无情而细腻的良心(它在一切中介面前脸红)的人类,他们终于在某个时候一举牺牲了出身和财产上的古老特权,为的是朝向他们的整个信仰——他们的“上帝”——而生活。一个人的血肉 219
中**没**有他父母和祖辈的品质与喜好,是根本不可能的:即使可能与外表印象相反。这是种族问题。假定人们对父母有所认识,那么对子女亦可得出论断:父母若有某种悖逆的不节制,或是某种阴匿的嫉妒,或是某种粗笨的自身辩解——在一切时代,都是这三样共同造就了真正的群氓类型——则同样,这些必将准准地落到子女身上,就像被玷污的血一样;借助于最好的教育和教化也只能达到**隐瞒**这样一种遗传的地步。——今日的教育和教化还有别的企图么! 在我们这个非常符合民众口味的、可以说是群氓的年代,“教育”和“教化”本质上**必须**是隐瞒的艺术,隐瞒起源和在身体与灵魂中遗传的群氓。一个教育者,若今日还在对首先是真诚性进行布道,对他的培养对象持续地叫道“要真实! 要自然! 是个什么样子,就拿出什么样子!”——甚至这样一头颇显美德和心地纯良的笨驴,也会在不久之后就学着抓着贺拉斯[①]的那柄叉子,要赶跑自然:后果是什么呢? “群氓”总会回来[②]。——

① 贺拉斯]语出《书信集》(第一卷,第十封信,24)。——编注[译按:所引贺拉斯原文作:“你可以用一柄叉子把自然赶跑,但它总会回来,而且不知不觉获得胜利,打破人们不恰当的憎恶。”贺拉斯讲的是人对自然环境的整治;叔本华在谈到同性恋爱(叔氏以为亦属自然之本意)时亦曾引用之(《作为意志和表象的世界》第二卷44节附录)。]

② 后果……]据付印稿:这正是现代教育的程式。——编注

265

冒着惹恼无辜听众的危险，我还是要撂下这些话：利己主义乃高尚灵魂的本质，我指的是那种不可移易的信念，相信其他造物从本性上必定要臣属于一种“我们这样”的造物，不得不为我们牺牲。高尚的灵魂接受他的利己主义这一事实要件，没有表示任何疑问，
220 也没有给人一种强硬、强制和专断的感觉，毋宁是像接受一种可以在事物的元法则找到根据的东西：——若要为此找一个说法，那么他或许会说“这是正义本身”。在有些情况下，他会稍微犹豫一下，坦承有跟他被赋予同等权利者；一旦他对这个等级问题有了认同，他便凭借在羞耻和在细腻的敬畏方面（它在自己与自己的交往中即拥有这些）的同等熟练，在上述那些同类和被赋予同等权利者中间活动——按照一种所有星体都熟谙的天然的天体力学的规律活动。这**更多地**是他的利己主义的一部分，这种跟同类交往中的精细与自律——每个星体都是这样一个利己主义者——：他在他们中间、在他向他们所提供的权利中尊敬**自己**，他不怀疑，对尊敬与权利进行交换，作为一切交往的**本质**，同样也是事物的合乎自然的状态。出于激烈而敏感的报答本能，这高尚的灵魂照他所收取地给予，他的本能的基础便是报答。“恩典”[①]这个概念，inter pares [于同侪之间]是没有意义的，也没什么好声闻；要让馈赠从上往下

① “恩典”原文为 Gnade，亦可译为“仁慈”，在基督教中特指人需信靠的上帝的恩典。——译注

仿佛是掉到自己头上的，要一点一滴地去渴求接饮，可能会有精巧的方法能做到：不过，对于这种技艺和姿态，高尚的灵魂毫无灵巧。他的利己主义在这里妨碍着他：他根本不喜欢朝“上”望，——而是要么向自己的**前方**平展舒缓地、要么向下望：——**他知道自己在高处**。——

266[①]

“人们只可能真心敬仰那种自己于自己无所**寻求**的人。”——歌德致施罗塞尔参事[②]。

267

中国人有个母亲从小就教给孩子的习语：小心[③]，“把你的心弄**小**！”这是晚期文明的真正基本倾向：我不怀疑，一个古代希腊人从我们今日之欧洲人身上也会首先认出这种自行渺小化，——在他看来，仅凭这一点我们就“有悖于趣味”了。—— 221

① 参看科利版第 11 卷，26[245]；出处待考。——编注

② 施罗塞尔(Johann Georg Schlosser)：法兰克福人，法学家、作家和史学家，歌德的妹夫。——译注

③ “小心”原文为 siao-sin，当为中文原词的音译。据《尼采频道》，参见伊波利特·丹纳：《大革命：革命的政府》，载《当代法国的起源》，巴黎，1885 年，第 128 页：“在中国，道德的原则是完全不同的：在困境中与困难中，中国人总是说‘小心’，也就是说，把你的心变小。”并参见第 212 节“灵魂之伟大”译注。——译注

268[①]

说到底，平庸[②]是什么呢？——言辞是概念的音调符号；概念却或多或少是特定的图像符号，以标记经常反复出现和汇聚的诸感知及感知群(Empfindungs-Gruppen)。使用同样的言辞尚不足以达成相互理解：人们必须将同样的言辞也用于同样类别的内在体验，人们最终必须彼此*共通*[③]地拥有经验。因此，单一民众的人之间，比从属于多群不同民众的人之间，相互理解得更好，即使后者运用同一门语言；或更进一步说，当人们在诸种相似的(气候、土壤、危险、需求、劳动)条件下长期共同生活过之后，便会*产生*[④]一种“自身理解”的东西，一族民众。在所有灵魂中，都有数目相同的经常反复出现的体验占据上风，压倒比较少出现的体验：根据这些体验，人们很快理解自身，并且越来越快——语言史就是一个简缩进程的历史；人们根据这些快速理解相互联系得越来越紧密。危险性越大，快速而方便地就亟需之事达成一致的需求就越大；在危险中不误解，这是人类在交往中绝对不可或缺的。他们现在还在

---

① 参看科利版第11卷，34[86]。——编注

② “平庸”原文为Gemeinheit，另一个义项为“卑鄙”；尼采在此固然意指双关，但当时实以“普通”为首义(参见《皮埃尔辞典》1859年版及《迈耶尔辞典》1907年版)。其源出于“gemein”，本义为“共同”，后乃转而为“普通”，转而为“平庸”，进而乃以“卑鄙”为主要义项(类于汉语“庸俗”、“卑鄙”之转义)。——译注

③ 此处“共通”(gemein)即“平庸”的形容词形式。——译注

④ “产生”原文为entstehen，与“理解”(verstehen)的词根皆为stehen(立、站)。——译注

每一段友谊或爱情中做着这种试验呢：人们一旦明白，对于同样的言辞，双方中某一方所感到、认为、嗅出、盼望、恐惧的，与另一方不 222
同，此类情谊即无以为继。（对“永恒的误解”的恐惧：这个热心的守护神，是它让不同性别的个人们避免感官和心灵所劝导的仓促联系，——而**不是**什么叔本华说的“种属守护神”[①]——！）一个灵魂内部是哪些感知群最快地有所警觉、握住言辞、给出命令，是这一点决定灵魂对诸般价值所排的总体等级顺序，并最终确定它的财富表。一个人的价值评估透露出的是他灵魂的**构造**（*Aufbau*），灵魂正是在这里见出它的生命条件，它真正的迫切需要。[②] 现在假定迫切需要向来只是让那样一些能够以相似记号表示出相似需求和相似体验的人们相互接近，那么从整体上就导致了迫切需要的高度**可传达性**，最终从根本上说也就是，对于仅是平均和**共通**的体验的体验，必然成为迄今支配人类的一切暴力中的最强暴者[③]。曾经和现在总是最相似、最平常的人类占先，而更精选、更精细、更稀有和更难以理解的人类，则始终容易孤独，因其独来独往而容易受挫于意外事故，罕得繁衍。人们必须倾尽全部对抗力量乃能顶住这个自然的、太自然的 progressus in simile［相同者之演进］，顶住人类朝向相似者、平常者、平均者和群盲之物——朝向**平庸者**——的继续成形。

① “种属守护神”(Genius der Gattung)，叔本华认为个体间的性吸引力源于种属繁衍的自然意志，即种属守护神，见《作为意志和表象的世界》第二卷第 44 节。——译注

② 付印稿此处删去如下内容：那一窘迫，它是生命的条件和根据，每一次。——编注

③ 必然……］据付印稿：必定是一股遴选性和培养性的暴力。——编注

269

一位心理学家——一个天生的、命定做这一行的心理学家和灵魂猜测家，——越是转向那些更为特出的个例和人，他在同情中
223 窒息而死的危险就越大：他比另一种人更加**必须**强硬和明朗。高等人、长得更陌生的灵魂，他们的腐败和毁灭乃是规律：一再目睹这样的规律令人恐怖。揭示了这种毁灭的心理学家，率先揭示出、并且贯穿整个历史**几乎**总是在反复揭示高等人这种总体和内在的“无可救药”、揭示这种在一切意义上的永恒的“太迟了”的心理学家，他所遭受的重重磨难，——也许有朝一日将成为原因，导致他恼怒地反对他自己的运数（Loos），并尝试摧毁自己，——好让他自己“腐败”。在每一个心理学家跟日常生活中安居乐业的人的交道中，几乎总是可以感受到他所暴露出来的一种嗜好和乐趣：这透露出，他总是有待治疗，需要一种逃避和遗忘，逃开和忘掉那种让他去看穿和切入自己的良心、去对它做些“手工活”的事情。这种面对自己记忆的恐惧是他所特有的。在他人的判断面前，他很容易陷入默然：他带着一张不动声色的脸聆听，在他所**见**之处，崇拜、惊叹、热爱和润饰是怎样发生的，——他或者还通过明确同意这种或那种前台意见来掩藏他的静默。也许，他境况之悖谬已到了如此骇人的地步，就在他学习大蔑视以及大同情的地方，群众、有教养者、痴迷者从他们那边学习的是大崇拜，——对“伟人”和奇人的崇拜，人们因为这些人物而向祖国、大地、人类尊严和自己致福并敬拜，用他们来指引和教育青少年……而谁又知道，是不是迄今在

一切伟大的个例中都发生了全然相同的事情：群众向一个神祷拜，——而这个“神”只是一个可怜的牺牲品而已！成功总是最大的说谎者，——“作品”本身是一种成功；伟大的治国者、征服者、揭 224
示者被装扮包裹进他的诸种创造，直至成为无从认识之物；而“作品”，艺术家的作品，哲学家的作品，首先杜撰出了它们的创作者和被认为的创作者；那些“伟人”[①]们，按照他们所受的崇拜，是事后的小气而低劣的撰述（Dichtungen）；在历史价值的世界里是假货在统治。至如拜伦、缪塞、坡、里奥帕蒂、克莱斯特、果戈理[②]这样的伟大诗人，——就像他们现在一度成为、也许必然成为的那样：活在瞬间的人，激动、感性、犯傻，轻率而突然地去信任或不信任；其灵魂，通常总是有某种缺陷有待掩饰；常用他们的作品报复某种内在污点，常在某个过于忠实的记忆面前挥动羽翼寻求遗忘，常迷失而踏上并且几乎爱上泥沼，直到有如沼泽周围的迷火[③]并*迷离*[④]而为星辰——民众于是多称其为理想主义者——，常跟一种长久的恶心战斗，跟一个反复重现的无信仰的幽灵战斗，这幽灵使人发冷而迫使他们苦苦追求 gloria［荣耀］并从微醺的谄媚者手中吞食“信仰自身”[⑤]：——这些伟大的艺术家、这些说到底是高等的人

① “伟人”（größen Männer）：其中“人”（Männer）专指“男人”。——译注

② 果戈理］在自用样本中还加上：我不敢举出太多更伟大的名字，而我想说的就是他们。——编注

③ “迷火”（Irrlicht）通译为“鬼火”或“磷火”；字面意义为“错误的光”，与“误入歧途”（verirrt）同根。——译注

④ “迷离”原文 sich verstellen，兼有“佯装”与“（错误地）移置”之义。——译注

⑤ “信仰自身”（Glauben an sich）可作两解：对自己的信仰或者自在之信仰。——译注

类，对于一举猜中了他们的那个人来说，是怎样的**磨难**[①]呵！相当可以理解的是，恰恰从女人——她们在苦难的世界中有尖锐的视力，可惜却又以远远超过她们力量的方式寻求着帮助和拯救——那里，**他们**那么容易经验到漫无限制的、献身最彻底的**同情**的爆发，对于那些爆发，群众，尤其是崇拜着的群众，是不能理解的，他们用好奇和取悦自己的解释将它们淹没掉。按照常规，这种同情总是对它的力量虚张声势；女人想要相信，爱使一**切**可能，——这是她们真正的**信仰**[②]。哈，那个知心者是猜中了，连最好的、最深切的爱，也竟是多么贫乏、愚蠢[③]、无助、虚妄、失察，摧毁它竟比拯
225 救它更容易！——很有可能，在耶稣平生圣迹和伪装之下，藏着一个最令人痛心的个案，牺牲**对爱的知晓**[④]以殉道的个案：牺牲最无辜、最渴盼的心灵以殉道，那种不满足于任何人类之爱的殉道，它**要求**爱、被爱，此外别无所求，并用强硬、用疯狂、用可怕的爆发来反对那些拒绝给它以爱的人们；一个没被喂饱过也喂不饱的爱之贫乏者，他必将发明地狱，把那些不**愿意**爱他的送进去，——而最终，在对人类的爱有所知道的同时，他必将发明一个上帝，这个上帝完全就是爱，完全就是爱的**能力**，——这个上帝怜悯人类之爱，因为后者是如此贫乏，如此无知！[⑤] 而那个感觉到这一点的，那个以此方式**知道**了爱的——，便去**寻求**死亡。——不

---

① “磨难”，原文 Marter，与下文的“殉道”(Martyrium)同根。——译注

② **信仰**]自用样本：迷信。——编注

③ 愚蠢]在自用样本中被删去。——编注

④ **对爱的知晓**]据付印稿：高等人。——编注

⑤ 的同时，……]据付印稿：的同时他也知道去爱那个大地上没有人爱过的。——编注

过，为什么要沉湎在这些痛苦的事情[①]里呢？假定此并非所必须者。——

270

每个罹受过深重苦难的——能够罹受深重到何等地步的苦难，这差不多确定了人的等级顺序——，他在精神上的高傲与恶心，那种把他彻底浸染了的毛骨悚然的确知，确知自己因为苦难而知道更多，多于那些最聪明和最明智者所能知道的，确知自己熟悉许多遥远而恐怖的世界[②]，并且一度以这些“你们一无所知”的世界为“家”……罹受苦难者这种精神上的默默的高傲，经遴选而得认识者、“入室受传者”[③]、近乎被牺牲者的这种自负，认为必须极尽一切伪装的形式，以保护自己，挡开那些纠缠的同情之手，归根到底是挡开所有不像他们那样疼痛的东西。深重的苦难造就高尚；它在区分。伪装形式中最精细的一种，就是伊壁鸠鲁主义，和 226
某种趣味上的勇敢，这种后来装模作样的勇敢会轻率地接受苦难而抗拒所有的悲怆和深沉。有些“明朗的人”，他们利用明朗，因为他们将因此受到误解：——他们愿意成为受误解者。有些“科学的

① 事情］付印稿：可能性　尼采在自用样本中的改动是根据《尼采反瓦格纳·“心理学家发言”》（科利版第 6 卷，第 434 页第 24—25 行；第 435 页第 11—12 行）做出的。——编注

② 世界］付印稿此前删去：苦难的从而是有生命的。——编注

③ “入室受传者”原文为 Eingeweihten，化自动词 einweihen，义为“允许其知晓某种秘密”，其词根 weih 在古德语中表示“神圣”，故此词亦有“得到祝圣（的人）”的意思。——译注

人”，他们利用科学，因为科学提供一种明朗的外观，因为科学之性质就是要推断出人类是肤浅的[①]：——他们意愿诱导人们走向虚假的推论。有些不羁也不忌惮的精神，他们想要隐瞒并否认他们就是破碎、自负、无救的心灵；[②]有时呆傻本身是面具，用来盖住某个不祥的、过于确知的知识。——由此可见，更精细的人道是“在面具前”有敬畏，而不是把心理学和好奇心用到虚假的地方上去。

271

把两个人最深切地区分开来的，是对纯净程度的不同感受和量度。一切老实和互利，一切礼尚往来的善良意愿，又有何用：最终他们依然——“闻不得彼此的味道[③]！”对纯净的这种最高本能使陷入其中者奇异而危险地块然独处，成为一位圣徒：因为这就是神圣——即对上述本能的最高的精神化。对于沐浴之幸福的无可言喻的充实的每一种知情，把灵魂持续从黑夜驱赶到白昼并从阴沉和“阴惨”[④]驱赶到明亮、闪耀、深邃与精细中去的每一种发情和

① 关于“肤浅”一词可参见59节“表皮”注。——译注

② 心灵；] 自用样本此后还有：(哈姆雷特的犬儒主义——加里安尼的例子)；参见《尼采反瓦格纳·“心理学家发言”》，科利版第6卷，436页第8行。——编注

③ “闻不得彼此的味道”原文为 können sich nicht riechen，有二解：“受不了彼此的味道(即讨厌彼此)”或“闻不出彼此的味道(猜不透彼此)”。——译注

④ “阴惨”(Trübsal)：指久而深的哀伤。系 trüb(“阴沉”)加上后缀-sal，它多表达不幸、伤害之意，故“阴惨”又可解作长久“阴沉”造成的“哀-伤”；词源学上以为“-sal”后又发展出另一个后缀“-selig”，表达祝福、救治之意(见《杜登词源词典》“-sal”条下)。未知此是否亦为尼采所暗指。——译注

饥渴——：凡此种种皆同样地**彰显**为那样一种偏好[1]——高尚的
偏好——，他也都有所区分。——圣徒的同情是对那些人性、太人
性之事的**污浊**的同情[2]。而在有些量度和高度上，这种同情本身 227
又被圣徒感受为不纯洁和污秽……

272

高尚之标志：从未想到要把我们的义务降低为每个人的义务；不愿意让度和分摊出自己特有的职责；将特权及其行使算作他的**义务**。

273

一个致力成为伟人的人，把途中所遇的每个人，要么是当作手段，要么是当作延误和阻碍——要么是当作暂时的卧榻。唯有当他处于他的高度并且在此高度进行统治的时候，才可能有对于同侪的那种自成一格、着意培养的**善意**。那种不耐心和他对自己注定要闹成喜剧才罢休的意识——因为甚至战争也是一出喜剧，隐藏着一出喜剧，就像每一种手段隐藏着目标一样——腐蚀了他的一切交道：这个品种的人认得孤独，认得孤独所具有的最毒的成分。

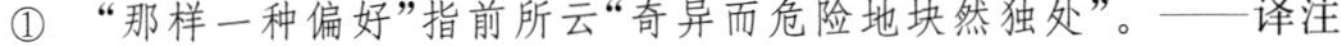

① “那样一种偏好”指前所云“奇异而危险地块然独处”。——译注

② 这里的“同情”原文皆为 Mitleiden，可解作“共同罹受”，参见第 202 节“同罹苦难”译注。——译注

274

等待者的问题。——必须有运气，有多种不可预期之事，才会有一个高等的、其怀中正沉睡着某个问题的解决之道的人，碰到一个恰当的时间去行为——或许可以说是，去“爆发”。一般说来这**不会**发生，大地上一切角落中皆坐着等待者，他们几乎不知道要等到什么时候，而更不知道他们是在徒劳地等待。时而，也有唤醒的
228 呼声、也有“允许”行为的偶然事件姗姗来迟，——而这时用于行为的最好的青春和力量，早已为静坐所耗尽；正如有的人恰恰在他要“跃起”的时候惊恐地发现，肢体已麻木，精神已过于沉重！“太迟了”——他对自己说，对自己不自信起来，从此一蹶不振。——在天才的王国中，“无手的拉斐尔”①(按照最广义的理解)莫非也许不是例外而是常规？——天才也许根本不是那么稀罕：只是五百双手都必需那个 χιρό ς[时机]、“恰当的时间”——去行霸道，去一把抓住那个偶然事件。

---

① 莱辛：《爱米丽雅·迦洛蒂》第一幕第四场；参看科利版第 12 卷，1[172]。——编注

剧中画家孔蒂说道：“唉！可惜我们不能够直接拿眼睛去绘画！在从眼到臂再到笔的长长过程中失落了多少东西呀！——但是，正如我所说的，我知道，这儿失落了什么，怎样失落的，为什么不得不失落：这让我感到骄傲，比那些我没有让它失落的地方更让我感到骄傲。因为从前者比从后者更能让我认识到，我真的是一个伟大的画家，不过我的手却不总是伟大的。……倘若拉斐尔不幸一生下来就没有手的，难道他就不是最伟大的绘画天才了吗？”——译注

275[①]

谁若不**愿意**看见一个人的高度,就会越来越苛细地注视这个人身上那些低下的、表层的东西——并由此把自己暴露出来。

276

尽管有各种各样的伤害和损害,更低等和更粗糙的灵魂却更优胜,优于较高尚的灵魂:后者的危险必定更大,基于他们生命条件的多样性,遭遇不幸和毁灭的概率甚至高得吓人。——失去脚趾的蜥蜴会重新长出:人类不会。

277[②]

——真够糟糕的!古老的历史又重现了!房子建造完毕之后人们注意到,自己不经意间学会的是那些在——开始——建造之
前本来早就**必须**知道的东西。永远的令人难受的"太迟了"!—— 229
一切**制造**[③]的忧郁!……

① 参见《查拉图斯特拉如是说》第二部"有德性者";科利版第10卷,1[92];3[1]4;12[1]120。——编注

② 准备稿(笔记本M III 4)作:人们习惯于在房子造好之后学会那些在他们开始建时本来就应该知道的东西。——编注

③ "制造"原文为Fertigen,义为"制造、生产",源于fertig(了结)。——译注

278[①]

——漫游者啊，你是谁？我看见你走着你的道路，没有嘲笑，没有爱，唯有猜不透的双眼；我看见你潮湿而悲伤，犹如铅锤，反复探测每一个深度，永不餍足——它在下面找什么呢？——，唯有不叹息的胸膛，隐忍恶心的双唇，尚且缓慢抓握的手：你是谁呢？你在做什么呢？在这里休息吧：在这个好客的地点，——恢复一下吧！你还想成为谁呢：现在什么会让你愉悦？什么能帮你恢复？尽管说：我有什么就给你什么！——“恢复？恢复？哦，你这个好奇的人啊，你在说什么呐！但是给我吧，我请求——”是什么？是什么？说出来啊！——“再给我一张面具！第二张面具！”……

279[②]

有着深沉的悲伤的人，在幸福的时候就暴露了自己：他们有一种抓握幸福的方式，仿佛他们出于嫉妒而想要把幸福碾碎和闷死，——哈，他们太明白了，幸福是会溜走的！

---

① 准备稿（笔记本 V II 2）第一稿：没有嘲笑，没有爱，只作为蛊惑者和灵魂行家走他的路，带着对一切值得一问者的喑哑的问题注视一切受赞叹者的眼，拿着一支永不餍足地探测深度的铅锤— — —漫游者，你是谁？我看见你走在路上，没有嘲笑，没有爱，只在蛊惑。你的目光猜不透，你的提问是喑哑的。问题：— — —我不知道。也许是俄狄浦斯。也许是斯芬克斯。让我走。——编注

② 准备稿（笔记本 M III 2）：握住幸福，用拥抱使它窒息，把它扼杀，闷死：这样一些体验中的忧郁——否则它会飞开，溜掉？。——编注

280

“糟了！糟了！怎么！他不是在——后退么？”——是的！但你们这样抱怨是对他莫大的误解。他是像每个想要做一次大跳跃的人那样后退的。——

281 230

——“人们会相信我吗？可是我要求他们相信我：就自己、关于自己，我总是思考得很坏，只有在极为罕见的情况下，只是被强制着去思考，我总是没兴趣‘说正事’，就准备着要从‘我’这里偏题，总是不相信体验，多亏了一种从未被制服过的对自身认识之可能性的疑虑，它已经把我引得那么远，甚至在神学家们擅自提出的‘直接认识’这个概念上，我都察觉到一个形容词矛盾：以上这一串事实，差不多是我关于自己所知道的最可靠的东西了。在我这里，一定有某种不情愿，不情愿相信关于自己的某种确定之事。——这里也许藏着一个谜？大概罢；然而幸运的是，我自己是咀嚼不出来的。——也许这个谜透露了我所属的那个物种？——但是没有向我透露：这正合我意。——”

282

“你到底遇上什么了呢？”——“我不知道”，他犹豫地说道；“也许是那些哈耳皮埃①从我的桌前飞过吧。”——有时会有这样的

① “哈耳皮埃”(Harpyien)：希腊神话中会带来风暴的鹰身女妖。——译注

事，一个温和、适度和谦退的人突然发火，打碎碟碗，掀翻餐桌，大吵大闹，向整个世界叫骂——最后又走到一边去，羞愧，对自己发怒，——他要到哪里去呀？要干什么呀？为了走到边上去挨饿吗？为了在他的回忆里窒息吗？——谁若怀有高等而挑剔的灵魂所具有的那种欲望，并且很少觉得自己可以好好吃一顿，那么，他在一切时代都是个很大的危险：不过今天这危险不比往常。被抛进一个嘈杂的群氓年代，无法从这个年代的大碗里分一口饭吃[①]，他很容易因为饥饿和干渴——即或总算有所“分摊”也将因为恶心——
231 而毁灭。——大概，在那些不该我们坐的餐桌边上，我们已经把饭全吃下去了；而恰恰是我们中最精神性、最难被供养的那些人，认识到那种危险的消化不良，它生于对我们的膳食以及同桌共餐者们的某种突然的洞察和失望，——那种**饭后恶心**[②]。

283[③]

假如人们竟想要赞美，那么，始终只在人们**不**赞同的地方去赞美，这是一种精细的同时也是高尚的自制(Selbstbeherrschung)：——

---

① “从……大碗里分一口饭吃”，原文作 aus Einer Schüssels essen，是个成语，比喻共同干一项事业；对应于下句“分享”(zugreift，既有“取用食物”之意，也有“干预、出一份力”之意)。——译注

② “饭后恶心”(Nachtisch-Ekel)：盖有双关意义，既指“生于饭后的恶心”，也指“像是饭后甜点的恶心”。——译注

③ 准备稿(笔记本 M III 2)：一个受到误解的得体的动机和动力：我习惯于只在不受赞同的时候去称赞。也就是说，其他情况下——在我看来——对我的称赞本身意味着：某种只有[……]在是合理的东西— — —。——编注

在其他情况下人们或许会赞美自己，但这是有悖于好趣味的——：诚然，这种自制也为持续地被人**误解**提供了一种得体的动机和动力。为了允许自己饕餮这种趣味和道德上的真正奢靡，人们必须不在精神蠢货中间生活，而是要活在那些还会因为其精细而被误解和失算给逗乐的人们中间，——要不然必将付出昂贵的代价！——“他赞美我了：**所以**他认为我是对的”——这种蠢驴推理败坏了我们这些隐修士的一半生活，因为它让蠢驴成了我们的邻居和朋友。

284[1]

以深不可测的和自负的镇定生活着；始终超然于世——。随意发作他的情绪，随意顺从和悖逆，并随时跟着情绪和顺悖而变动：**乘着**它们，犹如乘马，经常像骑驴：——因为人们得知道把他们的愚蠢当他们的火气一样充分利用。保护好他的三百重前景；还有那副黑眼镜：因为在有些情况下，任何人都不许看我们的眼睛，更不许看我们的“基础”[2]。为了社交需要选择那种无赖而明朗的恶习，那种礼貌。始终做他的四种美德的主人，即勇气、洞见、同 232
感[3]、孤独。因为在我们这里，孤独，作为对纯净的一种精妙的偏

① 准备稿（笔记本 M III 2）：以深不可测的自负的镇定生活着：情绪随意，恰当的时刻，一个有益的前台，一副黑眼镜，这样人们就看到我们的眼睛了。——编注

② “基础”原文为“Gründe”，与“前景”（Vordergründe）同根。——译注

③ “同感”（Mitgefühl，通译“同情”）此处盖指对他人感觉的体察。——译注

好与渴求[1]，乃是一种美德，它透露出人与人的接触——在“社会”[2]里——是如何必定不可避免地变得不干不净。无论以何种方式，在何时何地，每个共同体都使人变得——“卑污”[3]。

285

最伟大的事件和思想——最伟大的思想就是最伟大的事件[4]——最迟被把握：与之同时的世代体验不到这些事件，——他们以此为生而不自知。有如发生在星空中的情形。最遥远的星光最迟才照临到人类；在它未曾来临之前，人类否认那里——有星星。“一种精神被把握需要多少个世纪呢？”——这也是一个标尺，人们由此也创造出一套等级顺序和仪轨（Etiquette），照它们所必需的那样：对于精神和星辰而言。——

286

“在这里，眼界自由，精神崇高”[5]。——却有另一种相反种类的人，他们也在高处，眼界也是自由的——不过却在向下望。

① 纯净性……］据付印稿：一种精妙的贞洁。——编注

② “社会”（Gesellschaft）：此处既指通常所谓“社会”，更指“社交”、“伙伴”。——译注

③ 此处 gemein［平庸，普通］当作“卑污”解，参见 268 节。——译注

④ 那些……］据付印稿：思想事件。——编注

⑤ 引文见《浮士德》第二部，第 11989—11990 行；参见《偶像的黄昏》“巡行”第 46 节。其中“精神”付印稿：目光。——编注

287[①]

——什么是高尚的?“高尚”这个词在今天对我们还有何意义?群氓统治伊始,在这片沉重的、命定的天穹之下,一切皆陷于浑浊灰暗,在何处会透露、又在何处能认出高尚的人类呢?——证明他的并不是行为,行为总有多种意义,总是不可测度的——;也 233
不是“作品”。今日的艺术家和学者中间可以见到足够的此类东西,他们通过作品所透露的是,一种对高尚的深深贪婪在怎样推着他们走:恰恰是这样一种**向**[②]着高尚的需求,却从根本上有别于高尚灵魂本身的那些需求,简直可以说就是后者之缺乏的确然而危险的标志。不是作品,而是**信念**在这里起决定作用,在这里稳固树立了等级顺序,从而在一种新的、更深刻的理智中重新采纳一种旧的、宗教性的模式:即某一种根本确知,一个高尚灵魂不会自己在自己身上寻找、发现、也许也不会丧失的根本确知。——**高尚的灵魂对自身持有敬畏**[③]。——

① 参看科利版第11卷,35[76];尼采致彼得·加斯特,1885年7月23日。——编注

② “向”原文为nach,作为介词同时还有“在……之后”。——译注

③ 据考夫曼,此句当与亚里士多德《尼各马可伦理学》(1169a)参看:“如若人人都竞相行为高尚,努力做最高尚的事,共同的东西就可以充分实现,每个人也就可以获得最大程度的善,因为德性即是这样的善。所以,好人必定是一个自爱者。”——译注

288

有一类人，他们以一种无可避免的方式拥有着精神，就让他们随心所欲地扭转翻腾吧，并用手挡住有所暴露的两眼（——仿佛双手就无所暴露似的——）：最终也总会表明，他们拥有某种他们隐藏的东西，也就是精神。而为了至少尽可能长久地欺骗并且成功地装得比人们更蠢，一个最精细的手段——它在普通生活中就像雨伞那样经常叫人期盼——就是**激动**[①]：再附加上一些附属之物，比如美德。因为正如肯定知道这一点的加里安尼所说——：美德是热烈的[②]。

289[③]

从隐修士的文字中人们总是听出荒野的回响，孤独中的微吟
234 和怯然四顾；在他最强健的言辞中，甚至在他的呼喊中，响起的仍然是一种新的危险的沉默和隐瞒。谁若年复一年，日以夜继，唯独与他的灵魂在私密的纷争和攀谈中对坐，则在他的洞穴——可能是一个迷宫，也可能是金矿井——中，他将变成穴居的熊或者掘宝

① “激动”原文为“Begeisterung”，与“Geist”（精神）同根，字面意思为“被精神贯注”（mit Geist erfüllen）。——译注

② “美德是热烈的”（vertu est enthousiasme），引自加里安尼《致德皮纳夫人的信》（*Lettres à Madame d'Epinay*）2，276。——编注

③ 准备稿（笔记本 N VII 2）：人们怎么能只相信，曾经有某个哲学家把他真正的想法表达在书里呢？我们写**书**，为的是隐藏〈我们〉自己所怀藏的东西。——编注

者或者护宝者和地龙：他的概念本身，最终保持着一层特有的暮光色彩，带有一种既深邃且霉烂的气味，某种不愿传达和不情愿的东西，那种在一切暂时之物上冷冷吹拂的东西。隐修士不相信，一位哲学家——假定哲学家总是首先是一位隐修士——会在书里面表达他真正和最后的想法：写书难道不恰恰是为了隐藏人们自己所怀藏的东西么？——是的，他会怀疑，一位哲学家究竟是否能够拥有“最后的和真正的”想法，在他这里，莫非在每一个洞穴后面都是而且必须是一个更深的洞穴——位于某块地表之上的一个更广博、更陌生、更丰富的世界，莫非在每一个基础后面、每一次“奠基”下面，都是而且必须是深渊[①]。——每种哲学都是一种前景哲学——隐修士所做的判断是：“他这里停下，回望，环顾，他在这里放下了铲子，没有再向深处挖[②]，——这种情形既有某种随意性，也有某些不可信之处。”每一种哲学也都隐藏着一种哲学；每一个想法也都是一种藏法，每一番言辞也都是一张面具。

290

每一个深刻的思想家都怕被理解甚于怕被误解。被误解，苦的也许是他的虚荣；被理解，苦的则是他的心、他的同感，它要说：

---

① “基础”(Grunde，亦有“论据”、“根据”之义)、“奠基”(Begründung，亦有“论证”之义)和“深渊”(Abgrund，字面义是“离开-基础”，亦有“失足、堕落”之义)三个词同源。——译注

② 他……]据付印稿：我在这里停下来，环视四周，我在这里放下铲子，没有再向深处挖。——编注

235 “啊，为什么**你们**也想要跟我一样如此沉重呢？”

291

人，一种多层次、好说谎、造作而浑浊的动物，相形于其他动物，人，与其说是因为以其力量不如说是因为其狡诈和聪明，显得阴森叵测，他发明了好良心，以享受自己的灵魂之**简单**；而整个道德都是一次决心已下的漫长伪造，根本上藉此伪造，人们才得以享受灵魂呈现的景象。在此视角之下，“艺术”这一概念中所包括的东西，也许比人们暗中以为的要多一些。[①]

292

一位哲学家：这是一个持续地体验、看、听、猜测、希望和梦想着超常事物的人；他被他自己特有的思想由外部而来，有如从上面和下面而来被击中，就像被**他**那个种类的事件和闪电击中；也许他本人就是一场雷雨，孕育着新的闪电；一个运途多舛的人，周身所及总是轰鸣、炸响、开裂和阴森叵测之状。一位哲学家，啊，一种经常从自己这里逃离、经常对自己有恐惧之心的造物，——而又太过好奇，总是止不住一再地“回到自身”……

---

① 这段中，“多层次”(vielfaches)与“简单”(einfach，字面义为“单一层次”)同根而相对，“造作”(künstliches)与“艺术”(Kunst)同根，亦源自艺术的早期含义：人工制作的、非自然的东西。——译注

293

一个男人说："我喜欢这个，我把它据为己有，我要保护它，在
一切人面前保卫它"；一个能够履行一件事情、贯彻一个决定、对一
个思想保持忠诚、固守一个女人、惩罚和击倒一个莽汉的男人；一
个带着他的愤怒和利剑的男人，弱者、罹受苦难者、困厄者还有动 236
物们皆乐于归附于他，自然地从属于他，简言之，一个天生是主人
的男人，——如果一个这样的男人怀有同情，那么！这种同情是有
价值的！但这跟对那些罹受苦难者的同情有什么相干呢？跟那些
简直拿同情布道的人的同情有什么相干呢！今日之欧洲几乎处处
皆有一种病态的对疼痛的易感（Empfindlichkeit）和敏感
（Reizbarkeit），同时又有一种悖逆的在控诉方面的不节制，一种想
借宗教和哲学杂碎[①]得到装点拔高的柔化，——处处皆有一种形
式上的苦难祭礼。在这样的痴迷者圈子中被命名为"同情"者，给
人的第一印象，我以为，总是它的毫无男子气概
（Unmännlichkeit）。——人们必须有力地彻底摒弃这个最新种类
的坏趣味；针对它，最后我希望，人们要将"乐旨"[②]这个好护身符
置于心怀，——为了向德意志人说明这一点，所谓"乐旨"就是"快
乐的科学"。

① "哲学杂碎"连读，与"宗教"并列。——译注

② "乐旨"(gai saber)：普罗旺斯方言，表示"作情歌的技艺"，英译作 gay science（字面义为"快乐的科学"）。——译注

294[①]

奥林匹斯的恶习。——为了跟那位哲学家作对，他作为地道的英格兰人，试图在所有会思考的头脑跟前，对笑作一番恶意的中伤——，“笑是人类本性的一种丑恶缺陷，每个会思考的头脑都会去努力克服它”（霍布斯[②]）——，我甚至不惮于依照哲学家的笑的等级定出他们的等级顺序——居最上位者有能力发出**金色**的哄笑。而且，有好些推论逼着我假定，诸神亦做哲学——，那么，我并不怀疑，他们在这方面也知道以一种超人的、崭新的方式去笑——而且知道挥霍一切严肃事物地笑！诸神乐于嘲弄：好像，甚至在神圣的行为中他们也笑个不休。

296 237

295[③]

心灵的天才，正如那个伟大的隐藏者所具有的，那个蛊惑之神和天生的良心捕鼠人，他的声音知道怎么钻入灵魂的下界，他说出的每一句话语，望来的每一次目光，无不包含诱引的顾盼和曲衷，他的高明在于，他懂得装，——不是他本身所是，而是对于他的跟随者而言**更多地**是一种强制，强迫那些跟随者越来越接近他，越来

---

① 誊清稿（笔记本 W I 8）第一稿：有这么多种笑：这一切都供奉给了那些懂得发出金色的笑的。——编注

② 霍布斯］出处待考。——编注

③ 参看科利版第 11 卷，34［181，232］。——编注

越内在和彻底地跟随他：——心灵的天才，他使一切叫嚷者和自喜
者默然倾听，他整饬粗粝的灵魂，给他们品尝一种新的期望——把
他们如一面镜子放平，上面映照出深沉的天空——；心灵的天才，
他教会笨拙和急躁的手踌躇而温柔地抓握；他从晦暗厚重的冰层
下猜测出被隐藏和被遗忘的宝物，猜测出点滴的善意和甜美的精
神状态，他是探叉，可以探出长年湮没禁锢在泥沙中的每一粒金
晶；心灵的天才，经他触碰之后，每个在继续上路时都会更加富有，
而且不是受了恩赐或者震撼，不是像为了意外之财而庆幸或者紧
张，而是自己自在地富有了，自己比之前更新鲜了，被打开了，在解
冻的风中披离荡漾，也许更不安稳了，更加轻柔、更加脆弱和零碎，
但满是希望，那些尚且莫名的希望，满是新的意志和奔流，新的异
志[1]和回流……但是我在干什么呀？我的朋友们？我在跟你们谈
着谁呢？难道我如此忘我，竟然还从来没有向你们提过他的名字
么？要不就是，你们还未曾自己猜出来，这个想要得到这般**赞美**的
可疑的精灵和神祇是谁。跟任何一个从孩提学步时起就一直在途
中和异邦行走的人一样，我在这条路上遇到的，也是一些稀有而不
无危险的精灵，而首先是这个我刚刚提到的，我反复碰见的，不错， 238
不是别的神，就是**狄奥尼索斯**神，那个伟大的歧异者，和蛊惑之神，
我当年，正如你们所知道的，尽一切隐秘和敬畏把我的处女作贡献
给他——[2]作为，在我看来，最后一个向他贡献**牺牲**者：因为我没
有发现一个人理解我当时所为。从那以来，关于这位神祇的哲学，

① “异志”原文为 Unwillens，通译“不满”或“反感”。——译注

② 他——]誊清稿（笔记本 W I 5）：他：——年轻人的一份经烟火熏烤的合适的牺牲，其中烟熏要多于火烤！。——编注

我又另外学习了许多、简直是太多的东西①，而且，正如我说过的那样，是口口相传地学的，——我，狄奥尼索斯神最后的弟子和入室传人：或许最终会有一天，我会给你们，我的朋友们，在允许的范围内，品尝一点点这种哲学罢？我照理说得小声一点：因为这里关系到好些隐秘的、新颖的、陌生的、奇异的和阴森叵测的东西。狄奥尼索斯竟是一位哲学家，也就是说，诸神是做哲学的，这在我看来是件不无棘手的新鲜事，也许恰恰是在哲学家中会引起疑虑，——在你们这里，我的朋友们，这件事本来就没有那么悖谬，要不就是，它来得太迟，而且来得不是时候：因为，如同我在人旁所揣知的那样，你们今天不喜欢信仰上帝和诸神。也许，我还必须再进一步，比你们那些习气深重的耳朵向来爱听的更加坦率地陈述？十分肯定的是，我所说的那位神在诸如此类的对白中比我走得更远，远得多，向来都领先我好几步……是啊，倘若允许的话，我或须按照人类的习俗，加赠他美丽庄严的盛大头衔和美德的名目，多方赞美他作为研究者和发现者的勇气，无畏的正直、真诚和对智慧之爱。但是，一位这样的神祇会不知道拿所有这些华而无实的尊荣来干什么。“收着这些罢，他或将说，给你和你的同类以及其他需要的去用罢！我——没有理由遮盖我的裸体！”——人们猜：
239 也许这一类的神灵和哲学家缺乏羞耻吧？——他有一次这样说道：“有些情况下，我爱人类——这里他暗指当时在场的阿里阿

① 东西]誊清稿(笔记本 W I 5)：东西[——而且更准确地说，如前所述，是口口相传地学的——：]而且也许有一天我也会有充分的寂静和阿尔库俄涅般的幸福，乃至[我]有一天所有[听到的]我所知道的必须从我口中漫出——[总之]，乃至我会给你们，我的朋友们，讲述狄[奥尼索斯]的哲[学]。——编注

德涅[①]——：对我来说，人是一种可爱、勇敢而善于发明的动物，在大地上无与伦比，他在所有迷宫中都找得到路。我跟他处得很好：我经常考虑，怎样提升他，使他比他所是的更强健、更邪恶和更深刻。”——“更强健、更邪恶和更深刻？”我惊恐地问道。“是的，他又说了一遍，更强健，更邪恶也更深沉；也更美”——说着，这位蛊惑之神展开他那阿尔库俄涅般静穆[②]的笑容，仿佛他刚刚吐出的是一句迷人得体的话。这里人们立刻看到：这位神灵不只是缺乏羞耻——；说到底有很充分的理由揣测，在某些小节上，这些神祇可能全都在我们人类这里学习过。我们人类是——更人性的……

296[③]

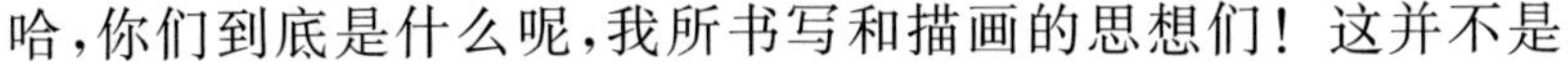

哈，你们到底是什么呢，我所书写和描画的思想们！这并不是

---

① 阿里阿德涅（Ariadne）：希腊神话中克里特国王的公主，初爱上要进迷宫杀牛怪的忒修斯，助之走出迷宫的线团，后被忒修斯留在纳克索斯岛（Naxos），委身于酒神。——译注

② “阿尔库俄涅般静穆”（halkyonisch）：希腊神话中，风神之女阿尔库俄涅（Alkyone）得知丈夫凯克斯（Keyx）遭遇海难后，投海殉情，双双化为冰鸟，每年冬日孵卵之时，风神会为他们停风七日；作形容词亦表“静穆”。尼采在此或有以她的忠贞与忒修斯的变心对举之意。——译注

③ 誊清稿（笔记本 W I 8，第 209 页）题为：**官人智慧**。一撮［恶劣］思想。誊清稿（笔记本 W I 8，第 210 页）题为：**前言与自语**。　准备稿（笔记本 N VII 2）：我已经认识得太好也太久的事情，纯然是消歇耗尽的雷雨，枯萎、味淡的感觉：——我所钉死的思想［——蝴蝶蜥蜴］，因为它们本身再也不足以叮我、烦我，某种想要刚好变成“真理”的东西，我指的是同时不朽又乏味地已死的东西。— — —某种刚好奇异和斑斓、开始褪去新鲜的东西— — —死田，小堆小堆的石块和土丘，纯然是一度活过、应该被回忆的东西身上死去的物事。——编注

很久以前的事，那时你们还如此斑斓、年轻和险恶，布满棘刺，散发秘香，让我打着喷嚏笑——而现在呢？你们的新鲜已经消退了，你们中有一些，我担心，已然成为真理了：它们看起来已然如此不朽，如此令人心碎地正派，如此乏味！难道不是从来都一样的么？我们究竟抄写描摹了些什么东西呀，我们这些拿着中国毛笔的官人[①]们，我们这些使那些**让**自己被书写的事物得以永恒的人，我们唯一能够描摹的是些什么啊？哈，永远只是那些将欲枯萎、气味渐淡的东西！哈，永远只是消歇殆尽的雷雨和迟暮枯黄的感觉！哈，
240 永远只是倦飞而迷失的、让自己被一手逮住的鸟，——被**我们的**手！我们使之永恒的，是再也不能长生和高飞的东西，只是些疲乏、酥软的事物！此刻只是你们的**午后**，我书写描画的思想们，唯独为这个午后我才使用颜色，也许用了许多，许多斑斓的轻柔，五十种黄、灰、绿和红：——但是没有人能从我这里猜到，你们在你们的早晨是个什么样子，你们，我的孤独所生的火花和奇迹，我的老情人们——**恶劣**的思想们！[②]

*　　*　　*

① “官人”原文为 Mandarin，出自梵语，原义为“下命令者、顾问”（见布罗克豪斯百科全书图文 2004 版），16 世纪西洋人对中国高级官员的称呼，在现代德语和英语中又指“官话”；通译“满大人”，然易误解为与“满清”相关。——译注

② 你们……]据准备稿：你们，我发明过和体验过的思想们！。——编注

自高山之上。[①] 241

终曲。[②]

哦，生命的正午！庄严的时刻！

　　哦，夏日花园！

伫立、张望和等待中不安的幸福：——

我等着朋友，日日夜夜随时等候，

朋友们，你们在哪里？来吧！时间到了！时间到了！

不正是为了你们，灰茫的冰川

　　今天装点着玫瑰？

奔涌的溪流也在寻找，满怀对你们的怀想，

---

① 作于1884年秋天，标题为《隐修士怀想》，1884年11月底寄给海因里希·封·斯泰因，作为对塞尔斯·马利亚的纪念，二人在1884年8月26—28日曾共游此地；参见年谱。最后两节是尼采后来(1886年春)加上的。出自第一稿的异文本标记为《隐》(=《隐修士怀想》)。参看科利版第11卷，28[26.31]。亦参见卡尔·佩斯塔洛齐的阐释，载于《抒情性自我的诞生》，柏林，1970年，第198—246页。——编注

② “终曲”(Nachgesang)指古希腊悲剧中在一对应答诗节(Strophe und Gegenstrophe)后的格律与之不同的诗节，由整支歌队演唱。此诗每节格律循古典颂歌体，均为ABBAA式。——译注

今天，风和云激荡着升入更高的蔚蓝，
向着你们，在最远的地方监守，鸟瞰，

在最高处，我的桌子已为你们铺好：——
　　是谁，住得离群星这般切近，
是谁，竟住在幽渺的深渊般的远方？
我的国度——哪一个国度拓展得如此广大？
而我酿的蜜——谁曾经把它品尝？……[①]

——朋友们，你们到了！——苦啊，你们愿意要拜访的
　　却不是我？
你们犹豫、惊吓——哈，你们倒挺爱咕囔！
我——不再是那个我了？你们认错了手？步伐？面孔？
你们的朋友，那个我所是的什么——现在不是我了？

我是不是另一个人？是不是对自己也变陌生？
　　是不是从自己这里跃出？
一个摔跤手，太经常地自己把自己扳倒？
太经常地用自己的力顶住自己，

① 不正是为了你们……]《隐》：在最高处，我的桌子已为你们铺好：/是谁，住得离群星这般切近，/是谁，竟住在深渊般的远方？/我的国度——我自己已经在这里把它揭示出来——/我所有的这一切——不正是为你们揭示的么？//现在，灰茫的冰川正爱恋、诱引着你们自身/用青春的玫瑰，/奔涌的溪流也在寻找，满怀对你们的怀想，/今天，风和云激荡着升入更高的蔚蓝，/向着你们，在最远的地方监守，鸟瞰——。——编注

用自己的胜利把自己扭伤，绊倒？

我是在寻找风最刺骨的地方么？ 242
　　我正学习住在
无人居住的地方，北极熊荒凉的冰原？
关于人与神，诅咒和祈祷，我已经全然忘却了罢？
我是变作幽灵，从冰川上走过么？

——老朋友们！看看！现在你们的目光苍白
　　充满爱和惊骇！
不，走吧！不要愤怒！这里——你们不能安家：
这里，在最遥远的冰和岩的国度之间——
这里，居住者必须成为猎手，像羚羊一样。

我已成为一个恶劣的猎手！——看呐，我的弓
多棒，绷得多紧！
放出那样的一击的，正是最强健的那个—— ——：
可是苦啊！危险的，是那支箭，
无与伦比，——就从这里射出！射向你们的救治！……[①]

① 老朋友们——……]《隐》：我已成为一个恶劣的猎手：看呐，我的弓/多棒，绷得多紧！/放出那样的一击的，正是最强健的那个—— /可是苦啊！现在可能有一个孩子/还缺那一箭：就从这里射出！射向你们的救治！——//老朋友们！看看，现在你们的目光苍白/充满爱和惊骇！/不，走吧！不要愤怒！这里——你们不能安家：/这里，在最遥远的冰和岩的国度之间——/此处居住者必须成为猎手，像羚羊一样。——编注

你们在转身吗？——哦，心啊，你承载得够多了，
　　你的希望还是强健的：
让你的门朝**新**朋友打开！
让老旧的走开吧！让回忆走开！
倘若你一度年轻过，现在——你就更加年轻！

那个向来缠在我们身上的东西，一条希望的绷带，——
　　谁还在读那些记号，
那些曾经被爱所灌注，而现在变得苍白的记号？
我用它来校读那张**忌**用手抓的羊皮纸，
——它仿佛变得又黄又暗，仿佛正被点燃。

不再有朋友了，那些——我怎么称呼他们来着？——
　　只是与我为友的幽灵！
它们在夜里还在敲击我的心和我的窗，
来看望我并且说："我们**以前**难道不是这样的吗"——
——哦，枯萎的言辞，曾经一度芬芳！①

243 哦，青春的思念，误解自己的思念！

---

① 那个向来……]《隐》：不再有朋友了，那些——我怎么称呼他们来着？——/只是朋友之幽灵！/它在夜里还在敲击我的心和我的窗，//它来看望我并且说："我们以前难道不是这样的吗？"/——哦，枯萎的言辞，曾经一度芬芳！//那个缠在我们身上的东西，青春愿望的绷带，——/谁还在读那些记号，/那些曾经被爱所灌注，而现在变得苍白的记号？/我用它来校读那张**忌**用手抓的羊皮纸，/——它仿佛变得又黄又暗，仿佛正被点燃！——编注

　　那个我所怀想的青春，
那个我误以为与自己有亲缘的、会在我身上幻变直到
那些思念变老的青春，却早已把这些思念祛除：
与我有亲缘者，唯有那位变身者。

哦，生命的正午！第二个青春时代！
　　哦，夏日花园！
不安地，幸福在伫立，在张望，在等待！
我在等待朋友们，日日夜夜随时恭候，
那群新朋友们！来吧，时间到了，时间到了！

*　　*　　*

此歌已终，——对甜蜜欢叫的怀念
　　已在口中死去：
一位术士，适时到来的朋友，完成了这些，
正午的朋友——不！别问他是谁——
正午，正是从一变为二的时分……

现在我们庆祝，坚信一致的胜利①，
　　庆祝节日中的节日：
欢迎友人查拉图斯特拉②，客人中的客人！③

① 胜利]付印稿：幸福。——编注
② 查拉图斯特拉]笔记本(W I 8，第 104 页)：查拉图斯特拉。——编注
③ 客人！]笔记本(W I 8，第 104 页)：客人。——编注

现在世界欢笑，灰幕已经拉开，

光明与幽暗[①]的婚礼，已经到来……[②]

---

① “幽暗”原文为 Finsterniss，盖出自《旧约·创世记》开篇路德译文（和合本作“黑暗”）。——译注

② 此歌已终……］此二节为《隐》所无；笔记本（W I 8，第 105—106 页，第 103—104 页）中有这两节的最初稿和定稿；下面以更明了的分行方式完整再现了最初稿：笔记本（W I 8，第 105 页）：

白昼［逝去］声消，幸福和光发黄

正午遥远

［直到最后* 我还等在这里，——现在我不等了］

［或是］［已经］寒夜即将到来，众星的闪电即将到来

⸢把你从树上摘下来的疾风⸣

仿佛摘下果实，摘下树的芳香

［我］直到最后所愿望的，我［现在］今日可还喜欢？

我直到最后所候者是谁，啊，还没来的是谁［它］？

我等了又等的是谁？我不知道——

对此参看科利版第 11 卷，45［7］的诗歌片段，下面是当时放弃的两行诗节的准备稿；笔记本（W I 8，第 106 页）：

此歌已终［；对］。对甜蜜欢叫的怀想

［在我这里已死］在口中死去

［真正的朋友来了］一位术士，适时地在魔术时刻完成了这些：

正午，正是从一变为二的时分，

——查拉图斯特拉来拜访我了。

［友人查拉图斯来了］

［朋友来了——不！］不要问，他是谁

他就站在我面前——

一位术士［完成了这些］来了，朋友适时地出现了

正午之友——不！不要问，他是谁

正午，正是从一变为二的时分

最初两节结束诗节的草稿即如上；尼采回引了科利版第 10 卷，3［3］中的诗歌片段《波多菲诺》（参见《放逐王子之歌》中的《塞尔斯-马里亚》，1887 年）；这里他部分地采用了笔记本（W I 8，第 105 页）中的动机：（接下页注）

(接上页注)

我坐在这里,等啊,等——什么也没有等到
你,查拉图斯特拉,不要离开我
友人查拉图斯特拉

从我这里被夺走的
你依旧忠实于我[朋友和更高的良心]我更高的良心
你是我的幸福和秋天

友人查拉留下来吧,不要离开我!
⌜从我这里被夺走的 你 [—]知道我⌝
你不留下来,仿佛是我在承载着重负和义务么?
[友人查拉图斯特拉留下来吧,不要离开我]
白昼已经倾斜,幸福和光已经发黄……
⌜现在我还寂然而成熟地悬于秋日的光线中⌝
[现在我还寂然而成熟地悬于秋日的阳光中]
[现在我寂然地悬于秋日的阳光中]
犹如果实,从树上摘下芬芳

上面这份准备稿没有什么地方被采用;最后定稿的某些出发点则见于相邻一页(笔记本 W I 8,第 103 页):

我所失去者,是我自由放弃而失去的:
现在我意愿知道这些
[你且留下来吧]你千万要留在我身边,我更高的良心,
友人查拉图斯特拉[你不要离开我]——切莫离开我!
— — — — — — — — — — — — — — — — — —
我给了些什么,查拉图斯特拉,给了你? 肯定
[朋友]你配得上最好的!
已经开始了——看哪! 幕布拉开了:
那是光明与幽暗的婚礼

在笔记本(W I 8,第 104 页)中最后是两节末章诗节的最后稿,几乎同于印出的文本。——编注

*[译按:"直到最后"原文为 jüngst,此处或许双关:既有"最新、最近"之义,同时也暗示"世界末日"(der Jüngste Tag)。]

科利版编者说明

在 1886 年夏天到秋天为尚未完成的《善恶的彼岸》第二卷所写的一篇前言(后来被用于《人性的、太人性的》第二卷的前言)中,尼采对《善恶的彼岸》在其写作中所占的位置作了一次明确的描述:“它的基础,诸种想法,第一次以种种方式写下或草创的东西,乃属于我的过去:即那段诞生了‘查拉图斯特拉’的谜一样的时期:它们是同时发生的,从这一点上或许便可以得到一些有用的指点,去理解刚才提到的这部困难的作品。尤其是去理解它的产生过程:那可是颇有意思的事。当时,此类想法对我起到休养的作用,仿佛是在一次承担了无限风险和责任的唐突行动当中所作的自我审问和自我辩护:愿人们是出于一个类似目而使用这本从这些想法中生长起来的书!或者把它当作一条重重盘匝的小径,它总是一再悄悄引向那片火山活动的危险地带,刚才提到的查拉图斯特拉福音的发源地。这部‘未来哲学的序曲’当然不是、也不应该是对查拉图斯特拉谈话的评论,也许倒是一个暂时性的术语汇编,在其中,那部书——一部在任何文献中都没有榜样、没有先例、无与伦比的书——所作的概念上和价值上的最重要更新,总算一度出现并且得命名了。”

从时间顺序看,《善恶的彼岸》中最早的部分可追溯到《快乐的

科学》出版前夕,因为有一些格言是尼采从笔记本 M III 1 和 M III 4a(1881 年春/秋)中补上的。“箴言和间奏”则出自笔记本 Z I 1 和 Z I 2 的手稿汇编,即就在查拉图斯特拉第一部(1882 年秋到 1882/1883 年的冬季)即将写成之际,其他的格言则出自笔记本 M III 4b(1883 年春/夏,撰写《查拉图斯特拉如是说》第二部前不久)。笔记本 WI1 和 WI2(1884 年春到秋季)中的某些笔记亦被用于《善恶的彼岸》。1885 年(《查拉图斯特拉如是说》第四部面世后)除了多项计划之外,筹划中的《人性的、太人性的》新版具有特殊的意义(尼采本想收回并销毁当时尚存书册;见 1886 年 1 月 24 日致加斯特的信)。这一尝试的受挫促使尼采动笔写一部新作品,即《善恶的彼岸》,1885 至 1886 年的冬季完成了付印稿,其中所利用的除了上述的早先笔记本之外,还有 1885 年的笔记:笔记本 W I 3、W I 4、W I 5、W I 6、W I 7 以及笔记本 N VII 1、N VII 2、N VII 3(少部分)和笔记本 Mp XVI 1 中的散页。这段成书历史表明,《善恶的彼岸》不是从所谓的《权力意志》的素材中剥离出来的。它其实是一个准备工作,某部本该出现却并没有——至少没有作为《权力意志》——出现的书的序曲(参见第六卷注释开始部分的相关叙述)。该书于 1886 年 5 月底到 8 月间印出,尼采和彼得·加斯特一起读了校样(今不存)。《善恶的彼岸,一种未来哲学的序曲》,莱比锡 1886 年,卡·古·瑙曼印刷和出版社(简写作 JGB),尼采自费出版。在前述手稿之外,还有他亲自打出的付印稿以及一个有他的记录的自用样书保存了下来。

尼采手稿和笔记简写表[1]

M 系列:作于 1876 年至 1882 年间的手稿

M III 1　大八开本。160 页。《快乐的科学》的稿本。构思,片断。1881 年春至秋。对应于科利版第 9 卷:11。

M III 4　大八开本。218 页。《快乐的科学》和《善恶的彼岸》的稿本。计划,构思,片断,摘录。1881 年秋。1883 年春夏。对应于科利版第 9 卷:15 和第 10 卷:7。

Z 系列:查拉图斯特拉时期的札记,作于 1882 年至 1885 年间

Z I 1　四开本。58 页。《人性的,太人性的》(第一部分)的稿本。格言集。《查拉图斯特拉》第一部和《善恶的彼岸》的稿本。诗歌。(第一部分:1878 年秋)。对应于科利版第 10 卷:3。

Z I 2　四开本。122 页。格言集。《查拉图斯特拉如是说》第一部和《善恶的彼岸》的稿本。构思和片断。1882 年 11 月至 1883 年 2 月。1885 年 8 至 9 月。1885 年秋。对应于科利版第 10 卷,第 11 卷:39.43。

---

① 据科利版《尼采著作全集》第 14 卷 24—35 页的尼采手稿简写索引(Sigelverzeichnis),此处仅列出本卷编注中出现的尼采手稿和笔记的编号。——译注

W 系列:所谓价值重估阶段的札记,作于 1884 年至 1889 年间

W I 1　四开本。166 页。《查拉图斯特拉如是说》的稿本。计划,构思,片断,摘录。1884 年春。对应于科版本第 11 卷:25。

W I 2　四开本。168 页。计划,构思,片断,摘录。《查拉图斯特拉如是说》第 4 部的稿本。1884 年夏秋。对应于科版本第 11 卷:26。

W I 3　四开本。136 页。计划,构思,片断。《善恶的彼岸》的稿本。1885 年 5 至 7 月。对应于科版本第 11 卷:35,第 12 卷:3。

W I 5　四开本,片断。168 页。计划,构思,片断。《善恶的彼岸》的稿本。1885 年 8 至 9 月。对应于科版本第 11 卷:41。

W I 6　四开本,80 页。记录人:露易丝·罗德一维德霍尔德女士。经尼采校订补充。片断。部分作为《善恶的彼岸》的稿本。1885 年 6 至 7 月及秋天。对应于科版本第 11 卷:37.45。

W I 7　四开本,80 页。片断。《善恶的彼岸》的稿本。1885 年 8 至 9 月。1886 年初。对应于科版本第 11 卷:40,第 12 卷:3。

N 系列:尼采的笔记本,1870 年至 1888 年

N VII 1　大八开本。194 页。计划,底稿,片断,《善恶的彼岸》的稿本,偶记及书信稿。1885 年 4 月至 6 月。对应于科利版第 11 卷:34。

N VII 2　大八开本。194 页。计划,底稿,片断,《善恶的彼岸》的稿本,偶记及书信稿。1885 年 8 月至 9 月。1885 年秋至

1886 年春。对应于科利版第 11 卷:39,第 12 卷:1。

N VII 3　大八开本。188 页。计划,底稿,片断,《善恶的彼岸》和《论道德的谱系》的稿本,偶记及书信稿。对应于科利版第 12 卷:5。

Mp 系列:来源格式各异的散页,1871 年初至 1889 年初

Mp XVI 1　《善恶的彼岸》的稿本,1885 年 6 至 7 月,1886 年初至 1886 年春。对应于科利版第 11 卷:38,第 12 卷:3.4。

译后记

此译本最须感谢者为导师孙周兴教授。部分译文得到翟三江和汪丽娟的更正；法语及神学相关的译解多赖谢华纾困，涉及意大利语、拉丁语及音乐术语处尝求教于徐卫翔教授，部分拉丁语、希腊语问题得到汪丽娟的指点，梵语和印度学相关问题的解决则得力于杨嵋和罗鸿博士，译者于此一并恭致谢忱。

本书在原版编注之外增补的校勘成果部分来自在线尼采文库《尼采频道》(*The Nietzsche Channel*，http://www.thenietzschechannel.com/)以及若干英译本，后者以译者姓氏简单标示如下：朗佩特(Laurence Lampert，*Nietzsche's Task*. *An Interpretation of Beyond Good and Evil*，Yale University Press，New Haven/London，2001.)，法伯尔(Marion Faber，Oxford University Press，Oxford/New York，1998.)，考夫曼(Walter Kaufmann，New York：Random House，1966.)，诺尔曼(Judith Norman，Cambridge University Press，2002.)。

赵千帆

图书在版编目(CIP)数据

善恶的彼岸/(德)尼采著;赵千帆译. —北京:商务印书馆,2017
(汉译世界学术名著丛书:120年纪念版:珍藏本)
ISBN 978-7-100-14282-3

Ⅰ. ①善… Ⅱ. ①尼… ②赵… Ⅲ. ①善恶—哲学理论—研究 ②哲学理论—德国—近代 Ⅳ. ①B82 ②B516.47

中国版本图书馆CIP数据核字(2017)第139307号

权利保留,侵权必究。

汉译世界学术名著丛书
(120年纪念版·珍藏本)
善恶的彼岸
〔德〕尼采 著
赵千帆 译
孙周兴 校

商务印书馆出版
(北京王府井大街36号 邮政编码100710)
商务印书馆发行
北京冠中印刷厂印刷
ISBN 978-7-100-14282-3

2017年12月第1版　开本710×1000 1/16
2017年12月北京第1次印刷　印张20
定价:100.00元